Território e Cidades

Projetos e representações, 1870-1970

Território e Cidades

Projetos e representações, 1870-1970

Cristina de Campos
Eduardo Romero de Oliveira
Maria Lucia Caira Gitahy
(orgs.)

Copyright © 2011 Cristina de Campos/Eduardo Romero de Oliveira/
Maria Lucia Caira Gitahy

Publishers: Joana Monteleone/Haroldo Ceravolo Sereza/Roberto Cosso
Edição: Joana Monteleone
Editor assistente: Vitor Rodrigo Donofrio Arruda
Revisão: Ana Paula Marchi Martini
Projeto gráfico, capa e diagramação: Sami Reininger

Imagens da capa: [acima à direita] Estações nova e antiga de Rio Claro (1918); [acima à esquerda] vistas parciais da estação e da cidade de Bauru (1918); [centro] Estação de Piratininga (1918); [abaixo] Estação e Esplanada de Campinas (1918). Fonte: *Álbum ilustrado da Companhia Paulista de Estradas de Ferro*, de Filemon Perez. São Paulo: s.e., 1918.

Imagens da contracapa: [acima] mapa "Exploração do extremo sertão do Estado" (1905). Fonte: Nilson Guirandello (acervo pessoal); [abaixo] "Estação da Luz II" Fonte: *São Paulo, 1900*, de Boris Kossoy. São Paulo: Livraria Kosmos Editora, 1988

CIP-BRASIL. CATALOGAÇÃO-NA-FONTE
SINDICATO NACIONAL DOS EDITORES DE LIVROS, RJ

T317

TERRITÓRIO E CIDADES: PROJETOS E REPRESENTAÇÕES, 1870-1970
Organizadores: Cristina de Campos, Eduardo Romero de Oliveira,
Maria Lucia Caira Gitahy.
São Paulo: Alameda, 2011.
254p.

Inclui bibliografia
ISBN 978-85-7939-099-9

1. Urbanização - Brasil - História. 2. Territorialidade humana. 3. Arquitetura moderna - Brasil - História. 4. História social. I. Campos, Cristina de. II. Oliveira, Eduardo Romero de. III. Gitahy, Maria Lucia Caira.

11-3939.   CDD: 307.760981
                               CDU: 316.334.5(81)

027752

Alameda Casa Editorial
Rua Conselheiro Ramalho, 694, Bela Vista
CEP: 01325-000 São Paulo – SP
Tel. (11) 3012-2400
www.alamedaeditorial.com.br

Sumário

Binômios: o espaço concebido e o construído em São Paulo entre os séculos XIX e XXI — 07

Território e Cidades: projetos e representações, 1870-1970 — 11

Itinerários profissionais: viajantes brasileiros e representações culturais das cidades americanas.
Fernando Atique — 17

O público e o privado na expansão da rede ferroviária no estado de São Paulo no início do século XX
Sidney Piochi Bernardini — 41

Cidades e Ferrovia
Nilson Ghirardello — 71

Ferrovia e Urbanização. O processo de urbanização da zona pioneira da "Alta Paulista" (1905-1962)
Cristina de Campos — 93

Povoamento, ocupação de terras e tecnologia de transporte às margens do rio Paraná (1907-1957)
Eduardo Romero de Oliveira
Fernanda Henrique Aparecida da Silva — 113

Luz, Ar e Sol na São Paulo Moderna. Insolação e o Anteprojeto do Código de Obras do Engenheiro Arquiteto Alexandre Albuquerque (1916-1937)   135
Maria Beatriz Portugal Albuquerque e
Maria Lucia Caira Gitahy

A cidade de São Paulo e a habitação para o trabalhador (1942-1964)   165
Luciana Massami Inoue

Espaços de vida dos sambistas de São Paulo: um percurso. A urbanização a partir da cartografia de vivências   189
Marcos Virgílio da Silva

Projetos modernos: educação e edifício-escola para a formação do trabalhador nas décadas de 1950 e 1960   225
Artemis Rodrigues Fontana

Sobre os autores   253

Binômios: o espaço concebido e o construído em São Paulo entre os séculos XIX e XXI

Luiz Augusto Maia Costa

Binômios, este no nosso entender é o conceito que atravessa toda a obra que dentro e pouco o leitor percorrerá e também o conceito que elegi para apresentar esse trabalho: território e cidade, Brasil e Estados Unidos, imaginado e construído, economia e política, público e privado, território e urbanização, habitação e trabalhador, entre tantos outros binômios possíveis. Feito de diferenças, *Território e Cidade* se apresenta uno, atual e pertinente a todo aquele que quer, neste fragmentado século vinte e um, entender, em suas contradições, o que levou o estado de São Paulo, tanto física como socialmente, a forjar a metrópole sul-americana a partir do, hoje distante, século dezenove.

O objetivo deste *Território e cidades: projetos e representações, 1870-1970* é registrar a interlocução entre pesquisadores de formações diversas reunidos em torno de dois grupos de pesquisa; um na USP e o outro na Unesp. Entretanto, este instigante livro vai bem além. Ao iluminar aspectos do processo social de concepção e construção do espaço em São Paulo no tempo pretérito, o mesmo acaba por lançar luzes para a concepção e construção do espaço em São Paulo no tempo futuro.

É assim que o presente volume começa com uma reflexão sobre as trocas culturais entre o Brasil e os Estados Unidos da América. Com perspicácia, por parte do autor, Fernando Atique, é estabelecido um leque de interfaces entre os dois países, que possibilita-nos entrever como as cidades da era da ferrovia e do café eram concebidas imaterialmente, em um primeiro momento, e, em um segundo, construídas propriamente. A bem da verdade, esses dois binômios (construção material – imaterial da cidade e do território), de uma forma ou de outra, atravessam alguns dos artigos aqui apresentados.

Isto fica nítido no artigo que, aparentemente, destoa dos demais pela sua original abordagem. Marcos Virgílio da Silva nos apresenta uma inusitada forma de ver a urbanização de São Paulo nos anos de 1950. Cobre este período também o artigo de Ferraz que, nos remete ao início do livro, reestabelecendo, de forma indubitável, o binômio Brasil – Estados Unidos da América. Desta maneira, este, ao fechar *Território e Cidades*, evidencia a coerência teórica e metodológica existente entre os trabalhos que, ao deleite do leitor, são oferecidos.

Contudo, não é só de coerência que este livro é feito. De resto, como não poderia deixar de ser, a realidade é mais complexa do que os necessários recortes teóricos e metodológicos deixam transparecer, há posições e conclusões dissonantes entre si, apontando para uma real interlocução entre os grupos, mais que uma mera cooperação entre eles. Nas eventuais e sutis diferenças, expressas sempre de forma elegante, quem sai ganhando é o conhecimento e o leitor.

É desta forma que, ao centrarem a atenção nos supra-citados binômios, podemos entrever diferentes explicações para como a economia e a política se amalgamavam em uma relação, um tanto porosa, entre público e privado. Estes binômios possibilitaram a ocupação e o delineamento de um espaço geográfico, que hoje entendemos como São Paulo (materialmente como território e imaterialmente como Estado). Bernardini e De Campos, por um lado, e Ghirardello e Oliveira e Silva, por outro, apresentam um rico espectro de reflexões, observações e conclusões que apontam para a complexidade desse tão nuançado processo de criação e consolidação de um centro de poder que articula economias, cidades e saberes, mostrando-nos a pertinência da continuidade das pesquisas aqui apresentadas.

Se os artigos até aqui mencionados preocupam-se em debruçar-se sobre os imaginários da urbe e sobre o processo de construção do território e das cidades paulistas, os dois últimos ensaios constantes desse livro que aqui comento, tocam naquele que, indubitavelmente, constituía-se em um dos pontos nevrálgicos para a arquitetura e o urbanismo do Movimento Moderno. Na história da arquitetura e do urbanismo ocidental, a habitação do homem comum nem sempre recebeu a atenção devida, seja dos produtores do espaço construído nas diversas épocas, seja dos historiadores em geral. Esse interesse só se manifesta quando se observa que as condições de moradias dos trabalhadores do final do século dezoito em diante eram nocivas ao próprio desenvolvimento do capitalismo industrial.

Albuquerque e Gitahy, e Inoue vão focar este ponto nevrálgico como questão central; ora na forma do binômio habitação e conhecimento, ora como habitação e lei; ora como habitação e tecnologia, ora como habitação e economia. Em uma época em que, tanto a arquitetura como o urbanismo contemporâneo, em sua maior parte, parecem relegar a questão da habitação e do trabalhador a segundo plano, os autores dos referidos textos nos fazem lembrar do muito pouco feito diante do que há a fazer. Se não bastasse este fato, as pesquisas aqui apresentadas são exemplares.

Contendo ensaios que perfazem o que alguns historiadores tem chamado de "século americano," o presente trabalho percorre as transformações econômicas, políticas, culturais que ao se manifestarem, tanto no processo de produção do espaço construído, como em um dos resultados deste mesmo processo, isto é, as cidades que, em uma gama de inter-relações, conformam e desenham um lugar chamado de São Paulo e nos permite compreender como chegamos aqui. Neste início de século vinte e um, o livro que o leitor tem em mãos nos possibilita apreender como, uma cidade e um território que – nos quatro primeiros séculos da experiência histórica do que entendemos hoje como o Brasil – exerceu um papel secundário tanto no âmbito nacional, como internacional, transforma-se na grande metrópole da América do Sul. Dado isto, podemos afirmar que o século vinte, aqui periodizado como aquele que se desenvolve entre 1870 – 1970 é, no âmbito brasileiro, o século paulista[1]. De fato, como nesta obra se demonstra, foi a partir de 1870 que um conjunto de transformações acaba por catapultar São Paulo para o epicentro econômico, político e cultural do país. Espero que você, leitor, divirta-se tanto quanto eu, ao aprender com esse livro.

---

1 Nesta linha argumentativa, os três primeiros séculos seriam dominados por Salvador e o quarto pelo binômio Rio de Janeiro – Minas Gerais.

Território e Cidades: projetos e representações, 1870-1970

Cristina de Campos
Eduardo Romero de Oliveira
Maria Lucia Caira Gitahy

Este volume é resultado de uma interlocução entre grupos de pesquisa com base em duas universidades estaduais paulistas, a USP e a Unesp. O palco dos debates foram duas diferentes sessões livres do *IX Encontro Nacional da ANPUR*, realizado em Florianópolis, em maio de 2009, intituladas respectivamente *Território e urbanização* e *Modernidade urbana e representações culturais da cidade.* A debatedora da segunda das sessões, Profa. Dra. Ana Fernandes (UFBa), na ocasião, observou que os trabalhos ali apresentados, aprofundando temas e linhas de pesquisa já consagrados na historiografia, acabavam flagrando-os sob novos ângulos e luzes, revelando insuspeitadas possibilidades de questionamento e indagação. Diferentes vozes compõem um mosaico complexo que, no conjunto, acaba por abrir novos caminhos de análise, encadeamento e interpretação. As pesquisas aqui reunidas, pois, com diferentes focos temáticos, fazem parte de um esforço mais amplo no campo da história social da cultura, do território, da cidade, da arquitetura. Todos eles concentram-se no longo período da assim chamada Segunda Revolução Industrial, central a tantos processos de urbanização no Brasil e em outros países, compreendendo e analisando suas diferentes dimensões – na inscrição física e cartográfica das cidades – assim como apreendendo a teia mais ampla das relações internacionais na esfera da vivência urbana.

O livro que aqui oferecemos ao público aborda, portanto, do prisma da história social, as relações entre território e cidades, privilegiando os projetos e representações culturais que incidem sobre os mesmos. O primeiro deste conjunto de artigos enfoca justamente a questão das representações culturais, em especial, a recepção da efervescente vida urbana norte-americana entre os brasileiros. Ao tratar da circulação de ideias entre Brasil e Estados Unidos, um tema presente em diversas pesquisas do HSTTFAU, Fernando Atique reuniu as impressões de brasileiros que passaram pelas terras de "Tio Sam". Nestes relatos ricos e variados – entre eles os de Gilberto Freyre e Pedro II – vários aspectos da cultura daquela sociedade são observadas com o fito de comentar os traços mais marcantes da cultura daquele país. A análise realizada por Atique permite ao leitor um duplo entendimento: a atração que as instituições de ensino exercem sobre os estudantes brasileiros e a divulgação que estes faziam da cultura urbana estadunidense. Suas ponderações permitem também observar que a aproximação entre os dois países, seja no intercâmbio de ideias, práticas e saberes remonta, pelo menos, ao século XIX.[1]

Quanto às relações entre território e cidades, vem novamente à luz o papel do binômio café e ferrovia articulando estes dois polos e mudando o ritmo da urbanização. No alvor do período republicano, uma rede de cidades do interior paulista brota à beira dos trilhos, à frente dos mesmos e em decorrência da constituição e avivamento do mercado de terras. Estado e iniciativa privada articulam-se para este empreendimento em grande escala voltado à organização de um território urbanizado, integrado, produtivo. No âmbito do Estado, durante os anos que vão de 1891 a 1926, São Paulo delega esta tarefa

---

1 Esta observação também foi feita por Luiz Augusto Maia Costa na tese *O moderno planejamento territorial e urbano em São Paulo. A presença norte-americana no debate da formação do pensamento urbanístico paulista 1886-1919*, defendida em 2005 no âmbito do Programa de Pós-Graduação da Faculdade de Arquitetura e Urbanismo da Universidade de São Paulo.

à Secretaria da Agricultura, Comércio e Obras Públicas. No artigo de Sidney Piochi Bernardini a atuação desta "super" Secretaria será analisada a partir do planejamento das linhas férreas do estado de São Paulo. Aqui será contemplada a relação – de "mão única", como o próprio autor destaca – entre o Estado e a iniciativa privada no tocante à expansão ferroviária que, no período em tela, estava em pleno desenvolvimento. O papel da Secretaria da Agricultura dividia-se entre o de "gestor" e o de "planejador". No primeiro caso, lidando com as companhias ferroviárias privadas/públicas em plena atividade e, no segundo, como promotora do desenvolvimento das linhas de cunho estratégico, cujo objetivo era penetrar em regiões inexploradas do noroeste e oeste paulista, planejamento que tinha como meta a ocupação do território e a expansão das atividades produtivas estabelecidas na região central do estado.

Não apenas o Estado, mas uma estreita articulação entre o mesmo e a iniciativa privada dá o tom do crescimento da rede urbana paulista a partir da segunda metade do século XIX. O artigo do Prof. Nilson Ghirardello, estudioso da mesma, "Cidades e Ferrovia" aprofunda os impactos recíprocos que ambas estabelecem. Como o próprio autor coloca: "a ferrovia cumpriu um papel muito mais significativo do que (...) o do simples transporte de passageiros e da produção." Ao discutir processos tão amplos quanto o da urbanização, dos investimentos no solo urbano e rural, a criação de novos estabelecimentos bancários, de prestação de serviços e manufatureiros, não descuida dos aspectos políticos (em especial, a atuação dos "coronéis" locais e suas relações com o PRP) e culturais, pois se altera o ritmo da vida nestas cidades, muitas delas em criação, outras em crescimento, e outras que fenecem, naquele período. Mais que tudo, apreende com sensibilidade o espaço urbano que ali se delineia: a centralidade da estação, a implantação – por vezes precária – da infraestrutura urbana, as formas características do desenho urbano, da arquitetura.

Na mesma linha, "Ferrovia e Urbanização. O processo de urbanização da zona pioneira da 'Alta Paulista' (1905-1962)", da autoria de Cristina de Campos, apresenta os primeiros resultados de sua pesquisa de pós-doutorado. A lógica de formação do mercado de terras é desvendada aqui no caso específico da Alta Paulista. Empresas ferroviárias, companhias colonizadoras e Estado estabelecem uma ação conjunta e direcionada para o desenvolvimento capitalista de toda uma região. O trabalho chega também ao desenho da rede urbana, aos planos para as novas cidades e à atuação de engenheiros, como Adolpho Augusto Pinto. Trata-se de pesquisa original, de qualidade.

O papel relevante da ferrovia é o denominador comum entre os trabalhos do grupo de pesquisas da Unesp. O artigo do Prof. Eduardo Romero de Oliveira (Unesp-Rosana) e da mestranda Fernanda Henrique Aparecida da Silva (Unesp-Assis), "Povoamento, ocupação de terras e tecnologia de transporte às margens do rio Paraná (1907-1957)" estuda a expansão das linhas férreas paulistas na direção do Rio Paraná. Aqui também, companhias ferroviárias, a ação "estratégica" do Estado e as companhias de colonização reúnem forças para desenhar o território e as cidades locais. Os autores discutem como estas iniciativas estiveram associadas a um discurso em que a expansão para o Oeste toma um caráter "civilizatório" e como a tecnologia é apresentada como símbolo máximo da "modernidade" brasileira do período.

Este volume também tenciona debater aspectos da modernidade nas cidades paulistas, com um foco especial nas diferentes representações culturais que a mesma suscita. Assim, apresenta-se aqui tanto a apreensão da modernidade urbana pelas classes subalternas, quanto a percepção dos profissionais da cidade. Nas primeiras décadas do século XX estes profissionais da cidade, com destaque aos médicos e engenheiros, debatiam e apresentavam soluções para os problemas urbanos da capital paulista. Estes debates e propostas foram recuperados por trabalhos acadêmicos que iluminaram a biografia destes profissionais. Muitos destes personagens históricos, como Theodoro Sampaio, Saturnino de Brito e Emílio Ribas tiveram suas trajetórias recuperadas. Contudo, uma figura permanecia eclipsada. Nesta linha, o papel do engenheiro-arquiteto e civil Alexandre Albuquerque foi analisado por Maria Beatriz Portugal Albuquerque e Maria Lucia Caira Gitahy. Formado com distinção na Escola Politécnica de São Paulo *Alex Albuquerque* – como costumava assinar em seus livros – fazia jus à sua formação *poli*técnica ao atuar com desenvoltura em áreas como a arquitetura, o urbanismo e a engenharia sanitária. Seja pela apresentação do seu plano *As novas Avenidas de São Paulo,* ou pelo seu estudo sobre a insolação, que concilia a arquitetura com os modernos preceitos de higiene em voga no seu período de atuação.

TERRITÓRIO E CIDADES   15

Também abordando a cidade de São Paulo, a mestranda Luciana Massami Inoue focaliza a questão da habitação para o trabalhador no período 1942-1964. Baseando-se em revisão da bibliografia especializada, a autora explora a interação entre a cidade, a habitação e o sistema de transporte. Naquelas décadas, o centro é verticalizado e a habitação popular corre para a periferia. É do interesse desta pesquisa buscar as formas de mercantilização da habitação para o trabalhador, especialmente para a constituição do assim chamado "mercado formal" de moradias, no período em tela.

Esta movimentação das classes menos favorecidas do centro da cidade para as suas franjas periféricas será investigada, sob um ponto de vista instigante, no artigo de Marcos Virgílio da Silva. O autor propõe em seu artigo abordar a história da urbanização da maior metrópole do país a partir dos "debaixo", ou seja, das classes subalternas, em uma clara referência aos escritos do historiador inglês E. P. Thompson. Outro atrativo desta pesquisa é sua proposta de realização desta leitura tomando como fonte a experiência e a produção de importantes sambistas paulistas, especialmente Adoniram Barbosa que imortalizou as transformações da Pauliceia em sambas como *Saudosa Maloca e Trem das Onze*.

Ainda falando em trabalho e trabalhador, não podemos deixar de mencionar, entre as mais importantes experiências de formação para o trabalho nas décadas de 1950 e 1960, a presença das escolas das redes SENAI (Serviço Nacional de Aprendizagem Industrial) e SENAC (Serviço Nacional de Aprendizagem Comercial). Nestas redes de edifícios escolares, belos exemplos da Arquitetura Moderna brasileira podem ser identificados. A originalidade do artigo de Artemis Rodrigues Fontana, "*Projetos modernos: educação e edifício-escola para a formação do trabalhador nas décadas de 1950 e 1960*" está em recuperar um aspecto pouco conhecido do processo que levou a estas notáveis realizações: a atualização internacional dos líderes empresariais envolvidos com as definições tanto pedagógicas, quanto arquitetônicas destas agências. Inteirados com relação ao extenso programa de modernização da educação para o trabalho implementado, no mesmo período, nos Estados Unidos, procuraram os arquitetos modernos para garantir o diálogo entre edifício escolar e pedagogia moderna. O sucesso e a importância destes edifícios para a arquitetura e para a sociedade são inegáveis e a mesma merece mesmo um aprofundamento da pesquisa histórica a respeito.

Por fim, gostaríamos de compartilhar a alegria do encontro e do diálogo entre colegas pesquisadores no ambiente estimulante do *ENANPUR* e em outros momentos, nas frequentes trocas de mensagens eletrônicas, telefonemas e entre as várias cidades em que habitamos, trabalhamos e viajamos assim como o clima livre e suave dos debates, em que exigência e respeito intelectual contribuíram para a congregação e cooperação entre os autores.

Itinerários profissionais: viajantes brasileiros e representações culturais das cidades americanas

Fernando Atique

> "Viajo cheio de saudade. Mas também animado de uma grande curiosidade: saber o que me espera nos Estados Unidos. Como serão os meus estudos? Como me adaptarei à vida ianque?" Gilberto Freyre, 2006: 53.

O livro *A Democracia na América*, escrito pelo francês Alexis de Tocqueville, entre 1831 e 1832 e publicado em 1835 é, sem dúvida, um dos principais registros do interesse europeu pelos Estados Unidos, uma república que florescia em solo americano. Estudada no mundo inteiro, a obra de Tocqueville, originalmente publicada em quatro volumes, tornou-se importante veículo de divulgação do sistema democrático e judiciário americano e, paralelamente, um dos primeiros relatos textuais da vida urbana e do trato social na República Americana, no século XIX. Como neste exemplo, torna-se, então, importante perceber que as representações dos Estados Unidos da América do Norte, sobretudo durante o século XIX, passaram, necessariamente por duas condições verificadas na obra de Tocqueville: o registro textual e a necessidade de percorrer a nação americana para que a experiência do olhar estrangeiro pudesse ser exercitada.

Este artigo se propõe a interpretar as visões e os relatos presentes em diários, artigos e publicações feitos por brasileiros que, em viagem aos Estados Unidos da América, entre os anos de 1870 e 1940, difundiram representações da vida urbana americana em solo nacional. À semelhança da viagem de Tocqueville, alguns brasileiros rumaram à Terra de Tio Sam com intuitos profissionais (seja pelo aspecto mercantil ou acadêmico) e que registraram suas experiências "no estrangeiro". Sendo assim, neste artigo apresenta-se um elenco de brasileiros, como André Rebouças, Dom Pedro II, Gilberto Freyre, Coelho e Souza e Miguel Forte que teceram comentários em diários ou em artigos acerca de suas experiências cotidianas em solo americano.

A viagem rumo às representações culturais das cidades americanas principia-se com o relato do engenheiro baiano, formado na Escola Central, depois Escola Politécnica do Rio de Janeiro, André Rebouças. Em 1872, Rebouças idealizou uma viagem de pesquisas à Europa a qual acabou abarcando, também, os Estados Unidos. Interessado em acompanhar o avanço da indústria manufatureira americana, como também do setor da construção civil, Rebouças partiu da Europa, em maio de 1873, com destino a Nova York, onde aportou no dia 09 de junho. A primeira impressão sobre o território americano não provém, exatamente, do relevo ou das edificações daquela nação, mas, sim, do trato social verificado naquelas plagas. Em função de sua raça – Rebouças era mulato – ele sofreu discriminação racial, o que lhe dificultou sobremaneira a hospedagem e a frequência a restaurantes e casas de espetáculos, como grafou em seu diário:

> O primeiro aposento que tive foi um quartinho muito sujo no 3º andar; deram-me depois uma sala e um quarto no andar térreo, n.43, com saída para a praça, onde principia o 'Broadway' (REBOUÇAS, Diário Íntimo, 9 de junho de 1873).

Rebouças fazia referência aos Washington Hotel, batizado dessa forma em homenagem ao histórico presidente americano, personagem que, segundo o engenheiro Rebouças, não foi suficiente para evitar a queda da hospedaria para "3ª classe" (REBOUÇAS, Diário Íntimo, 9 de junho de 1873).

Esta questão racial acompanharia André Rebouças durante todo o seu percurso em solo americano. Como apontou em seu Diário, e foi observado por Alexandre Dantas Trindade, André Rebouças acabou, de certa forma, sendo amparado por John Lidgerwood, irmão de um empresário atuante no Brasil, que, tentando dirimir os embates raciais, abusava do adjetivo "doctor" sempre que possível junto ao público que os ladeavam em suas excursões (TRINDADE, 2004: 217). Mesmo rechaçado constantemente, André Rebouças não prejudicou seu itinerário, deslocando-se por três estados: Massachussets, Nova York e Pensilvânia. Em Massachussets conheceu as cidades de Boston, Rochester e Lowell. Sobre esta última escreveu:

> Que saudades me deixou Lowell! Como é linda esta cidadezinha! Quão diversa das cidades manufatureiras da velha Europa! (REBOUÇAS, Diário Íntimo, 13 de junho de 1873).

O panorama industrial dos Estados Unidos atraiu a atenção de André Rebouças de maneira grandiloquente. Sua passagem pela cidade de Tutsville, na Pensilvânia, provocou admiração pelo "arrojo yankee" que em pouco mais de uma década fez com que a localidade tivesse "caminhos de ferro, telégrafo com 3 fios, calçamento de paralelepípedos e macadame com passeios de taboas, gás, dois grandes jornais (REBOUÇAS, citado por TRINDADE, 2004: 211). Mas o espetáculo maior verificado por ele em Tutsville, e que foi registrado em seu Diário, deve-se à conjugação dos recursos naturais ao engenho humano, que provocou seus sentidos e aguçou sua crença na indústria e em seu catolicismo, como a passagem a seguir revela:

> Às 10 da noite, o espetáculo atingia ao maravilhoso. No fundo do vale o 'Oil Creek', o regato de petróleo, refletindo, de espaço em espaço, as longas

> chaminés dos tubos de gás; uma linha negra, uma ousada ponte suspensa provisória para serviço dos operários; a floresta elevando-se nas colinas até o céu; árvores projetando sombras fantásticas ao clarão de uma iluminação ciclópica; o sibilar das máquinas a vapor queimando gás natural; o ranger das armações de madeira dos 'derricks'; a pancada das barras de mina dos poços em perfuração; o arfar da locomotiva do caminho de ferro paralelo ao rio (...) Nos tempos de Moisés, Deus, para libertar o povo d'Israel, fez surgir água das pedras: para libertar os escravos da América, Deus fez ainda mais: fez surgir óleo da terra da Pensilvânia!" (REBOUÇAS, Diário Íntimo, 16 de junho de 1873).

A admiração pelo "engenho yankee" e pela industrialização não impressionou apenas Rebouças. O próprio imperador Pedro de Alcântara, Dom Pedro II, ao visitar os Estados Unidos em 1876, por ocasião da International Exhibition of Arts, Manufactures and Products of the Soil and Mine, mais conhecida como The Centennial Exhibition, ocorrida na Filadélfia, expressou sua admiração pela inventividade daquela nação. A presença do monarca brasileiro junto aos inventos, aos produtos e em meio à simbologia norte-americana de "desenvolvimento e progresso" expostas, intencionalmente na feira, metaforizou o início de uma mudança de aceitação de paradigmas, no Brasil. D. Pedro II, como mostra Lilia Schwarcz, concedeu aos Estados Unidos o epíteto de uma terra progressista: "a grande nação americana" (SCHWARCZ, 2003: 373). Esta afirmação serve para ilustrar que não havia, como tradicionalmente se pensa, um distanciamento tão grande do Brasil em relação ao mundo americano no que concerne à ideia de parceria comercial e de referência cultural. O monarca que se pretendia cientista conheceu, experimentou e encomendou produtos americanos que, não tardaram muito, vieram a fazer parte das cidades e das casas dos brasileiros. Mas, além disso, o imperador imputou respeitabilidade à ciência estadunidense e aos feitos dos profissionais lá atuantes, razões que ajudam a entender alguns caminhos da interação entre o Brasil e os Estados Unidos, a partir da década de 1870.

Essa feira e a presença do imperador inauguraram um novo momento nas relações Brasil – Estados Unidos, em várias frentes. Embora Pedro de Alcântara tenha declarado que viajava como "cidadão brasileiro e não como chefe de Estado,"[1] ele despertou interesse na imprensa americana pelo fato de ser "a primeira vez que um monarca pisava território norte-americano independente" (SCHWARCZ, 2003: 374). A presença do chefe imperial brasileiro em terras setentrionais permitiu a visita, ao longo de quase três meses, a escolas, a instituições científicas e a museus. Pedro II também inaugurou estradas e fábricas; conheceu Niagara Falls e viu de perto o legado de um de seus intelectuais preferidos: o naturalista Louis Agassiz. O que convém mostrar é que a presença de D. Pedro II nos Estados Unidos lhe garantiu o contato com várias invenções de seu século, como a fotografia, o telefone e a eletricidade, as quais acabaram sendo trazidas e divulgadas no Brasil, por sua mão (ATIQUE, 2007).

Esta viagem de Pedro II aos Estados Unidos foi registrada por meio das reportagens de James O'Kelly, enviado especial do The New York Herald para a cobertura do traslado do imperador do Brasil aos Estados Unidos. O próprio Dom Pedro II, por outro lado, produziu um diário, o qual ficou restrito até os anos 1940, mas que, em certa medida, dá a dimensão de sua visão sobre o território estadunidense. Conforme mostra Roderick J. Barman, Pedro II estava interessado em conhecer o que havia de importante e aplicável à realidade brasileira. Certas vezes, como em San Francisco, o monarca admitiu estar diante de um panorama pitoresco digno de nota, mas inferior ao do Rio de Janeiro (BARMAN, 1999, s/p). Suas impressões sobre as diversas cidades americanas que visitou dão a exata noção de seu criticismo. Em Washington D.C., por exemplo, Pedro II aprovou "o majestoso aspecto" da cidade, com uma arquitetura que o tocou profundamente, mas que, ao mesmo tempo, "possuía obras de escultura medíocres" (BARMAN, 1999, s/p.). Em linhas gerais, Pedro II apontou

---

1   Conforme assinala Lilia Moritz Schwarcz, em *As Barbas do Imperador: D. Pedro II, um monarca nos trópicos*, "no exterior, o imperador fazia questão de tirar o "Dom" e assinar apenas Pedro de Alcântara; portava seu sobretudo preto e gostava de afirmar: 'O imperador está no Brasil. Eu sou apenas um cidadão brasileiro'." (SCHWARCZ, 2003: 373).

22 Cristina de Campos * Eduardo Romero de Oliveira * Maria Lucia Caira Gitahy

que não apenas na Centennial Exhibition, mas em diversas plagas, o que abundava na civilização americana era "falta de gosto" (BARMAN, 1999, s/p.).

O estreitamento de relações entre os dois países, após aquele evento, foi tal que o embaixador brasileiro em Washington, Joaquim Nabuco, registrou em seu diário, em 1876, que tendo chegado aos Estados Unidos "pouco tempo depois da visita do imperador [pôde] recolher o eco da impressão deixada por ele" (NABUCO, 1963: 117). Com devotada atenção ao cenário político e econômico, Nabuco pouco analisou o ambiente urbano norte-americano, mas, registrou, em relação a Washington D.C., que aquela era "sem dúvida uma cidade muito agradável, mas para a qual se vai a custo, quando se tem de deixar Nova York." (NABUCO, 1963: 122).

Mas o Brasil não se fez representar nos Estados Unidos apenas durante a Centennial, e nem sempre a "falta de apreço pelo bom gosto" como apontado por Pedro II se fez registrar pelos que lá aportaram. A participação efetiva do Brasil nos eventos sediados nos Estados Unidos está sistematizada no quadro 1, a seguir. Por meio dele perceber-se-á que o país atendeu a diversos convites, quase sempre erigindo pavilhões próprios, vinculados às linguagens arquitetônicas internacionalmente aceitas naqueles momentos. Sem dúvida nenhuma, esses espaços de exibição serviram para ampliar o imaginário estadunidense sobre o país e, concomitantemente, a gerar a imagem de que os produtos americanos poderiam ser bem-recebidos no Brasil. Obviamente, muitos brasileiros também foram aos Estados Unidos como membros das delegações nacionais e, também, como participantes interessados em recolher impressões e adquirir produtos estrangeiros mostrados nas feiras.

QUADRO 1: FEIRAS INTERNACIONAIS TRANSCORRIDAS NOS ESTADOS UNIDOS COM EFETIVA PARTICIPAÇÃO DO BRASIL

ANO	LOCALIDADE	NOME CONSAGRADO	FORMA DE PARTICIPAÇÃO
1876	Filadélfia	United States Centennial International Exhibition	Com Pavilhão

1884	New Orleans	World's Industrial and Cotton Centennial Exposition	Com "Stand"
1893	Chicago	World's Columbian Exposition	Com Pavilhão
1904	Saint Louis	Louisiana Purchase Exposition	Com Pavilhão
1926	Filadélfia	United States Sesquicentennial International Exposition	Com Pavilhão
1933	Chicago	Century of Progress Exposition	Com Pavilhão
1939	São Francisco	San Francisco Golden Gate Exposition	Com Pavilhão
1939	Nova York	New York World's Fair	Com Pavilhão

Fonte: Atique, 2007.

Entre essas exposições, o Brasil participou de uma das mais importantes feiras internacionais sediadas nos Estados Unidos, realizada sob o pretexto de celebrar a descoberta da América por Cristóvão Colombo. A World's Columbian Exposition, realizada em Chicago, às margens do Lago Michigan, em 1893, pode ser vista como uma das primeiras tentativas de explicitação do poderio tecnológico e econômico dos Estados Unidos. Em plena época de reavaliação da Doutrina Monroe, e com o propósito de "louvação da América" – o "mundo novo" descoberto por Colombo –, o país anfitrião parecia sinalizar à Europa uma mudança de hegemonia político-econômica; aos demais países americanos, aquela nação apontava qual deveria ser o modelo de país, na América. Naquela época, inclusive, forjaram-se, com maior ênfase, identidades arquitetônicas que se tornariam símbolos do continente americano. O *skyscraper* associou-se às cidades de Chicago e Nova York e à ideia de desenvolvimento, e o Spanish Renaissance, usado no pavilhão da California, se tornou estilo válido para expressar a "unidade americana" por meio da retomada das tradições plástico-construtivas.[2]

---

2   O pavilhão do estado da *California* foi o responsável por apresentar aos visitantes da feira de *Chicago*, o que era o *Spanish Renaissance.*

Uma personagem ligada à modernização brasileira, em processo naquelas décadas, que também se sentiu atraída pelas "novidades" americanas foi Delmiro Gouveia. Gouveia visitou a exposição de Chicago, em 1893, conhecendo não só os pavilhões de exposições, mas também, as próprias concepções de espaços urbanos, arquitetura e tecnologia ali expostas. Como afirmou Telma de Barros Correia, "o projeto do Mercado do Derby" – um centro de diversões e compras erigido por Gouveia, em Recife, em 1899 – "foi profundamente marcado [pelos] valores arquitetônicos [da feira], revelando particular inspiração no Fisheries Building, projetado por H. Ives Cobb" (CORREIA, 1998: 195-196).

Em 1939, o país participou, duplamente, de celebrações nos Estados Unidos: na feira de Nova York – constantemente estudada no Brasil por conta do pavilhão brasileiro riscado por Oscar Niemeyer e Lucio Costa e ambientado por Paul Lester Weiner – e na San Francisco Golden Gate Exposition, cujo pavilhão, bem próximo dos preceitos arquitetônicos de Marcello Piacentini, fora erigido segundo o projeto do arquiteto estadunidense Gardner Dailey, com colaboração de Ernest Born (displays) e de Jane Berlandina e Robert Howard (murais) (ARCHITECTURAL FORUM, jun 1939: 492-493).

Lucio Costa, após a permanência nos Estados Unidos para o acompanhamento da construção do pavilhão brasileiro na Feira de 1939, regressou, algumas outras vezes, a esse país, como, por exemplo, em 1961, quando proferiu conferência no MIT, o lendário Massachusets Institute of Technology. Em um texto redigido por solicitação do Comissário Geral a propósito das linhas do pavilhão brasileiro, em 1939, Costa expressou que os Estados Unidos eram uma "terra industrial e culturalmente desenvolvida" (COSTA, 1995: 192). Esta declaração de Costa, embora possa ser vista como uma oração retórica destinada a abrandar a recepção de seu pavilhão, expressa uma opinião corrente naquela época sobre a vocação do país da América do Norte.[3]

---

3   Outro dado interessante que deve ser citado como complemento a essa ligação de Lucio Costa com os Estados Unidos é o fato de que ele expressa ter começado a trabalhar no projeto do Plano Piloto de Brasília, a bordo de um navio, que voltava dos Estados Unidos (COSTA, 1995).

TERRITÓRIO E CIDADES 25

Contudo, após 1939, a participação brasileira em eventos nos Estados Unidos rareou, muito pela própria perda de significado desse tipo de exposição. O mesmo não pode ser afirmado, contudo, com relação à participação em congressos profissionais e outras reuniões de teor político-econômico, que só aumentaram ao longo das décadas do século XX. Um exemplo bem ilustrativo da atração brasileira pelo universo acadêmico estadunidense é o do professor da Escola Central de Odontologia, no Rio de Janeiro, o dentista Coelho e Souza. Em 1911, Coelho e Souza esteve, por uma breve temporada, nos Estados Unidos para se aperfeiçoar em odontologia na Dental School da University of Pennsylvania, considerada a primeira e a melhor escola de dentistas daquele país. Na Filadélfia cidade onde a referida universidade está assentada, Coelho e Souza tomou contato com o que chamou de "civilização americana", fato que lhe despertou o desejo de regressar àquele país. Em 1922, Coelho e Souza foi enviado pela Sociedade Brasileira de Odontologia para a Filadélfia para participar do 7º Congresso Dentário Internacional que ali aconteceria. Esta viagem, que foi expandida a outras localidades daquela nação, até o Canadá, resultou na publicação do livro Impressões dos Estados Unidos, lançado no Rio de Janeiro, em 1927. O objetivo do livro, segundo o autor, era prover seus colegas odontólogos brasileiros de referências acerca daquele país, facilitando o intercâmbio de ideias e de cultura (SOUZA, 1927: 2).

Souza fez relatos acerca do espaço urbano das cidades americanas. Tendo aportado em Nova York, suas impressões sobre a cidade são elucidativas do grau de espanto e criticismo que o dominou:

> A primeira impressão que domina o viajante ao enfrentar Nova York é de assombro! (…) Foi o que aconteceu em 1911 antes de conhecer os arranhaceus, que por aqui já os vamos tendo. (…) Nova York é uma monstruosidade em Architectura. Edifícios que, parecendo desafiar o céus, como os de Babel a famosa torre, dão ao longe ares de enormes pombaes e, aqui, e além o panorama nada pittoresco de acanhados edifícios em contrastes com

> dezenas de palacios de dezenas de andares. Pygmeus
> a contemplarem gigantes (SOUZA, 1927: 9).

A imagem da grande cidade repleta de novidades e perigos também foi usada por Coelho Souza para se referir à apropriação do espaço nova-iorquino:

> O movimento das ruas concorridas estonteia. Gente que sóbe, gente que desce, que falla, que apregôa. Carros que rodam, automóveis que fonfonan, bondes no ar, bondes ao nível, bondes subterrâneos, tudo a ferralhar, a fremer a terra, atira o pobre mortal á neurasthenia (SOUZA, 1927: 10).

Com referência à Filadélfia, o autor teceu o seguinte comentário, em tentativa de comparação a Nova York:

> "Nota-se em Phila, o que em New York, e nas demais cidades apparece muito: a desigualdade nas construcções urbanas, o espectaculo sempre repetido dos pygmeus a contemplarem gygantes. O que há nesta Manchester americana é menos arrojo nos arranha-céus. Mas Phila distingue-se por outras duas particularidades: grande numero de habitações próprias e os estreitos laços de amizades entre família. (...) Algumas ruas, entre elas a Walnutt (nogueira), a Chestnut (castanha) e outras são extensíssimas. (...) Como em Nova York, Phila tem elevados e subways (linhas subterrâneas em menores proporções). Também possue um grande parque: o Fairmount, mais campestre, mais poético do que o Central da grande metropole (SOUZA, 1927: 25).

Com relação a Washington, Souza apontou:

> Capital da República é, como Bello Horizonte, uma cidade burocrática, porém, mais populosa,

> terá cerca de 300 mil habitantes. (…) Impressiona bem logo á chegada, pelo seu traçado geométrico, pela sua topographya em leve declive, suas construcções airosas e modernas. Avenidas e ruas bem lançadas e arborizadas, com lindos jardins e parques. (…) Washington captiva logo ao desembarque, pela sua bella e confortável estação (Souza, 1927: 32;35).

Mas, de fato, cogita-se a hipótese de que esta viagem de Coelho e Souza tenha alcançado repercussão no Brasil, instigando os brasileiros a visitarem os Estados Unidos e a instalarem, por aqui, algumas soluções de espaço como a descrita a seguir:

> Ha nos Estados Unidos muitos apparelhos automaticos, mas o mais curioso que lá observei, foi o serviço de restaurante. Não se trata de methodo semelhante ao adoptado pela Associação Christã de Moças, no Largo da Carioca, que não constitue para nós novidade. (…) O consumidor apanha a sua bandeja e o seu talher. Percorre o mostruario e vê o que lhe apetece. Feita a escolha, lança pela respectiva fresta a moeda representando o valor da iguaria. Immediatamente a porta do nicho que aloja o prato com o acepipe abre-se, a pessoa retira-o e senta-se á mesa para consummil-o" (Souza, 1927: 55).

Coelho e Souza, embora critique, em seu livro, certa descompostura dos norte-americanos no trato social, sobretudo no que ele julgava um traço elevado do mundo europeu – a gentileza para com a mulher – exprimiu, de forma laudatória, que "os automatismos applicados ás industrias, formidaveis prodigios de mecanica, denunciam o atilado espirito de quem os concebe" (Souza, 1927: 55).

Tergiversando sobre muitos aspectos da vida americana, Coelho e Souza capacitou muitos leitores a irem aos Estados Unidos para experimentarem, in loco, tudo o que descreveu. No campo profissional da dentística, por exemplo, muitas revistas foram criadas, no Brasil, produzindo matérias com os olhos nos Estados Unidos. A revista Brasil Odontológico, por exemplo, não só circulou por todo território brasileiro, por algumas décadas, como era enviada, também, aos Estados Unidos, para suprir de informações os profissionais e estudantes brasileiros residentes naquela nação. Em todo caso, para aqueles impossibilitados de cruzar o continente americano, restava a opção de adquirir os produtos "made in USA", no Brasil, alinhando-se, assim, ao que Souza declarou ser uma tendência irrevogável: "a da mecanica [suprir] o creado" criando "maquinas para tudo: para lavar roupa, para asseiar a casa por meio de apparelhos aspiradores" (Souza, 1927: 54).

Anos antes, contudo, outro brasileiro rumou aos Estados Unidos para buscar formação universitária. Gilberto Freyre, em 1918, foi mandado para estudar em Baylor, instituição de ensino mantida pela igreja batista, da qual era membro e egresso, no Brasil. Sua chegada a Nova York, conforme descrita em seu diário Tempo Morto e Outros Tempos, traz a seguinte informação acerca de Manhattan:

> "várias das ruas que tenho visto aqui me dão a impressão de conhecidas velhas. De onde as conheço? E logo me vem a resposta: de ilustrações dos contos policiais de Nick Carter" (Freyre, 2006: 56).

Esta declaração de Freyre revela não apenas seu apreço por um gênero literário – contos policiais –, mas, sobretudo, da presença de literatura americana em sua formação. Atestando o contato frequente do adolescente com a cultura dos Estados Unidos, muito por conta da vinculação com o protestantismo batista praticado em casa (Pallares-Burke, 2005).

Sobre o espaço da cidade, Freyre, na mesma publicação, não se priva de falar sobre a verticalização da ilha nova-iorquina, expressando que os edifícios, os "arranha-céus gigantes", o faziam se sentir "um pequeno, um pequeníssimo Dom Quixote entre moinhos de vento monstruosos" (Freyre, 2006: 56).

Longe da costa oeste, fixado no Texas, Freyre teve oportunidade de conhecer a cidade onde se assenta a Baylor University: Waco. Sobre ela, Gilberto Freyre apontou que:

O 'bairro negro' de Waco fosse qualquer coisa de terrível, eu imaginava. Mas é ainda mais horroroso do que eu previa. Imundo. Nojento. Uma vergonha para essa civilização filistina que, entretanto, envia missionários aos 'pagãos' da América do Sul e da China, da Índia e do Japão. Tais missionários, antes de atravessar os mares, deveriam cuidar desses horrores domésticos (Freyre, 2006: 66).

Maria Lucia Garcia Pallares-Burke aponta que Freyre, ao fixar-se em Nova York, em 1921, expressou sentir-se "como um menino guloso diante de enorme travessa de canjica ou pudim", pois o cosmopolitismo da cidade o seduzia, já que era "repleta de oportunidades educadoras" no sentido amplo do termo, ou seja, fornecia cultura e ilustração (Pallares-Burke, 2005: 70).

A ideia de que os Estados Unidos eram um importante e viável lugar para a formação acadêmica e cultural, aparecem, também, na trajetória profissional de Anísio Teixeira. Educador brasileiro, Teixeira exerceu, de 1924 a 1929 o cargo de Inspetor Geral do Ensino da Bahia. Em 1925, esteve na Europa para visitas a escolas da França e da Bélgica, mas em 1927 embarcou para os Estados Unidos, terra que considerou como crucial para a sua "lapidação intelectual" no que tange à educação (Gondra; Minot, 2006: 12). Discípulo de John Dewey, educador ligado à Columbia University, Teixeira alcançou notoriedade no cenário educacional brasileiro, após seu regresso, e serviu como espécie de divulgador do universo educacional americano, a ponto de na década de 1930, enviar Carneiro Leão, Delgado de Carvalho e Lourenço Filho para uma experiência semelhante à sua naquele país (Gondra; Minot, 2006: 12). O interessante, para este artigo, é analisar o diário de viagem escrito por Teixeira a bordo do navio Pan American, em 1927, bem como revelar o roteiro seguido por ele em solo americano: "2 out. – Nova Jersey – Flemington; 4 out – Maryland – Baltimore/Towson; 7 out. – Washington; 9 out – Virginia/Richmond/ Farmville; 18 out – Cleveland; 22 out. – Nova York/Ithaca" (Gondra; Minot, 2006: 22). Sobre Flemington, Teixeira expressou:

> Flemington é uma pequena aldeia, no estado de Nova Jersey, com uma população que orça 2.500 habitantes. O termo aldeia é um termo que dificilmente se adapta a essas pequenas cidades dos Estados Unidos, onde a vida, embora em reduzida proporção, mantém o mesmo ritmo acelerado e progressivo da vida das grandes cidades. Ninguém julgue que possa encontrar na pequena vila americana a simplicidade e a frescura das aldeias. Como a grande cidade, ela também vive agitada e impulsionada pela máquina e pela ambição (Teixeira, 2006: 83).

Sobre Baltimore, Teixeira revelou não sua impressão sobre o espaço físico da cidade, mas sobre a estrutura administrativa, já que "as cidades têm, geralmente, na América, governo e administração autônomos e isolados do resto da municipalidade. Municipalidade e cidade são coisas distintas e separadas" (Teixeira, 2006: 91). Essa leitura do espaço administrativo dos estados americanos vinham do interesse do viajante perscrutador do sistema educacional americano. Contudo, em algumas ocasiões como a visita realizada a Ithaca, especificamente à Cornell University, administração escolar, ensino, cultura e espaço se fundem, constituindo-se em um importante relato:

> Cheguei a Ithaca pela manhã de sábado, 22, e encontrei uma cidade de 12 a 15 mil habitantes transformada em uma cidade de 40 mil habitantes. Realizava-se nesse dia o encontro entre a Universidade de Princeton e a Universidade Cornell em um jogo de futebol que prometia ser disputadíssimo. Cerca de 25 mil visitantes se achavam na cidade para assistir ao grande jogo (…) Fazia vinte anos que as duas universidades, velhas e permanentes rivais, não se encontravam no campo de futebol e, assim, depressa me convenci que havia sido uma fortuna chegar a Cornell em um dia de tão grande acontecimento esportivo. (…) É preciso estar na América para, nos campos de

uma universidade, compreender o sentido dessas grandes festas esportivas que reúnem dois grandes colégios para um jogo que é renhido, mas cavalheiresco e real (Teixeira, 2006: 190).

Esse olhar brasileiro, indagador do espaço e da sociabilidade americana, demonstrado por Anísio Teixeira, foi algo que deliberadamente o acompanhou, desde os preparativos de sua viagem, confirmado por essa passagem de seu diário, datada de 27 de abril de 1927, escrita a bordo do navio que o levou à Terra do Tio Sam:

Sigo para a América com o espírito de um estudante. Renovo as minhas disposições de curiosidade, de entusiasmo pelo novo e pelo inédito. Não prevejo qual seja meu depoimento sobre o povo que hoje é objeto de tanta curiosidade e fonte de tantas lições (Teixeira, 2006: 201).

A passagem é reveladora: no Brasil, especificamente, havia curiosidade acerca do território e da cultura americanas e, mais, o texto demonstra que os Estados Unidos eram "fonte de tantas lições". Como se tem mostrado neste artigo, desde o século XIX a busca de referências americanas para a resolução de problemas brasileiros foi uma constante. Como aponta Maria Lucia Caira Gitahy (Gitahy, 2005,p. 6), Brasil e Estados Unidos possuíam muitas questões semelhantes: grandes levas de imigrações moldando a cultura, um vasto território para ser ocupado e manejado etc. É natural, pois, que com a divulgação dos preceitos, teorias e realizações encontradas no trato com o espaço, sobretudo, a elite intelectual brasileira nutrisse sentimentos de curiosidade por aquela jovem terra. Não se tratava de suplantar as vinculações já amalgamadas com o trato com a Europa; intentava-se, de fato, adicionar novas opções válidas à seara brasileira.

Mesmo com a Política da Boa Vizinhança, estabelecida com este nome em 1933, por Hoover, a procura consciente pelos Estados Unidos apenas cresceu, pois, como temos mostrado, os vínculos com a Terra de Tio Sam já eram antigos. Nos anos 1940, por exemplo, já sob a propalada égide "imperialista americana" Vilanova Artigas, arquiteto paranaense radicado em São Paulo, rumou aos Estados Unidos para estudar, inscrevendo-se em uma tradição iniciada ainda no século XIX e documentada por Fernando Atique (2007) e por Sidney Piochi Bernardini (2008).

Artigas, entre setembro de 1946 e novembro de 1947, como titular de uma bolsa concedida pela John Simon Guggenheim Memorial Foundation, morou nos Estados Unidos, primeiramente fixando-se em Cambridge (MIT), para atividades universitárias, mas, logo depois, excursionando pelo país, de costa a costa, produzindo fotografias que servem de relato de suas impressões americanas. A viagem de Artigas aos Estados Unidos foi sistematizada e analisada por Adriana Irigoyen (2002), que informa que a *tournée* foi feita em um automóvel Studebaker, lá adquirido (Irigoyen, 2002: 155).

As fotografias de Vilanova Artigas revelam sua impressão sobre o espaço edificado e, ainda, sobre o espaço que se "edificava sobre rodas", como é o caso dos acampamentos de traillers que Artigas fotografou por diversas vezes, ao longo de sua jornada. Esta espécie de "diário sem palavras" produzido por Artigas permite vislumbrar o olhar do brasileiro que esquadrinha a terra estrangeira. Este mesmo procedimento – fotografia como relato de viagem – já havia sido utilizado por outro brasileiro, anos antes, também nos Estados Unidos. Por meio do livro São Paulo pela Lente da Higiene, da cientista social e urbanista Cristina de Campos, pode-se entender como as conexões do Brasil com os Estados Unidos, no que tange aos princípios urbanos, se desdobraram ao longo do século XX. Geraldo Horácio de Paula Souza, filho de Antonio Francisco de Paula Souza, buscou qualificação profissional entre os yankees. Nascido em Itu, em 1889, Geraldo Paula Souza se formou em farmácia, em 1908, em São Paulo, e em medicina, em 1912, no Rio de Janeiro. Ainda durante o curso de medicina, realizou estágios em diversas cidades europeias, mas, de fato, foi à frente do Serviço Sanitário do Estado de São Paulo, entre 1922 e 1927, que obteve destaque profissional. Como mostra Campos, sob os auspícios da Rockefeller Foundation.[4]

---

4   Fora a pesquisa de Campos, é possível, também, sondar a presença e as ações da *Rockefeller Foundation* no Brasil por meio dos livros de Maria Gabriela Silva

TERRITÓRIO E CIDADES   33

"Em 1925, após um breve período de levantamento dos principais problemas sanitários que afligiam o Estado de São Paulo, Paula Souza lança as bases da nova metodologia de trabalho, baseada na educação sanitária, como a reforma do Código Sanitário. Esses conceitos inovadores foram trazidos dos Estados Unidos pelo médico. De 1918 a 1920 ele esteve naquele país, onde se doutorou, juntamente com Francisco Borges Vieira, em Higiene e Saúde Pública pela John Hopkins University de Baltimore" (CAMPOS, 2002: XVII).

O período de aprendizado nos Estados Unidos foi preponderante para Geraldo Paula Souza, que procurou difundir, no país, os preceitos da Fundação Rockefeller no campo da Higiene, inclusive adotando o registro fotográfico – forma apresentada a ele nos Estados Unidos –, como principal ferramenta de trabalho no que concernia à Saúde Pública. Entretanto, as fotografias americanas de Paula Souza também revelam um olhar atento às discrepâncias e variações das cidades: a verticalização em tijolos de Chicago e Atlanta, os congestionamentos de automóveis em Nova York, os sobrados e cortiços de New Orleans, as boas e também as péssimas condições de higiene às quais estão submetidas os americanos (CAMPOS, 2002, caderno de imagens no. 1).

Não apenas por estudos formais junto a instituições de ensino ou por negócios travados em feiras é que se pode arrebanhar os brasileiros que vivenciaram a "nação do norte". Não se trata de falar de turistas, mas de profissionais que, por serem os responsáveis pela produção do espaço empreenderam viagens para a experimentação do espaço e para a realização de contatos com a cultura estadunidense. O caso mais emblemático neste sentido vem do relato de Miguel Forte, arquiteto formado pelo Mackenzie, 1939. No seu Diário de um

---

Martins da Cunha Marinho, *Elites em negociação: breve história dos acordos entre a Fundação Rockefeller e a Faculdade de Medicina de São Paulo (1916-1931)* e *Norte-americanos no Brasil: uma história da Fundação Rockefeller na Universidade de São Paulo (1934-1952)*, ambos publicados pela Editora da Universidade São Francisco. A atuação de *Nelson Rockefeller* foi objeto de estudo da arquiteta Ana Elena Salvi, em sua tese de doutoramento defendida na Faculdade de Arquitetura e Urbanismo da USP. Antonio Pedro Tota também desenvolve pesquisa sobre esta personagem. Em vista destes títulos, não se processou com maior ênfase pesquisa acerca dos *Rockefellers* no Brasil.

Jovem Arquiteto, redigido em 1947, durante a viagem que empreendeu àquela nação encontramos representações do território americano pelos olhos de um profissional preparado para a análise dos espaços.

Miguel Forte viajou de costa a costa nos Estados Unidos, em companhia de seu colega arquiteto Jacob Ruchti. No alvo da dupla estavam localidades diversas em termos de história, paisagem e fator humano, como Los Angeles, Filadélfia, New Orleans, Nova York, Las Vegas e Chicago. No diário são encontradas informações importantes sobre as localidades visitadas, as quais foram alcançadas por meio de automóveis, trens e até de embarcações. No documento, trazido a lume, pela mão de Mônica Junqueira de Camargo, situações contrastantes das cidades americanas são reveladas. Com relação a New Orleans, por exemplo, Forte escreveu:

> O French Quarter é uma maravilha: casas e balcões sobre as calçadas, pátios internos, escadas de madeira nos exteriores dos pátios, lampiões, um ambiente estranho de Nova Orleans do passado, que ainda respira no presente" (FORTE, 2001: 39).

Já a Califórnia foi descrita como a terra "onde havia abundância da natureza" (FORTE, 2001: 43). Especificamente sobre Los Angeles, Forte grafou que já em meados do século XX, a cidade podia ser acessada por avenidas de seis pistas e já era entrecortada por "túneis, rampas, passagens sob inúmeros viadutos", mas que, mesmo assim, devotada ao transporte rodoviário, era sempre ladeada por "jardins variadíssimos". Segundo o próprio Forte, "a emoção e o entusiasmo perante tanta generosidade e progresso dessa cidade" (...) o fizeram "desejar morar em Los Angeles (FORTE, 2001: 43).

A sensação de pertencimento à terra americana era salpicada, como em qualquer estrangeiro, de sensações de estranhamento. Embora tenha se sentido à vontade em Los Angeles, Forte expressou que Nova York tinha efeito diverso sobre ele:

> às quinze horas, depois de passar por várias ruas em níveis diferentes, por viadutos, por várias zonas

industriais, depois de ter avistado ao longe a silhueta dos inúmeros arranha-céus de Nova York, e depois de ter entrado no Lincoln Tunnel, por baixo do rio Hudson, entramos nervosamente e muito atrapalhados em Nova York. Nova York da qual sempre falávamos e que agora estava ali na nossa frente, quase me decepcionando e pondo abaixo todas as minhas ilusões (FORTE, 2001: 89).

Torna-se importante perceber que as impressões de Miguel Forte, mais do que revelar uma suposta e estimulada rivalidade entre Los Angeles e Nova York, ou entre as duas metrópoles americanas de "costas uma para a outra", mostra como o automóvel era símbolo de progresso e causador de desordem urbana ao mesmo tempo. Se o automóvel era celebrado por seu aspecto moderno, quase como um arauto das semelhanças entre São Paulo e Nova York, para muitos viajantes, deve-se apontar que os preceitos de organização da produção, emanados das teorias de Henry Ford, foram igualmente aceitos no Brasil. Um dos maiores apreciadores do "ideário fordista" foi o artista plástico, jornalista, escritor, tradutor, crítico de artes e fazendeiro Monteiro Lobato, que considerava Ford "a mais alta expressão da lucidez moderna", um homem que demonstrava "a altíssima significação da palavra indústria" (LOBATO, 1946: 10).[5] Lobato, que ao longo de sua vida passou de republicano a integralista, nutriu e fez questão de divulgar sua admiração pelos preceitos maquinicistas da sociedade norte-americana. Tendo estado nos Estados Unidos, no final da década de 1920, como adido comercial do governo brasileiro, Monteiro Lobato escreveu um livro denominado América: os Estados Unidos de 1929, em que conversa com Mr. Slang, um antigo personagem inglês, com quem debatia nos tempos do governo de Washington Luís, líder político adepto do carro. Por meio do diálogo travado com este personagem, Lobato comentou aspectos da vida naquele país, sempre apontando as possibilidades e os entraves à industrialização do Brasil. Como escreveu em América,

---

5   Sabe-se que o livro de cabeceira de Anísio Teixeira, quando da viagem aos Estados Unidos, a bordo do *Pan American*, foi *My Life and Work*, livro de *Henry Ford* (TEIXEIRA, 2006: 208).

> Ferro e petróleo dão a maquina; e a maquina dá eficiencia ao homem. O segredo da prosperidade americana é a maquina, fautora da eficiencia. O mal do Brasil está na ineficiencia do homem que o habita, por falta de intensa maquinação; e o país não tem maquina porque não desenvolveu a industria do ferro e do petroleo – ferro, materia prima da maquina – petróleo, materia prima da energia que move a maquina (Lobato, 1950: IX).

Ainda no universo do jornalismo, Pedro Calmon, que se debruçaria sobre as relações Brasil-Estados Unidos por diversas vezes, publicou um livro, de nome Estados Unidos de Leste a Oeste no qual sistematiza uma série de leituras sobre a civilização americana que servem de fechamento a este artigo. Publicado em 1941, o livro traz reflexões importantes sobre as cidades e sobre o comportamento dos americanos. Convém mostrar algumas passagens que são bem elucidativas do panorama americano na década de 1940.

> A civilização 'standard' que floresce na América do Norte tem a sua expressão típica na rua burguesa. (…) uma rua 'yankee' é igual a outra rua 'yankee', pela arrumação simétrica, pela exposição agradável das mesmas utilidades, pelo estilo igual das construções, dos anúncios, das lojas, pelo asfalto, pelo balcão branco da 'cafiteria', pelo toldo alegre que dá sombra ao armazém de gêneros, asseado e espaçoso como um 'lobby', pelo jeito elegante do 'drug store', onde se dissimula, com a exibição de quinquilharias, o insípido mercado dos remédios; pela garage, pelo inspetor do trânsito, pela igreja neo-gótica, pela escola, pela multidão… O modelo está na Sétima Avenida, na rua 57, na Broadway. Espalha-se a cópia pelo país, estejamos no calor do Texas, na risonha costa do Pacífico, na fronteira canadense, no tranquilo 'middlewest'. Dir-se-ia que o urbanista de Manhattan andou a riscar, a edificar, a ornamentar,

com a seca monotonia de sua técnica, todos os Estados Unidos (Calmon, 1941: 23-24).

As considerações de Calmon, mais do que desvelar certa homogeneidade espacial das cidades dos Estados Unidos revelam, de fato, um fator de coesão que permitiu que localidades diversas em termos de paisagem, língua e costumes pudessem se sentir participantes de uma empreitada construtora de uma nação. Com a expansão da fronteira americana em direção a oeste, um certo padrão de ocupação do território pode até ter sido introduzido, como propõe Calmon, entretanto, o que o texto permite ler é que pouco importa a forma plástica das cidades americanas, o modo de vida americano é que aproxima as territorialidades. Neste processo, podemos dizer que os viajantes brasileiros, sobretudo os que profissionalmente rumaram até os Estados Unidos e divulgaram suas representações sobre as cidades, ajudaram a expandir, também, a curiosidade e as referências americanas pelo país, alimentando um processo que foi, inegavelmente, ampliado após a instauração da política da Boa Vizinhança, mas que, como procurou mostrar este artigo, teve sua gênese muitos anos antes, ainda no século XIX.

Referências bibliográficas

Atique, Fernando. *Arquitetando a "Boa Vizinhança": a sociedade urbana do Brasil e a recepção do mundo norte-americano, 1876-1945.* (Tese de doutorado). São Paulo, Faculdade de Arquitetura e Urbanismo, Universidade de São Paulo, 2007.

Barman, Roderick J. *Citizen Emperor: Pedro II and the making of Brazil, 1825-91.* Stanford, Stanford University Press, 1999.

Bernardini, Sidney Piochi. *Construindo Infraestruturas, Planejando Territórios: a Secretaria de Agricultura, Comércio e Obras Públicas do Governo Estadual*

Paulista (1892-1926). (Tese de doutorado). São Paulo, Faculdade de Arquitetura e Urbanismo, Universidade de São Paulo, 2008.

CALMON, Pedro. *Estados Unidos de Leste a Oeste.* Rio de Janeiro, Editora A Noite, 1941.

CAMPOS, Cristina de. *São Paulo pela lente da higiene. As propostas de Geraldo Horácio de Paula Souza para a cidade: 1925-1945.* São Carlos: RiMa/Fapesp, 2002.

CORREIA, Telma de Barros. *Pedra: plano e cotidiano operário no sertão.* Campinas: Papirus, 1998.

COSTA, Lucio. *Registro de uma vivência.* São Paulo: Empresa das Artes, 1995.

FORTE, Miguel. *Diário de um Jovem Arquiteto: minha viagem aos Estados Unidos em 1947.* São Paulo, Editora Mackenzie, 2001.

FREYRE, Gilbeto. *Tempo morto e outros tempos: trechos de um diário de adolescência e primeira mocidade – 1915/1930.* 2. ed. São Paulo: Global, 2006.

GITAHY, Maria Lucia Caira. Desenhando a Cidade do Século XX. São Carlos, RiMa, 2005.

GONDRA, José Gonçalves; MIGNOT, Ana Chrystina Venâncio. *A descoberta da América.* In TEIXEIRA, Anísio. Aspectos americanos de educação, anotações de viagem aos Estados Unidos em 1927. Rio de Janeiro, Editora da UFRJ, 2006, p. 9-24.

IRIGOYEN, Adriana. *Wright e Artigas: duas viagens.* Cotia: Ateliê Editorial/Fapesp, 2002.

LOBATO, Monteiro. *América: os Estados Unidos de 1929.* São Paulo: Brasiliense, 1950. (Coleção obras completas de Monteiro Lobato, v. 9).

MARINHO, Maria Gabriela Silva Martins da Cunha. *Norte-americanos no Brasil: uma história da Fundação Rockefeller na Universidade de São Paulo (1934-1952)*. Bragança Paulista: Edusf/Autores Associados, 2001.

NABUCO, Joaquim. *Minha formação*. Brasília: Editora da UnB, 1963. (Introdução de Gilberto Freyre).

PALLARES-BURKE, Maria Lucia Garcia. *Gilberto Freyre: um vitoriano dos trópicos*. São Paulo: Editora da Unesp, 2005.

REBOUÇAS, André. *Diários pessoais 13 (17 de junho a 30 novembro de 1872) e 14 (1 dezembro de 1872 a 30 abril 1873)*.

SALVI, Ana Elena. *Cidadelas da civilização: políticas norte-americanas no processo de urbanização brasileira com ênfase no processo de metropolização paulistana dos anos 1950 a 1969. (Tese de doutorado)*. São Paulo: Faculdade de Arquitetura e Urbanismo, Universidade de São Paulo, 2005.

SAN FRANCISCO– *NEW YORK. Architectural Forum*. Nova York: Jun, 1939, p. 492-493.

SHWARCZ, Lilia Moritz. *As barbas do Imperador: Dom Pedro II, um monarca nos trópicos*. 2ª ed. São Paulo: Cia das Letras, 2003.

SOUZA, Coelho e. *Impressões dos Estados Unidos: memorial offerecido á odontologia brasileira pelo seu representante ao 7º Congresso Dentário Internacional de Philadelphia*. Rio de Janeiro: Papelaria Vênus, 1927.

TOCQUEVILLE, Alexis de. *Democracy in America: the complete and unabridged volumes I and II*. Nova York: Bantam Dell, 2004.

TOTA, Antonio Pedro. *O imperialismo sedutor: a americanização do Brasil na época da Segunda Guerra*. São Paulo, Companhia das Letras, 2000.

TRINDADE, Alexandre Dantas. *André Rebouças: da engenharia civil à engenharia social. (Tese de doutorado)*. Instituto de Filosofia e Ciências Humanas, Universidade Estadual de Campinas, 2004.

O público e o privado na expansão da rede ferroviária no estado de São Paulo no início do século xx

Sidney Piochi Bernardini

Introdução

Nos anos da Primeira República, e mais precisamente entre 1892 e 1927,[1] a Secretaria de Agricultura, Comércio e Obras Públicas do governo do estado de São Paulo atuou basicamente na infraestruturação das redes de saneamento, comunicação/transporte e equipamentos públicos de todo o estado. A expansão da malha ferroviária era parte das estratégias de desenvolvimento econômico impulsionadas pelo sucesso das exportações do café que exigiam eficiência no transporte de mercadorias. Se nos primeiros vinte anos da Primeira República, as políticas de subsídio à economia cafeeira representadas pelos planos de valorização e investimentos diretos através

---

1 Estes anos marcam a existência da Secretaria de Agricultura, Comércio e Obras Públicas. Em 1892, a Secretaria foi criada no âmbito de uma reforma administrativa do governo estadual e em 1927 foi desmembrada em duas: a Secretaria de Agricultura, Indústria e Comércio e a Secretaria de Viação e Obras Públicas.

de insumos e subsídios definiram o crescimento das exportações do produto, os últimos anos foram marcados pela superprodução interna e pelo progressivo declínio dos preços do produto no mercado externo. A queda do percentual representado pelo café, o aumento das despesas com a queda progressiva do valor da moeda nacional e os pesados ônus financeiros advindos dos empréstimos externos necessários para novos investimentos contribuíram para prejudicar o empreendimento ferroviário já durante o Estado Novo (SAES, 1981: 182).

As intenções políticas do governo do estado de São Paulo, comandado durante todo o período da Primeira República pelo Partido Republicano Paulista (PRP), em promover o desenvolvimento econômico para o estado exigiam uma atuação coordenada e articulada denotando a prática, já nestes primeiros anos, de um planejamento territorial do estado. Assim é que as principais políticas atribuídas à Secretaria de Agricultura: a "indústria agrícola", a viação pública, a política de terras e colonização, as obras públicas e o saneamento da Capital e cidades do interior puderam ser empreendidas com o objetivo comum de alavancar a economia do estado para horizontes cada vez mais crescentes. É com este sentido que, as ações desenvolvidas pela Secretaria nem sempre eram consoantes aos interesses, muitas vezes imediatistas, dos representantes do capital cafeeiro, investidores e empresários. Baseado em conflitos constantes de interesses, o desenho resultante da malha ferroviária do estado de São Paulo, neste período, demonstra, por um lado, a luta do governo em orientar a base territorial do desenvolvimento econômico e, por outro, a fragilidade da burguesia paulista em se associar a este projeto político.

A expansão da rede de ferrovias, de 139 quilômetros inaugurados em 1867, pela *SP Railway*, para 6.875 quilômetros, em 1927, demonstra este esforço e capacidade de estabelecer uma extensa malha ferroviária por todo o estado, não suficiente, entretanto, para manter o empreendimento com o mesmo vigor após os anos da Primeira República. A lenta substituição, nos anos subsequentes ao Estado Novo, do transporte sobre trilhos para o transporte sobre pneus deixaria ociosa parte da infraestrutura ferroviária implantada nos anos anteriores, exigindo novos investimentos, agora, para a construção e manutenção de rodovias.

Os planos de viação ferroviária da Secretaria de Agricultura, Comércio e Obras Públicas

A ideia de elaborar planos que definissem diretrizes para o desenvolvimento do transporte ferroviário permeou as várias gestões da Secretaria de Agricultura, Comércio e Obras Públicas durante os seus anos de existência e os argumentos presentes nas suas justificativas, demonstravam a base dos conflitos nos quais a Secretaria, logo nos primeiros anos, se envolveu. Os questionamentos em torno da lei estadual nº 30/1892, que autorizava as concessões para que os particulares explorassem as linhas ferroviárias, foram a tônica presente nos discursos acerca destes planos, já que o peso na aplicação das suas disposições era diferenciado, pendendo com frequência, para os interesses dos investidores privados. As intenções técnicas não prevaleciam sobre os interesses dos empresários, impedindo que mudanças estruturais fossem postas em prática. É com este enfoque que os discursos de alguns secretários, em momentos específicos da história da Secretaria de Agricultura, entoaram o planejamento ferroviário como forma de combater os vícios das concessões.

Em 1896, o Secretário Teodoro Dias de Carvalho Junior, alertava para o abuso da livre concorrência no estabelecimento das estradas de ferro, sendo implementadas a esmo, sem subordinação a um plano. O plano, segundo ele, era prerrogativa da lei nº 30, que estabeleceu, a par da máxima liberdade para a construção de estradas de ferro, a possibilidade de negar uma licença para essa construção, no caso da linha férrea pretender modificar a estratégia anteriormente adotada pelo estado ou pela União. Dizia que a inexistência de um plano iria produzir a luta entre as empresas de estradas de ferro existentes, nas zonas povoadas e agrícolas, ficando esquecidas as regiões despovoadas que, justamente por falta de estradas de ferro, não estavam se desenvolvendo. O secretário insistia na elaboração de um plano que contemplasse os interesses gerais da colonização, do comércio e da lavoura.

As constatações de que, com exceção de catorze quilômetros inaugurados pela Companhia União Sorocabana e Ituana, que já obedeciam a diretriz do seu prolongamento natural para Mato Grosso, os demais prolongamentos entregues ao tráfego pelas outras companhias, tinham se constituído, em suma, de linhas de concorrência, de defesa de zona ou de interesse puramente regional ou local,[2] reforçavam ao Secretário, Antônio Cândido Rodrigues, a necessidade urgente de um plano geral que regulasse todos os aspectos do sistema ferroviário já nos primeiros anos do século XX. Neste plano, o traçado da rede se resumiria em duas frentes principais. Primeiro, traçar as linhas de prolongamento da Paulista e da Sorocabana até as fronteiras do estado, constituindo as principais artérias das respectivas zonas, delineando-se concomitantemente as linhas secundárias de interesse regional ou local, que deveriam ter inserção nas duas estradas mencionadas e na Mogiana e segundo, depois de transpostas as fronteiras com Goiás e Mato Grosso, na determinação dos portos do litoral que deveriam ser ligados ao sistema ferroviário, para os intercâmbios que a *S. Paulo Railway* e o porto de Santos já não podiam convenientemente comportar.

Este desenho expressava as alternativas que o governo procurava desenvolver para intensificar as bases produtivas do estado, interligando zonas de produção a pontos de escoamento no litoral. Todavia, as dificuldades de realizar tais estratégias ao longo dos anos incluíam, recorrentemente, o plano como um instrumento da agenda do Governo. Em 1912, mais uma vez a ideia do plano seria retomada, agora pelo engenheiro Clodomiro Pereira da Silva, consultor da Secretaria de Agricultura nos assuntos ferroviários. Embora este engenheiro considerasse positivamente os esforços do Governo, criticava a

---

2   As zonas de privilégio estavam muito bem definidas na concessão das linhas. À Mogiana cabia a zona entre as divisas dos estados de S. Paulo e Minas Gerais e o curso do rio Mogi Guaçu, à Paulista, a situada entre os rios Mogi-Guaçu e Tietê; à Sorocabana, a margem esquerda do Tietê. E, se com exceção da Mogiana, as outras duas não se apressavam em estender as suas linhas férreas no sentido dos seus prolongamentos naturais, ao menos não desperdiçavam esforços com o fim de criar concorrência. Os 53 quilômetros da Paulista no ramal de Mogi Guaçu visavam a concorrência com a Mogiana, assim como os 62 da linha do Bauru da mesma Paulista tinham em vista a concorrência com a União Sorocabana e Ituana. Os 24 quilômetros da Mogiana, na linha de Santa Rita, visavam a defesa da zona dessa entrada, ameaçada pela Paulista, depois que ela transpôs o Mogi Guaçu, estendendo a sua linha pela margem direita deste rio, em busca dos importantes municípios cafeeiros de Cravinhos e Ribeirão Preto.

forma vaga de suas diretrizes. Na verdade, ele continuava a atacar a Lei 30 e seus monopólios. Insistia que o Governo fosse mais ambicioso em seu projeto, fomentando novas zonas de produção. O consultor defendia ainda a articulação entre as estradas de rodagem, que já começavam a ser construídas pelo governo, e as ferrovias. Para ele, aquelas deveriam ser subsidiárias às vias férreas, corrigindo excessos de percursos decorrentes das sinuosidades destas. Respondia, na verdade, às concessões do Governo para a exploração das rodovias, a começar pela estrada Vergueiro, de ligação entre S. Paulo e Santos. Como resposta aos seus apontamentos, portanto, a Secretaria encaminharia projetos de lei discriminando a competência em matéria de concessões, regulando a construção de estradas de rodagem, pontes e navegação fluvial.

Os planos de viação seriam perseguidos, focalizando os principais entraves para a eficiência dos transportes, cada vez mais crescentes. Em 1925, a problemática da viação ferroviária tornava-se mais complexa, não só porque a rede atingia várias regiões do estado, como também o Governo se via obrigado a articular e dar vazão ao volume de transações econômicas resultante das melhorias da infraestrutura de transportes e o aumento da produção diversificada. Naquele ano, três metas estavam na mira da Secretaria de Agricultura:

> – A melhoria das condições de tráfego da Sorocabana e Araraquarense, consideradas difusoras de um amplo desenvolvimento no interior do estado;
> – O descongestionamento do tráfego da *São Paulo Railway*, prolongando uma linha da Sorocabana, via Mayrink, até Santos, obra que só seria concluída depois que a SP Railway já não auferia lucros tão expressivos, após o desenvolvimento das rodovias e a inauguração da estrada Vergueiro de ligação entre São Paulo e Santos;
> – O rompimento da extorsiva barreira de fretes marítimos que as companhias de navegação brasileiras impunham aos transportes do país, prejudicando as exportações dos variados produtos

agrícolas e industrializados no estado, com exceção do café. Sobre este último aspecto, vale a pena observar que, não só o problema dos fretes foi colocado à mostra como também o oneroso serviço portuário da Companhia Docas, trazendo, segundo o Secretário Gabriel Ribeiro dos Santos, grande embaraço à saída de qualquer outra mercadoria que não fosse o café. Os monopólios exercidos pela *SP Railway Company*, Companhia Docas e das companhias particulares de fretes marítimos, todas de concessão federal, receberiam duras críticas do Governo paulista.

Isto era um motivo de preocupação já que o café estava deixando de ser o produto predominante das principais ferrovias paulistas. A queda da renda proveniente do produto teve impacto direto na viabilidade econômica das companhias ferroviárias, que tinham limitações no transporte de outros tipos de mercadorias que exigiam acondicionamentos especiais, como o algodão e o gado, assim como nos altos fretes cobrados pelas atividades portuárias em São Paulo, questão que não seria resolvida no nível estadual.

TERRITÓRIO E CIDADES 47

FIGURA 1

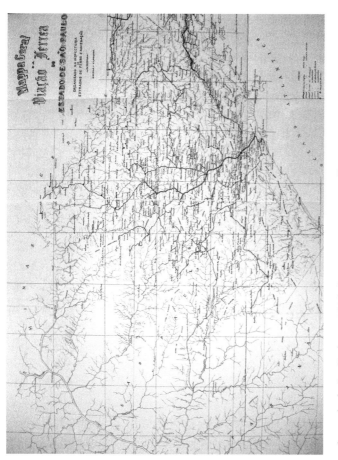

Mapa geral da viação férrea do estado de São Paulo em 1896. O traço contínuo vermelho mais espesso representa as linhas em tráfego de bitola larga, a mais estreita, de bitola reduzida. O tracejado vermelho corresponde às linhas estudadas ou reconhecidas pelo Governo.
Fonte: São Paulo, 1897.

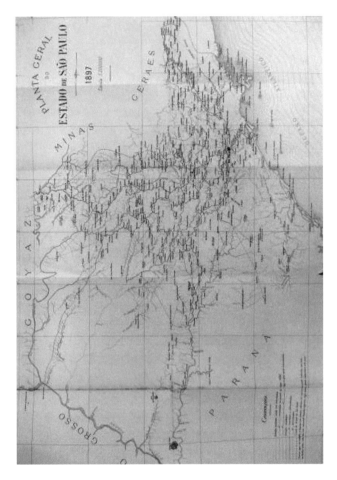

FIGURA 2

Planta Geral do estado de São Paulo em 1897. A linha tracejada vermelha representa os trajetos propostos pela Secretaria no plano de viação férrea. Fonte: São Paulo, 1898.

Linhas estratégicas e de propriedade da Secretaria de Agricultura, Comércio e Obras Públicas

Em 1892, várias leis e decretos aprovaram projetos estratégicos para o Governo, como a lei que concedeu garantias de juros e subvenção para uma estrada de ferro do porto de Cananeia às margens do rio Paranapanema, para a construção de uma linha entre o porto de Cananeia e o alto da serra de Paranapiacaba, para uma estrada de ferro do porto de S. Sebastião a Minas Gerais e para a construção da linha entre o porto de S. Sebastião e o alto da serra do mar. A extensa área de terras produtivas, abarcada por esta nova rede de linhas, compreendida entre a Estrada de Ferro Central e o mar, era considerada pelo Governo, uma das mais aptas à colonização.

Estes projetos eram estratégicos porque se integravam à política de desenvolvimento da agricultura diversificada, buscando alternativas à monocultura do café e substituir importações de produtos primários. Nestes casos, pretendia-se interligar novos centros produtores de cana de açúcar e arroz no vale do Paraíba, e arroz no Vale do Ribeira e permitir a ligação direta de Minas Gerais a um porto de São Paulo, transferindo a relação entre Minas e Rio de Janeiro para São Paulo. Um sistema de ligações que conectassem pontos de produção aos portos e rios navegáveis era um dos componentes principais do plano de viação estadual, de forma a, inclusive, melhorar a exportação do estado e driblar o monopólio de entrada e saída exercido pela *S. Paulo Railway Company*.

Este projeto permaneceria por vários anos no gabinete da Secretaria de Agricultura, sendo passado de mãos em mãos para cada um dos secretários que a assumiram. Somente em 1900, no intuito de concretizar tal ligação com a região sul, o Governo abriu uma concorrência para a construção de uma estrada até o rio Ribeira de Iguape, sem resultado, demonstrando o desinteresse da iniciativa privada pela exploração de uma região sem atrativos econômicos. Mesmo assim, a conformação estratégica que representava a região e suas ligações com o Paraná e a quantidade de terras devolutas de interesse para a exploração econômica, estimulavam o Governo a insistir no projeto.

Eram duas as estradas concedidas com garantia de juros, cessão gratuita de terras devolutas e outros favores para ligar São Paulo e Santos a Santo Antônio do Juquiá, no vale do Ribeira. A primeira ligação, entre São Paulo e Santo Antônio de Juquiá concedida para a Empresa de Colonização Sul Paulista não teve prosseguimento. Para aliviar os altos juros, o Governo promoveu acordo para que a empresa desistisse dos favores que tinha direito mediante indenização paga pela *The Brazilian Railway Construction Company Limited*, mas esta também não executaria a ligação, tornando-se caduca pelo Decreto 3.098, de 1 de outubro de 1919. A segunda, de Santo Antônio do Juquiá a Santos, chegou a ser executada, ainda que sob várias turbulências contratuais. O seu primeiro concessionário foi o engenheiro Filipe Nery Ewbank da Câmara que não conseguiu nem iniciar a construção da estrada. O Decreto 1.665/1908 autorizou a transferência da concessão para a mesma *The Brazilian Railway Constrution Company Limited*, o que se efetuou por escritura pública em setembro de 1908. Mesmo com as duas concessões na mão, a empresa passaria anos sem empreendê-las. Em julho 1911, outro decreto transferiu parte da concessão da estrada à Empresa *The Southern São Paulo Railway Company* que executou praticamente toda a linha entre Santos e Santo Antônio do Juquiá, inaugurando-a em 1915, mas sem concluir o pequeno trecho entre esta localidade à barra do rio Juquiá, essencial para a ligação estratégica com o porto de Iguape. Na verdade, este pequeno trecho estava ainda sob responsabilidade da *Brazilian Company*, por uma concessão de agosto de 1911, que tampouco a executaria. Com isso, em 1914, faltavam apenas vinte quilômetros para a estrada atingir o importante porto na barra do rio Juquiá.

Em 1918, a linha continuava a ser paga com a garantia de juros, apesar da Companhia não se mobilizar para executar os "vinte e poucos" quilômetros faltantes. Com isso, o Governo declarou caduca a concessão, assumindo que a *"Southern S. Paulo Railway"* desinteressava-se por completo do assunto. Naquele ano, a Lei 1.627 autorizou uma negociação com a empresa para fazer a sua aquisição. Tornava-se urgente viabilizar a integração do sistema fluvial, ferroviário e rodoviário, com o desenvolvimento dos serviços subvencionados de navegação do Ribeira e afluentes, assim como a ligação com o estado do Paraná e com Santos, via Mayrink pela Sorocabana. Dizia o Governo que os sacrifícios financeiros seriam compensados e aguardavam o pronunciamento da Câmara para realizar a operação. Mas a questão só seria mesmo resolvida em 1927, quando através da Lei 2.208, o Governo adquiriu a estrada, um passo, para que anos mais tarde, pudesse efetivar a ligação da estação Mayrink a Santos, inaugurada apenas em 1938, o último investimento em infraestrutura ferroviária que a região do litoral sul veria.

A ligação entre o litoral norte e as raias de Minas, com um ramal pelo vale do Paraitinga não teve o mesmo sucesso. Para executá-la, o Governo estudava uma forma de "burlar" a lei 30, criando mecanismos para que ela fosse estabelecida por uma rede que já previsse as ramificações futuras com controle, mas sem monopólios, na expectativa do aumento de tráfego que naturalmente aconteceria na região. Esta postura não agradaria os investidores. Quando a linha estava em estudo, em 1907, o engenheiro Augusto Carlos da Silva Telles obteve a concessão para a sua construção, uso e gozo, mas devido à alta garantia de juros concedida e a ausência de orçamento, teve seu contrato revogado em 1911. Somente em 1920, com a promulgação da Lei 1.751, o projeto da ligação com o litoral norte voltaria à pauta, por uma estrada que ligava o porto marítimo de S. Sebastião a São Bento do Sapucaí. A concessão a Antonio Rodrigues Alves e Carlos Houck permaneceria apenas no papel. Nos anos seguintes, novas concessões continuavam a ser testadas, como a de 1925, de Francisco A. C. Araújo Feio e Francisco Canella, para a instalação de uma estrada de ferro ligando a Capital, pela Sorocabana, ao porto de São Sebastião e a de 1926, apresentada por Joaquim Huet de Bacellar, Pelópidas de Toledo Ramos e Paulo Orozimbo de Azevedo para uma estrada ligando Campinas a São Sebastião, com ramal de Paraibuna à capital, ambas indeferidas.

Ao lado destas iniciativas, para efetivar as ligações que julgava estratégicas, o Governo não mediu esforços, intervindo diretamente na construção, encampação, desapropriação ou arrendamento de algumas estradas. Foi o caso da E.F. Dourado, Funilense, E.F. Campos do Jordão, Tramway da Cantareira, Sorocabana e E.F. Araraquara, vinculadas à expansão da ocupação pela região oeste do estado, ao acesso a núcleos coloniais subvencionados pelo Governo e às regiões potencialmente produtoras ou à complementação do transporte público municipal. A E. F. Dourado, embora de concessão particular,[3] recebeu subvenções do Governo para a formação de núcleos coloniais ao longo dela já a partir de 1898, permitindo a implantação de três em 1907: Nova Europa, Nova Pauliceia e Conselheiro Gavião Peixoto. O Núcleo Colonial Campos Salles, Conde de Parnaíba, Visconde de Indaiatuba e Martinho Prado Junior também estavam ligados a outra estrada subvencionada pelo Governo: a Estrada de Ferro Funilense. Esta última foi doada ao estado em 1904 em pagamento de dívidas, com a extensão de quarenta e um quilômetros, bitola de 0,60 metros e sem condições de trafegar. Em 1919, já possuía 94 quilômetros e bitola de um metro, com tráfego regular. A encampação da Sorocabana, que estava ligada à Funilense pela estação Guanabara (da Mogiana) contribuía para melhorar a gestão da estrada e suprimir o regime de déficits.

A E.F. Campos do Jordão era uma das "alavancas" para o desenvolvimento da ligação entre o porto de São Sebastião às raias de Minas.[4] Em abril de 1912, através da Lei 1265-A, de outubro de 1911, a Secretaria assinou contrato com Emílio Marcondes Ribas e Victor Godinho para a construção da linha. O contrato estabeleceu juros de 6% ao ano sobre o capital empregado na construção da ferrovia e um privilégio de zona de 15 quilômetros de cada lado do eixo da linha. Quando os lucros adquiridos excedessem a 12% em um ano sobre o capital despendido, o Governo poderia exigir redução de tarifas e no final de 60 anos, a linha tronco passaria a propriedade do estado. Porém, nenhuma destas cláusulas foi aplicada, já que a Companhia não conseguiu concluir as obras. Em 1916, para salvar a empresa concessionária, o estado comprou a linha, sem, no entanto, concluí-las também.

---

3   A E.F. Dourado foi fundada por Cyro Marcondes de Rezende e passou a ser administrada até 1913 basicamente por este empresário e mais um acionista que se tornou presidente da Companhia em 1909: Gabriel Dias da Silva. Indo à falência em 1913, foi reativada em 1916 por mais dois diretores, além do anterior Cyro Marcondes de Rezende: Alfredo Pujol e Robert Koch (NUNES, 2005: 79).

4   Em 1912, o Governo ressentia-se com o fato da E. F. Campos do Jordão, de natureza puramente local, fazer o seu tráfego sempre precário e oneroso o que comprometia a execução de uma linha de penetração do litoral ao sul de Minas, percorrendo a Mantiqueira pelo vale do Buquira e passando por São Bento do Sapucaí.

Projetada para funcionar por tração elétrica, suas locomotivas passariam anos fazendo o trajeto provisoriamente por meio de carros automotores movidos a gasolina. Em 1919, foram necessários quatro mil contos de réis para a sua conclusão e eletrificação, custo alto para uma estrada que há anos funcionava sob regime de déficits. O Governo acreditava que a incorporação de Campos do Jordão às riquezas do estado melhoraria a sua situação financeira, o que nunca ocorreu.

Já o Tramway da Cantareira, que fora construído para ligar os mananciais da serra da Cantareira à zona norte da Capital com o objetivo de transportar o material necessário à instalação das linhas adutoras e das redes de água e esgoto, passou, com o tempo, a fazer também o transporte de passageiros. A extensão de suas linhas seria um desejo constante do Governo, o que não resolveria a sua situação deficitária. A Secretaria de Agricultura via no aumento de tarifas uma solução possível para melhorar a situação financeira do Tramway, mas esbarrava no público de menor renda que o utilizava. O aumento constante no número de passageiros também não melhorava as suas contas e colocava em risco a saúde financeira do empreendimento.

Em 1918, a Lei 1.644 autorizou o arrendamento destas três vias (a EF Campos do Jordão, a EF Funilense e o TRamway da Cantareira), publicados os respectivos editais em 1919. Apenas uma proposta foi apresentada para o Tramway da Cantareira, julgada, porém, inaceitável. O Secretário à época, Cândido Nogueira da Mota admitia o desinteresse de particulares para linhas que não ofereceriam lucro. Ao contrário, estas ferrovias trafegaram sempre em regime de déficit, obrigando a Secretaria a efetuar constantes manutenções e investimentos não cobertos pela renda, chegando em 1926 com as contas das estradas em vermelho.

Somente as maiores ferrovias – Sorocabana e Araraquarense – apresentavam saldos positivos em 1926. A insistência em manter aquelas três estradas mesmo em regime de déficits era justificada pelo seu interesse público, sustentado pela Secretaria, interessada não somente em atender aos interesses particulares, mas em efetivar o seu plano de desenvolvimento econômico e urbano.

Tabela 1 – Receitas e despesas das principais Companhias sob administração direta da Secretaria de Agricultura, Comércio e Obras Públicas em 1926 (a EF Funilense não aparece no quadro por ter sido incorporada pela Sorocabana em 1924)

Estradas de Ferro	Receita	Despesa	Saldo/Déficit
EF Sorocabana	66.579:488$379	56.445:033$000	+ 888:776$700
EF Araraquara	11.786:545$880	8.649:856$067	+ 3.136:689$813
EF Santos a Santo Antonio de Juquiá*	1.190:533$585	1.811:244$583	- 620:710$998
EF Campos do Jordão	357:452$067	751:766$881	- 394:314$814
Tramway da Cantareira	1.032:034$600	1.920:811$300	- 88:776$700

Fonte: São Paulo, 1926.

*Esta estrada passou a propriedade do estado em 1927.

A Araraquarense e a Sorocabana

As duas principais ferrovias que tiveram intervenção direta do Governo foram a Araraquarense e a Sorocabana. Ambas representavam, na prática, a possibilidade de contribuir para o projeto de desenvolvimento econômico a ser conduzido para o oeste paulista. A Araraquarense antecedia o processo de desenvolvimento da cultura cafeeira que caminhava na direção sudoeste-noroeste, à medida que as terras para o cultivo do café iam se tornando menos produtivas nas antigas zonas. Já a Sorocabana, não só reforçava este intuito, como era a possibilidade de fazer a ligação com regiões de difícil acesso, como os municípios do litoral sul, incentivar o desenvolvimento da policultura, da pecuária[5] e da indústria algodoeira, além de possibilitar o desbravamento do extremo oeste, em terras ainda não exploradas e que poderiam ser fonte de importantes recursos naturais e minerais para a indústria. As dificuldades impostas pela *SP Railway* no transporte de mercadorias para exportação e importação era outro fato que estimulava o Governo a transpor a Sorocabana pelo sertão para fazer chegar os seus trilhos até as margens do rio Paraná, utilizando-o como meio de penetração para os estados e países ao sul e sudoeste.

A EF Araraquara entregaria os primeiros 64 quilômetros, entre Araraquara e Taquaritinga em 1901 e receberia a concessão já em 1908 para prolongar seus trilhos daquela localidade a São José do Rio Preto, os últimos trechos que foram inaugurados sob sua jurisdição, em 1912. Durante estes anos, ela obteve favores especiais do estado para a sua expansão e operação, mas, mesmo assim, já em 1914 decretou falência, sendo encampada pela São Paulo Nothern Railwy Company, que comprou a massa falida da empresa. Esta era comandada por um empresário francês, Paul Deleuze, que para pagar o imposto de transmissão, "limpou" os caixas de todas as estações da linha em 1916. Neste ano, a empresa ainda expandiria seus trilhos chegando até a EF Dourado pelo ramal Curupá-Tabatinga, através da concessão de 1908, mas, por outro lado, passaria a operar a com muitas irregularidades, chegando em 1917, a gerar uma crise no transporte, que levou à depredação da linha em 1918.

No empenho de normalizar os referidos serviços, tendo em vista os grandes interesses da zona, e de assumir a respectiva administração por força do Decreto Federal 13.267, de 6 de novembro de 1918, que atribuía tal competência ao estado, o Governo resolveu lançar mão do recurso para desapropriar a estrada, sob protestos da Companhia que entrou com uma Ação judicial. Em 1920, depois de sucessivas crises, a chamada "Nothern" foi encampada pelo

---

5   Já em 1894, para atrair a condução de gado a São Paulo a Secretaria de Agricultura pretendia estabelecer uma passagem por barco a vapor no rio Paraná, possibilitando sua comercialização com o Mato Grosso, Paraná e países ao sul. Uma medida necessária para promover o comércio do gado em São Paulo era desenvolver a companhia de estradas de ferro que serviria àquela zona.

Governo, um ano depois de encampar Sorocabana.[6] Transferida ao estado, a estrada continuava operando com certa irregularidade, ainda que em condições mais favoráveis. O fato é que o Governo assumia[7] as deficiências quanto à capacidade de atendimento a uma região que crescia a passos largos. A reforma da linha, executada por longos anos e altamente custosa, impedia que a Secretaria efetivasse investimentos mais sólidos para o aumento do tráfego e a expansão da estrada só possível anos mais tarde.

A EF Sorocabana iniciou o seu tráfego em 1870, no trecho entre São Paulo e Ipanema. Esta, articulada a outras, era considerada a grande alavanca para o desenvolvimento do oeste paulista. As fatias territoriais, conforme descrevia o relatório de 1926, estavam limitadas pelas bacias dos rios Paranapanema, do Peixe, Aguapeí (Feio), Tietê, São José dos Dourados e Turvo, todos afluentes do rio Paraná. A EF Sorocabana prolongava-se pelo espigão divisor entre os rios Paranapanema e Peixe; a estradas Noroeste do Brasil, de concessão federal, e Paulista, de concessão estadual, serviam a região entre o Aguapeí e o Tietê e os espigões entre os rios Tietê e São José dos Dourados respectivamente e a região compreendida entre este e o rio dos Turvos era naturalmente destinada ao prolongamento da EF Araraquara. Havia um sentido econômico para esta organização, vinculado à estratégia de ocupação pelo oeste, direção que o Governo queria dar aos imigrantes chegados no estado. Neste aspecto, o Governo estadual e o federal trabalharam conjuntamente, estabelecendo um programa de colonização que tinha no prolongamento das principais artérias (a Sorocabana e a Noroeste) a principal intervenção. A faixa de 140 quilômetros de largura e 400 quilômetros de extensão entre estas duas ferrovias tinham superfícies adequadas para o desenvolvimento da lavoura do café, segundo o relatório de 1912.

---

6   SAES afirma que no correr da década de 1920, o investimento estrangeiro em estradas de ferro no Brasil (especialmente em São Paulo) sofreu certa crise de confiança. Se em alguns casos foi possível manter as empresas em funcionamento, por vezes com transferência de ações a brasileiros, em outros casos a situação tornava-se tão grave que encampar a estrada era a única solução. (SAES, 1986: 239).

7   A administração da EF Araraquara foi assumida, após a compra pelo estado, por Gabriel Penteado, Teófilo de Souza e Rosa Martins.

TERRITÓRIO E CIDADES   57

O Governo realmente acreditava que este complexo ferroviário deslocaria o eixo de desenvolvimento influenciado pela Paulista e Mogiana para os eixos da Sorocabana e Noroeste, cujas terras não "temiam as mais afamadas de Ribeirão Preto, Jaú, São Manoel e Paranapanema". Para isso, mais uma linha intermediária entre os rios Aguapeí (Feio) e do Peixe deveria ser construída, além da abertura da estrada de ferro de Presidente Penna a Platina. E mais, estas seriam duas grandes vias de acesso aos mercados da Bolívia, Paraguai Uruguai e Argentina.

As intervenções do Governo nesta direção iniciaram-se já em 1892, estabelecendo um contrato entre as Companhias Sorocaba e Ituana, unificando as duas ferrovias: a União Sorocaba e Ituana. Isto representava uma promissora iniciativa, pois criava maior rapidez no transporte, permitia a unificação das bitolas, maior regularidade do tráfego, maior facilidade das relações intermunicipais e possibilidades futuras de estabelecer mais uma ligação entre a capital e Santos, além de facilitar ao Governo a navegação do rio Tietê, que estava sob privilégio da Companhia Paulista. Também possibilitava o estabelecimento de uma nova concessão para a construção de uma linha de Itu à São João, fora da zona privilegiada pela *SP Railway* e a substituição da navegação no rio Piracicaba (de baixo calado) pela do rio Tietê. Mas a Secretaria de Agricultura só encontraria obstáculos para realizar o empreendimento. Em 1894, as obras que efetuariam a ligação entre Itu a Matozinhos e de uniformização das bitolas, todas previstas no contrato, ainda não tinham sido executadas. Esta última só foi concluída em 1901, entregue com as linhas já mal conservadas e o material rodante escasso. A seção Ituana, que era a mais precária, havia recebido um aviso em 1892 para atender a uma série de medidas importantes, todas não cumpridas. Nos anos seguintes, uma série de insubordinações levaria o Governo a recorrer a decisões do Juízo Arbitral na tentativa de regularizar o tráfego e tornar a estrada mais eficiente.

O Relatório de 1901 apontava para uma preferência do presidente pela reconstituição financeira da "desmantelada companhia", do que regular o tráfego, ao qual o Governo estadual investia tantos esforços. Entre 1900 e 1901, já havia acumulação de café e demoras nas duas seções (Ituana e Sorocabana). Além disso, contrariando o contrato firmado com o Governo, a Companhia aumentou a tarifa do café na Seção Ituana, recusou o despacho de alguns tipos de produtos, criou embaraços no transporte a Jundiaí, dos gêneros destinados a redespacho e criou dificuldade na restituição das quantias cobradas a mais. Para completar, uma greve em 1900 foi motivada, segundo o Governo, pela demora nos pagamentos aos funcionários, levando aos "lamentáveis atos de violência" e destruição de linhas e de veículos.

A Sociedade Paulista de Agricultura manifestava a sua impaciência com a Sorocabana e exigia que fosse transferida para outras mãos e isto de fato seria possível, já que o contrato que havia sido estabelecido com as Companhias permitia o seu resgate pelo estado já em 1905. Outras linhas estaduais (construídas sob regime anterior à lei de 1892, sem privilégios de zona) não resgatáveis, poderiam também ser desapropriadas pelo estado, solução que viabilizaria a implantação da tarifa diferencial para um intercâmbio de produtos dentro do estado.

Estas razões motivaram o Governo a investir na Companhia Sorocabana e Ituana que decretou falência em 1904. Naquele ano, uma operação política foi posta em prática. Comprada pela União e transferida ao estado pelo valor de 61.506:269$809,[8] em 1907, após um processo de concorrência pública, foi arrendada por Percival Farquhar e Heitor Legru, que concorreram com empresas de peso, entre elas, a Companhias Paulista, a S. Paulo Railway e a Nordeste do Brasil. A lei 1.076 e o Decreto 1599 A, de 6 de setembro de 1905 já haviam autorizado a transferência do contrato à nova "Sorocabana Railway Company" – nome atribuído pelos empresários à Companhia. Mas, quando o Governo pensava ter resolvido o problema da ferrovia, apenas iniciava um longo e turbulento período de desgastes.

Os arrendatários passaram quinze anos criando problemas de todas as ordens. Em 1917, diante do colapso que a empresa causava no sistema de transporte a oeste do estado, algumas medidas urgentes foram solicitadas, como a construção de mais desvios para facilitar o cruzamento dos trens, observância rigorosa nos horários, circulação noturna de trens de carga e a construção de armazéns em algumas estações, não atendidas. Até mesmo a substituição dos trilhos, uma solicitação antiga da Secretaria, não foi executada. Diante destas ingerências, O Secretário à época, Cândido Nogueira da Mota, concluía que os déficits na exploração da estrada deveriam correr por conta dos arrendatários e se constituíam encargos deles. Para ele estava claro que as importâncias pagas com medicamentos, médicos, enterramentos,

---

8   Dívida contraída pelo Governo estadual com o Governo da União.

comestíveis e donativos feitos a sociedades ou associações, quaisquer que fossem os seus fins não se constituíam despesas de custeio.

Em 1919, quando o contrato de arrendamento foi rescindido, o estado em que se encontrava a estrada não podia ser pior: armazéns repletos de mercadorias esperando transporte; casas próximas das estações abarrotadas de gêneros, aguardando despacho; a marcha dos trens frequentemente interrompida pelo estado das locomotivas; trens paralisados nas estações por falta de água; grande número de veículos encostados por não se acharem em condições de ser utilizados; edifícios sem conservação; etc.[9]

A Sorocabana chegava em 1920 servindo uma zona que apresentava grande desenvolvimento pela produção diversificada, com o impulso e estímulo da "indústria" pecuarista e a consequente criação de um novo centro de produção com a chegada dos trilhos em Porto Tibiriçá (atual município de Presidente Epitácio) às margens do rio Paraná, no extremo oeste de São Paulo. Naquele ano, o transporte de animais era uma das grandes fontes de rendas arrecadadas pela Estrada. Mas, ao mesmo tempo, chegava-se à conclusão que para reformá-la, seriam gastos mais de 10 mil contos de réis e seria impossível executá-la em pouco tempo. Naquele ano, já se esperava uma modernização técnica das estradas, transformando a tração a vapor em tração elétrica, o que não era possível nem se cogitar. Antes, todo o sistema teria que ser reconstruído com investimentos altamente custosos para o estado. Sem ter os melhoramentos necessários realizados, o Governo teve que despender altas somas para rescindir o contrato, que somados aos gastos de aquisição em 1905 e mais as despesas que efetuara, chegava a valores que ultrapassavam em mais de duas vezes as despesas totais da Secretaria nos exercícios seguintes.

Em 1923, um plano de intervenção na ferrovia previu a ampliação dos ramais e ligações entre vários trechos da estrada. Constatando que o seu percurso era exagerado, sacrificando sua conservação, além de ser causa de acidentes, o

---

9   Apesar de arrendada a EF Sorocabana, entre 1907 e 1919 recebeu significativos investimentos realizados diretamente pelo estado: construção de 280 quilômetros que separam Álvares Machado de Salto Grande, assim como o ramal de Porto Feliz. Além disso, saíram do Tesouro estadual as importâncias para o pagamento do material de tração da estrada.

plano definiu uma série de ramais para que a distância de cada trecho não fosse maior do que 150 quilômetros, com a construção de armazéns e estações apropriadas. Entre os melhoramentos propostos estavam a duplicação da linha entre São Paulo e Sorocaba, melhorando as condições técnicas, além da construção de uma linha auxiliar entre Sorocaba e Avaré, diminuindo o tempo do percurso. O plano estabeleceu ainda a construção de mais duas linhas auxiliares: uma de Bobery a Quatá e outra entre as cidades de Rio das Pedras e Piracicaba a Paranhos, a primeira permitindo o desenvolvimento de uma região com solos férteis, mas sem expansão produtiva, ligando-a com mais rapidez ao rio Paraná e a segunda permitindo abandonar a navegação do rio Piracicaba, pouco navegável.

FIGURA 3

Planta representando os melhoramentos previstos para a EF Sorocabana em 1923. Fonte: São Paulo, 1923.

Mas em 1924, a revolta tenentista de julho, agravou a situação com as depredações ocorridas na estrada que já possuía tantas fragilidades. Foi, por outro lado, a oportunidade para que o Governo apresentasse um plano definitivo de remodelação. Boa parte das obras e dos serviços previstos no plano foi iniciada e, em 1926, a estrada apresentava progressos, com a duplicação do trecho, da capital até Rubião Junior, desengarrafando o tráfego que convergia para aquele ponto, construção de diversos armazéns e conclusão do projeto da estação da Sorocabana na capital. Já os melhoramentos mais ambiciosos do plano de 1923 não seriam executados.

Gestão e controle das ferrovias. O caso da *SP Railway Company*

A conduta do Governo em relação à Sorocabana apresenta alguns aspectos importantes sobre o papel da Secretaria de Agricultura, Comércio e Obras Públicas na política de viação ferroviária no estado, pois, além de planejar a rede, fazia a gestão dos serviços realizados pelas companhias, de forma a articular suas atividades para o proveito econômico do estado. O problema da disputa pelo lucro fácil no transporte era uma característica frequente nos negócios ferroviários e remontavam aos tempos do Império.

Parece claro que, para algumas questões, as companhias se organizavam, como foi o caso do pedido para o estabelecimento da tarifa móvel, devido principalmente à depreciação constante do câmbio, provocando alta dos salários e aumento do custo do material utilizado por elas. A solicitação para modificações e acréscimos ao regulamento de tarifas e do serviço telegráfico, em 1893, foi outra reivindicação que as uniu, autorizadas pelo estado e União, ainda que com questionamentos a alguns artigos propostos, por serem ofensivos aos princípios do direito comum e aplicarem-se somente nas situações de crise no transporte. As companhias queriam segurança e garantias do Governo no enfrentamento de eventuais situações de crise. Cabia à Secretaria dar um caráter público à sua administração. Em 1893, por exemplo, a Superintendência de Obras Públicas assinou um Termo de Novação dos contratos com as Companhias Paulista, Mogiana e Bragantina, que passariam a gozar de tarifas móveis desde que atendessem a uma série de condições impostas pelo Governo. Em 1901, o Governo constatava um grande número de irregularidades e infrações na aplicação das tarifas pelas empresas e que o excesso de lucro em relação aos limites contratuais já vinha de longa data para algumas, como a Paulista.

A verificação deste excesso e as disposições constantes dos contratos facilitaram a imediata redução de tarifas aplicadas ao café. A organização dos agricultores também pressionou para que tal redução se efetivasse. Com a queda do preço do produto, entretanto, as tarifas ferroviárias tornaram-se uma preocupação, demonstrada pelas publicações na imprensa e representações das comissões de agricultura. Quando a Secretaria ia aplicar um plano de ação a respeito, a Companhia Paulista resolveu estabelecer um valor fixo para o frete do café por arroba e por tonelada e um preço mínimo e máximo para o transporte de cereais. Considerando insuficiente a resolução, o Governo pediu abatimento e foi atendido pela Companhia. Depois de estabelecida a redução, as demais companhias também reajustaram as suas tarifas.

Com esta atitude, o Governo não só atendia às reivindicações das empresas e dirimia sobre as questões financeiras, como também cuidava do funcionamento das estradas, articulando os seus serviços. Neste caso, quando não se afrontava privilégios de zona garantidos por lei, tudo ia bem. Para citar um exemplo, em 1901, em uma das inspeções feitas pela Superintendência, constatou-se acumulação de café em Ribeirão Bonito e Jaboticabal, na zona da Paulista. Após muitas queixas dos agricultores, a Administração, inquirida a respeito, declarou que a suspensão tinha ocorrido por algumas horas, mas que o fato era devido a uma afluência extraordinária de café, verificada nos três primeiros meses do 2º semestre. Em Jaboticabal, nesse período, o acréscimo em relação ao ano anterior chegava a 162%. Depois de investigado o caso, a Inspetoria descobriu que o fato ocorria em razão da *S. Paulo Railway* e a Companhia Paulista não trabalharem nos feriados, ao passo que a Mogiana nunca suspendia o serviço em tempo de safra, acumulando o café nos armazéns das outras.

Outro aspecto da atuação da Secretaria referia-se ao controle sobre os projetos, traçados e melhor localização das estações. Em 1896, o Superintendente de Obras Públicas, José Luiz Coelho lembrava que no contrato da Sorocabana e Ituana, houve o compromisso de modificar as condições técnicas das linhas construídas pela antiga Ituana. Uma das modificações solicitadas compreendia uma linha que percorria a margem do rio Tietê até São Manoel. Ao invés de proceder ao estabelecido pela Superintendência, a Companhia apresentou estudos de uma linha alternativa entre Capão Bonito à nova estação de

Egualdade. A Superintendência, ao examinar o caso, constatou que a ligação proposta ganharia um aumento de percurso de 10 quilômetros. E assim decidia o Superintendente negar a proposta "alternativa" da Companhia.

O conflito entre as empresas era patente quando se tratava de prolongamentos de algum ramal proposto por uma Companhia em zona explorada por outra. Nestas situações era o Governo quem decidia e, quando não havia negociação, ia para juízo arbitral. Os fatos demonstravam na verdade que, para as empresas, não era o interesse público que estava em jogo, e sim a exploração econômica da estrada. Em 1896, a Mogiana protestava contra uma decisão do Governo em permitir que a Paulista construísse um prolongamento do ramal de Água Vermelha às proximidades do rio Pardo, alegando que o projeto não satisfazia as exigências da lei, violava direitos adquiridos quanto ao privilégio da zona e que deveria, então, aguardar o plano geral de viação férrea da União e do estado. Por Decreto, o Governo decidiu dar a licença à Companhia Paulista construir, usar e gozar a estrada de ferro, com a restrição de não poder tomar, nem deixar cargas ou passageiros na parte em que a estrada atravessasse a zona privilegiada da Mogiana.

Em algumas situações, a Secretaria conseguia estabelecer um diálogo entre as Companhias e articular ações de interesse público, como ocorreu em 1922, quando foi inaugurado o tráfego mútuo entre a Paulista e a Araraquara, através da instalação de bitola larga nas estradas daquela em Araraquara. Com essa medida, as despesas com a baldeação passaram a ser debitadas a ambas, em partes iguais, além de permitir o aumento da capacidade de transporte. Várias destas medidas eram tentativas de organizar o serviço de transportes. As que estavam sob controle da Secretaria eram aplicadas, mas muitas fugiam ao alcance da sua gestão. Era o caso da relação entre a Secretaria de Agricultura e a *S. Paulo Railway Company*.

O fato daquela ferrovia estar sob concessão federal dificultava a gestão do estado. E não era por falta de concorrentes que o Governo não intervinha na questão. Havia não menos do que catorze pedidos de concessão para uma nova ligação entre a Capital e Santos. A questão, porém, ultrapassava a jurisdição estadual. A *S. Paulo Railway Company* tinha o privilégio da zona assegurado até 1946. Além disso, detinha o monopólio do transporte das mercadorias importadas, de interesse nacional, uma vez que São Paulo já era o centro distribuidor de produtos para outros estados da federação. O Secretário de Agricultura em 1927, Gabriel Ribeiro dos Santos, admitia que qualquer intervenção radical, como a desapropriação ou a construção de uma nova linha, provocaria grave crise nos transportes. E com isso, lançava mão de uma solução que já era tida como eficaz: a construção de uma nova estrada de rodagem para Santos, enquanto o prolongamento da Sorocabana não era executado.

A transposição da Serra do Mar por uma nova linha férrea era um desejo para o Governo estadual, só conquistado em 1938. O fato é que até lá, a Companhia inglesa driblaria o projeto do Governo estadual, mostrando a força que tinha no controle do tráfego de mercadorias e pessoas entre Santos e o resto do estado. Esta não colaboraria com o Governo nas suas tarefas modernizadoras. Em 1891, recusou-se a atracar um navio contendo combustível para a Companhia Mogiana em ponte de sua propriedade e o faria várias vezes, para o desembarque de material necessário para a execução das obras de saneamento do estado, atrasando-as e dificultado sua execução.

Em 1892, Alfredo Maia, Secretário da Agricultura buscava uma solução, em reuniões com o gerente da empresa no Brasil e encaminhando ofícios ao Presidente da Companhia em Londres, Martin R. Smith. Este respondeu em 2 de abril que reconhecia os problemas que acometiam o transporte de mercadorias pela ferrovia, mas rebatia os argumentos do Secretário, acusando o estado de não executar as acomodações necessárias para a segurança dos transportes no porto de Santos. Alertava ao Secretário que a Companhia não era obrigada a construir armazéns para a estocagem das mercadorias que deveriam ser embarcadas nos vagões, embora o fizesse por não haver o cuidado necessário nas acomodações dos produtos naqueles existentes, muitas vezes distantes do local de embarque, o que atrasava a partida dos trens. Embora consciente dos problemas, o Presidente atribuía os atrasos a situações que não eram de sua responsabilidade. Tratava-se, na verdade, de um aumento geral de tráfego que estava fora do controle da empresa. Mas ainda assim, Smith julgava importante fazer os investimentos. Dizia que para a Companhia, havia excelentes créditos e que para fazer a transposição "incomum" da serra de forma mais rápida e eficiente, era necessário trocar o sistema funicular por um sistema mais moderno, de tração elétrica, construir a duplicação por uma distância maior na serra, de forma a obter uma linha menos inclinada e que para esta duplicação, em conformidade com o desejo do estado, seriam gastos mais de um milhão de libras.

O Presidente lembrava ao Secretário três obstáculos que impediam a Companhia de fazer os investimentos. Primeiro, a insegurança de realizá-los sem ter a garantia do privilégio da zona. O Presidente acusava o Governo de divulgar o seu interesse em fazer concessões a Companhias que quisessem construir linhas entre São Paulo e Santos e protestava contra tal invasão do seu direito adquirido. Segundo, a discordância em relação ao prazo estabelecido pelo Governo de expiração da Concessão em cinco anos e por fim o limite dos juros estabelecido em 12%. Em fevereiro de 1893, Bernardino de Campos recebia um telegrama do Superintendente da *SP Railway Company* de que a empresa se retirava das negociações iniciadas com o Governo relativas à duplicação da linha férrea de Santos a Jundiaí, em vista das dificuldades originadas da demora na solução e da impossibilidade de levantar capitais em condições favoráveis.

Em 1894, todas as companhias entraram com uma representação junto ao Governo pedindo providências para que não houvesse mais perturbações no desembarque de mercadorias em Santos, cujo volume superava a possibilidade da *S. Paulo Railway* agir com eficiência e rapidez. A Companhia apenas respondia que não podia transportar diariamente, em cada sentido, mais do que 1.666 toneladas ou 208 vagões e que nada mais poderia fazer a respeito. E assim, ao longo de vários anos, foi impondo suas condições, prejudicando e atrapalhando as transações econômicas do estado. Apenas em 1925 foi autorizado pela Lei 2.124B, de 30 de dezembro de 1925, a construção do prolongamento de uma linha da Sorocabana ao litoral paulista e a reforma do antigo porto de São Vicente, já que tal linha faria o percurso da estação Mayrink a Samaritá, naquela cidade.

Embora a Secretaria de Agricultura atuasse como órgão de interesse público, de controle das empresas prestadoras de serviços, neste caso, de transportes no estado, tinha constantes dificuldades de coordená-las e articular suas ações. Dependentes de um único produto, o café, e de um monopólio exercido pela *SP Railway*, que representava um gargalo para as exportações, era natural que não o conseguisse. Caso o cenário de produção diversificada e articulada à distribuição se constituísse, o desenvolvimento das empresas atingiria um campo mais vasto, como desejava o Governo. A rentabilidade do café, como principal produto de exportação, mobilizava as empresas a monopolizar a sua distribuição. Em São Paulo, a burguesia cafeeira associada aos investimentos estrangeiros, obrigou o Governo, durante todo o período estudado, a equilibrar a atuação daquelas companhias de serviços públicos, principalmente quando o café deixou de ser o principal produto de transporte.

Conclusão

A atuação do Governo estadual por intermédio da Secretaria de Agricultura, Comércio e Obras Públicas no planejamento e gestão da rede ferroviária empreendida e gerida por grupos de investidores ligados ao grande capital cafeeiro demonstra algumas características marcantes da relação público-privada deste momento. Os elementos históricos constituintes desta relação demonstram que não se tratavam de simples associações ou parcerias realizadas de forma tranquila, mas de arranjos, muitas vezes complexos e traçados sob conflitos de interesses. A ideia apresentada em parte da bibliografia dirigida a este período,[10] de que o interesse público levado a cabo pelas esferas de poder era corroído pelas relações "promíscuas" entre burguesia cafeeira e Governo, obscurece os meandros das práticas realizadas neste período, indicando algumas pistas para a compreensão desta relação que não era de mão única. Mesmo considerando as práticas perniciosas baseadas no sistema de garantia de juros, no qual muitas empresas tinham a renda garantida em situações de déficit resultantes da má operação e má administração da ferrovia, os dados históricos mostram que, havia esforços, no caso da Secretaria de Agricultura, em expandir a malha ferroviária e torná-la eficiente.

Assim é que as tentativas da Secretaria em empreender um sistema de ligações estratégicas com outros portos ao sul e ao norte do estado – sem sucesso dado o desinteresse dos investidores – e de estabelecer um prolongamento das vias férreas até o extremo oeste de São Paulo para expandir as divisas do estado;

---

10   Da qual podemos citar Love (1982) e Font (1983). Sobre isto, ver Perissinotto (1999: 36).

a encampação de ferrovias como a Araraquarense e Sorocabana, na salvaguarda de interesses econômicos em detrimento das más administrações realizadas por investidores ambiciosos; ou mesmo de estabelecer um controle a partir das concessões oferecidas, indeferindo pedidos que, visivelmente, contrariavam o interesse público, demonstram um sentido público na sua atuação, mas voltado quase exclusivamente aos interesses agroexportadores.

Se, por um lado, o projeto de desenvolvimento econômico constante da agenda do governo e explicitamente defendido pelo Partido Republicano Paulista definiu uma organização administrativa burocrática na Secretaria da Agricultura, por outro, parte de suas estratégias não encontraria aderência junto aos investidores ligados ao grande capital cafeeiro e estrangeiro. O caso da *SP Railway* serve como um bom exemplo de como as empresas estrangeiras interessadas em explorar o ramo ferroviário foram bem sucedidas. Esta foi a única a ter altos *superávits* constantes na sua operação nos anos da Primeira República, mesmo operando ineficientemente. Mas as ineficiências desta motivou o Governo empreender, já a partir da década de 1910, uma rede de rodovias que se integraria de vez ao projeto rodoviarista que se desenvolveu principalmente a partir da década de 1930.

Referências bibliográficas

Bernardini, Sidney Piochi. *Construindo infraestruturas, planejando territórios: A Secretaria de Agricultura, Comércio e Obras Públicas do Governo estadual Paulista (1892-1926)*. São Paulo, 2007. Tese de Doutoramento, FAU/USP, 2007.

Font, Maurício. *Café e política – a ação da elite cafeeira na política paulista (1920 – 1930)*. São Paulo, FFLCH/USP – Coordenadoria de atividades culturais, 1988.

Lanna, Ana Lúcia Duarte. "Ferrovias, cidades, trabalhadores (1870-1920)". São Paulo, 2002. Tese de Livre Docência – FAU/USP, 2002.

68 Cristina de Campos * Eduardo Romero de Oliveira * Maria Lucia Caira Gitahy

LOVE, Joseph. *A locomotiva: São Paulo na Federação Brasileira, 1889 – 1937.* Rio de Janeiro: Paz e Terra, 1982.

MATOS, Odilon. *Café e ferrovias: a evolução ferroviária de São Paulo e o desenvolvimento da cultura cafeeira.* São Paulo, Alfa Ômega, 1974.

NUNES, Ivanil. *Douradense: a agonia de uma ferrovia.* São Paulo, Annablume, Fapesp, 2005.

PERISSINOTTO, Renato M. *Estado e capital cafeeiro em São Paulo (1889 – 1930).* São Paulo, Anablume/Fapesp, 1999.

SAES, Flávio A. M. de. *As ferrovias de São Paulo (1870 – 1940).* São Paulo, Hucitec/INL-MEC, 1981.

_____. de. *A grande empresa de serviços públicos na economia cafeeira.* São Paulo: Hucitec, 1986.

SÃO PAULO (Estado). Secretaria de Estado dos Negócios da Agricultura, Comércio e Obras Públicas de São Paulo. *Relatório de 1896 apresentado ao Dr. Manoel Ferraz de Campos Salles, Presidente do Estado pelo Dr. Álvaro Augusto da Costa Carvalho, Secretário dos Negócios da Agricultura, Comércio e Obras Públicas.* São Paulo, Typ. A vapor – Espndola Siqueira & Comp., 1897.

SÃO PAULO (Estado). Secretaria de Estado dos Negócios da Agricultura, Comércio e Obras Públicas de São Paulo. *Relatório de 1897 apresentado ao Dr. Francisco de Assis Peixoto Gomide, vice-residente do Estado pelo Dr. Firmiano M. Pinto, Secretário dos Negócios da Agricultura, Comércio e Obras Públicas.* São Paulo, Typ a Vapor Espindola, Siqueira e Comp., 1898.

SÃO PAULO (Estado). Secretaria de Estado dos Negócios da Agricultura, Comércio e Obras Públicas do Estado de São Paulo. *Relatório apresentado ao Dr.*

Washington Luis, Presidente do Estado pelo Dr. Heitor Teixeira Penteado, Secretário de Agricultura, Comércio e Obras Públicas, ano de 1922. São Paulo, 1923.

São Paulo (Estado). Secretaria de Estado dos Negócios da Agricultura, Comércio e Obras Públicas do Estado de São Paulo. *Relatório apresentado ao Dr. Carlos de Campos, presidente do Estado pelo Dr. Gabriel Ribeiro dos Santos, Secretário da Agricultura, Comércio e Obras Públicas, ano de 1925.* São Paulo, 1926.

Cidades e ferrovia

Nilson Ghirardello

Introdução

Diversos estudos nos mostram a importância da ferrovia para a produção do café, mas não são muitos aqueles que fazem ligação entre as companhias e o desenvolvimento das vilas, cidades e patrimônios do interior paulista. Contudo, acreditamos que os trilhos urbanos eram tão relevantes para as comunidades, como para as lavouras. E poderíamos dizer com grau de abrangência maior, pois foram responsáveis pela viabilização desses patrimônios e vilas que, a partir deles, poderiam galgar outros estágios de crescimento.

Matos (1990), é um daqueles que se referem ao valor da ferrovia para as cidades,

> A chegada dos trilhos é quase sempre um marco na história de uma cidade. Com a estrada de ferro vem todo o aparelhamento que ela exige, especialmente quando a cidade, por alguma razão, é escolhida para sede de qualquer atividade especial da estrada: armazém, oficinas, escritórios, ponto de cruzamento de trens ou local de baldeação. (Matos, 1990, p. 197)

Contudo, mais que a implantação da companhia, e os rendimentos diretos gerados por ela, deve-se considerar os reflexos indiretos na economia urbana, bem como, a confiança nos destinos locais provocados por esse verdadeiro "lastro" do desenvolvimento citadino. Muito embora, nem todas as cidades que recebessem a ferrovia desenvolvessem como o esperado, o fato é que, as perspectivas para seu futuro eram favoráveis; o problema certamente estaria aonde à ferrovia não chegasse, como atesta de forma profunda a poética obra de Monteiro Lobato, "Cidades Mortas", editada em 1919.

> A cidadezinha onde moro, lembra soldado que fraqueasse na marcha e, não podendo acompanhar o batalhão, à beira do caminho, se deixa ficar, exausto e só, com os olhos saudosos pousados na nuvem de poeira erguida além.
> Desviou-se dela a civilização. O telégrafo não a põe a fala com o resto do mundo, nem as estradas de ferro se lembraram de uni-la à rede por intermédio de humilde ramalzinho…"

É o caso da antes importante e promissora cidade de Campos Novos Paulista, "boca de sertão" de toda região do Paranapanema, durante os meados do século XIX, que não obteve uma ferrovia, motivo de sua decadência e quase desaparecimento durante o século XX. Platina chegou a ser município, porém em virtude da Sorocabana não passar por ela, voltou a ser vila no ano de 1934.

A implantação da estação

Quando era definido por alguma companhia ferroviária[1] que se dirigiria a algum Patrimônio, os ânimos locais mudavam, novas perspectivas surgiram em vista de um futuro melhor para o lugar. A notícia chegaria com antecedência, trazida

---

1 Essa definição dependia dos privilégios de zona que gozavam as companhias em São Paulo.

pelos grandes proprietários e coronéis, que habitualmente atribuiriam a si a conquista da ferrovia. Por vezes, a informação se dava pela vinda da equipe de engenheiros que faria o levantamento do percurso dos trilhos e o local da estação, ou até mesmo, após conhecimento dos Relatórios das Companhias, aprovados anualmente pelas respectivas Assembleias Gerais. Neles, havia a previsão de extensão de linhas para o ano seguinte, normalmente cumprido de forma rigorosa.

O período entre a informação da chegada da estrada de ferro e sua instalação propriamente dita, era em si só, momento de intensa especulação imobiliária tanto urbana como rural. Os coronéis pressionariam, ou mesmo doariam áreas para as Companhias instalarem-se junto as suas terras, a fim de valorizá-las mais. Uma estação em gleba rural, as margens do patrimônio dava novos horizontes de aproveitamento a ela, como parcelamento urbano.

As terras rurais teriam seu valor aumentado e toda sorte de "self-made man" e aventureiros era atraída para o lugar, considerado o novo "Eldorado", a ponta de linha de uma região em abertura, zona de enriquecimento rápido e fácil, ao menos para o senso comum. Novas fazendas seriam formadas e parte das glebas repicada e colocada à venda. Nessas paragens, de terras rurais em valorização, mas ainda baratas, por serem distantes, eram atraídas famílias de imigrantes com algum dinheiro, vindas das zonas de ocupação mais antiga, dispostas a investir num pedaço de chão, pago a prazo, e começar uma nova vida com algo próprio.

Caso a elevação à sede de municipalidade ainda não tivesse sido alcançada, rapidamente poderia ser conseguida, em função das boas perspectivas futuras para a localidade.

No Álbum Ilustrado da Paulista, (PÉREZ, 1918), fica explícita a relação entre desenvolvimento do estado e de toda rede urbana com a Companhia, e por extensão, a dívida do estado para com as empresas ferroviárias,

> Toda a zona chamada "Paulista", todas essas numerosas cidades, toda essa população activa que habita ao lado das linhas férreas da Companhia Paulista, tudo isso em todas as suas relações de vida depende de substancialmente da prompta, regular e rápida circulação offerecida pela viação férrea. De outra forma não se concebería a existência de todas essas

> lavouras, de todas essas cidades, de todas essas indus-
> trias, de toda essa população activa. Tirem a estrada
> de ferro e tudo isso desapparecerá e se desorganizará,
> desapparecendo a população inteira que se expandia
> ao lado dos seus trilhos.[2]

Por esse motivo, os pequenos patrimônios recebiam a ferrovia como uma dádiva de vida, o que implicava na aceitação sistemática do traçado férreo proposto, executado conforme os interesses das Companhias que, buscavam os melhores locais, seja no espigão, seja junto aos vales, dependendo da empresa.[3] Devido às Companhias terem em cláusula contratual com o Estado, o direito de desapropriação dos terrenos necessários à construção da ferrovia, exerciam o privilégio de maneira plena, e conforme seus interesses e conveniências, tanto em áreas rurais como urbanas.

Quando os trilhos vinham paralelos ao curso d'água, frequentemente uma das divisas do patrimônio, havia menores problemas para o futuro dessas cidades, pois, apenas reforçavam um elemento de cisão urbana natural ao sítio. Porém, quando os trilhos cortavam o arruamento do patrimônio, uma nova realidade se interpunha para o crescimento urbano. Esse conjunto se

---

2   As estradas de ferro e o desenvolvimento do estado de São Paulo, in, Pérez (1918, Introdução, s/p).

3   Situação como a de Ribeirão Preto, cuja câmara oficia a Companhia Mogiana, em 4 de junho de 1883, no sentido da mesma não construir sua estação no local aonde acabou por construir, mas sim *"(…) em qualquer lugar dentro da povoação ou, pelo menos além do Córrego do Retiro (…)"* diziam respeito mais a disputa entre as Companhias Paulista e Mogiana pela precedência de chegada em Ribeirão, e a pública preferência da Câmara pela Companhia Paulista. (LAGES, CDROM). Brotas, chega a sugerir local para a estação, de forma a ficar mais próxima a cidade, ou quem sabe, valorizar área privada, como no ofício dessa municipalidade datado do ano de 1884:*"Pedido a Cia. Rio Claro para que a estação do ramal da Estrada de Ferro que vai ser construída em direção a esta vila seja colocada em local mais próximo que for possível desta vila, indicando o pasto pertencente aos herdeiros de Francisca Bruna (Bueno?) da Silva." In, http://www.vemprabrotas.com.br/pcastro/crono.htm. A linha do tempo na história de Brotas.*

configurava num corte ao tecido do patrimônio que dividiria a futura cidade em duas partes, "pra cá" e "pra lá" dos trilhos".[4]

Em algumas cidades, os trilhos situavam-se junto ao curso d'água, ao lado do arruamento, em outras, além do curso, em área externa ao patrimônio. Essa posição obrigaria a construção de ponte transpondo o córrego ou rio, e seria um estirão da malha, quase sempre feita através de prolongamento de via. É o caso de Araraquara, onde deveria ser transposto o Córrego da Servidão; Bariri, onde se cruzava o Ribeirão Sapé; mesma situação de São Manuel e Ribeirão Preto, entre outras.

A área ao redor da estação rapidamente seria loteada pelo feliz proprietário da gleba, parcialmente desapropriada, mas que via todo o entorno valorizar-se estratosfericamente.

A estação obedecia às classificações das companhias: primeira, segunda e terceiras classes, que correspondiam ao movimento e arrecadação previstos. Em muitos casos, com o passar do tempo, a estação de última classe dava lugar a uma nova e, de primeira, devido ao crescente movimento de cargas e passageiros do lugar.

As paralelas de aço eram tão importantes do ponto de vista urbano que geravam um Largo ou Praça da Estação, a sua frente. Local livre de vegetação, com bebedouro de água para animais e estacionamento de carroças, charretes ou veículos movidos a motor, que embarcavam e desembarcavam passageiros, ou faziam carga e descarga. Será também, espaço para o primeiro ponto de veículos de aluguel, significativamente alcunhados *"carros de praça"*. Esse espaço era quase um foyer para a cidade. Caso não se formasse um Largo, haveria a Avenida da Estação, que devido à amplidão e importância abrigaria os mesmos usos.

De pronto, a estação colocava-se como referência urbana do lugar, devido ao seu porte arquitetônico, e à imagem de modernidade e tecnologia representada por esse meio de transporte, evidenciada não só pelos equipamentos e meio rodante, mas também, pelas estranhas e delgadas estruturas metálicas das gares. Era, em pleno "sertão" paulista, a mais visível e direta manifestação da revolução industrial.

---

4   Várias foram os patrimônios divididos pela ferrovia, citamos Agudos no inicio do século XX e Pompeia já nos anos 1930.

Junto com a estação vinha o telégrafo, importante meio de comunicação do período, cujos fios usualmente seguiam a via permanente da estrada de ferro por meio de postes de madeira.

Fig. 34– Gare da estação de Rio Claro, em foto de 1911. A moderna e ampla estrutura metálica de cobertura, as avançadas máquinas a vapor, assim como o grande movimento de pessoas dentro de um único espaço fechado, eram coisas bastante novas e surpreendentes para esses pequenos núcleos urbanos.
Fonte: http://www.estacoesferroviarias.com.br/r/rioclaro.htm

Uma nova entrada era criada para a cidade, agora descortinada pelo trem, a estação nesse momento, é um portal de acesso, quase único.

A ferrovia trazia à cidade outro ritmo de vida, mais moderno, menos modorrento, controlado pontualmente pelo relógio da estação e inteirado das coisas do mundo pelo telégrafo. Os novos sons inundavam o ar: apitos, sinos e estrondos furiosos dos engates de vagões. Formava-se uma nova elite local, na qual o chefe da estação tinha posição privilegiada, e relevo compatível aos dos homens mais importantes do lugar. Para os invejados funcionários da Companhia construíam-se boas moradias de alvenaria, junto à ferrovia, atendendo a hierarquia funcional, privilégio antes impensável nessas pequenas localidades.

Caso as antigas áreas comerciais fossem distantes da estação, seriam praticamente esvaziadas devido a sua, agora, má situação estratégica. Não foram poucas as cidades que tiveram suas antigas ruas comerciais esvaziadas em função desse novo pólo atrator, junto aos trilhos.[5]

Novos estabelecimentos acorriam a se concentrar ao redor da estação.[6] Farmácias, casas de secos e molhados, e o que era mais comum nessas localidades, lojas que vendiam de tudo um pouco, revelando nos "*reclames*" dos jornais da época, a forte relação entre o mundo rural e urbano dessas cidades: de chapéus, a louças, passando por querosene e gasolina.

Os trilhos, além de trazerem melhorias urbanas, atraíam compradores de terras e cafeicultores para a região, novas fazendas eram abertas e as mais antigas aumentavam sua plantação. A economia do município, certamente, daria um salto demonstrado pelo aumento da arrecadação do imposto ligado à produção do café, e a reboque deste, das próprias atividades urbanas, numa espécie de bola de neve de crescimento. A partir de então os investimentos começavam a acontecer em solo urbano, pois havia segurança quanto à viabilidade do lugar. O lastro que garantiria economicamente a cidade já estava lançado, e com ele a possibilidade de investimentos a serem efetuados nela. O aspecto anterior de "acampamento" dava lugar ao de uma cidade organizada e estável.

As cidades "ponta de linha" usufruíram dessa condição a favor de seu crescimento urbano, entre elas: São José do Rio Preto, na Alta Araraquarense; Marília, na Alta Paulista e Presidente Prudente, na Alta Sorocabana, que se aproveitam do fato de serem polos de zonas de expansão, o mesmo ocorrendo com Bauru, que se torna a base de ocupação de toda Noroeste Paulista. Enquanto é fim de linha, a cidade recebe moradores das zonas novas, interessados em embarcar nas composições, e também, nos serviços e comércio locais, assim como toda carga a ser transportada

---

5   Mesmo na capital o crescimento seguiu o Vale do Anhangabaú e região oeste em função das estações da Sorocabana e Inglesa (SIMÕES JR, 1995).

6   Sintomático a respeito do desenvolvimento local era a chegada das "Casas Pernambucanas", grande rede de varejo fundada no começo do século XX, ainda hoje existente, mas que à época vendia apenas tecidos e cuja presença era citada por todos como sinal de pujança comercial do lugar.

vinda da região em vias de abertura. Algumas companhias dispunham de oficinas complexas, quase indústrias montadoras que cuidarão do meio rodante, tanto das locomotivas, consertando-as no setor mecânico ou fabricando suas peças na ferraria e caldearia; como da construção de vagões e carros os mais diversos, erguidos pelas serrarias e carpintarias sobre trucks importados. Todo esse trabalho "*industrial*" gerava recursos ao município e uma grande oferta de mão de obra especializada, que formava escola e que se refletia na prestação de serviços local.[7] Quanto mais tempo essas cidades permanecessem como "*ponta dos trilhos*", maior chance teriam para garantir sua solidez econômica, amparada em outros setores além do agrícola, como os serviços e comércio.

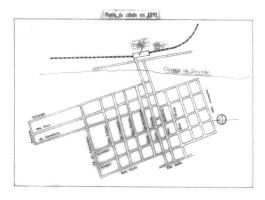

Fig. 35– Planta do Patrimônio de Araraquara, em 1893, com a ferrovia. Notar a implantação da estação ocorrida além do Ribeirão da Servidão, acessada a partir de prolongamento de vias. Fonte: (CORREA, 1982).

---

7   Devido às características e materiais empregados na montagem dos vagões formavam-se excelentes carpinteiros, marceneiros e serralheiros.

Fig. 36 – Planta do Patrimônio de Agudos com as duas ferrovias. A Paulista implanta-se fora do patrimônio, ao norte, ao passo que a Sorocabana, instala-se de maneira que desmembra o traçado inicial, ao sul. Ao mesmo tempo, as duas estações, colocam-se numa situação singular, frontais, porta a porta, distanciadas em quase 1000 metros. (GHIRARDELLO, 1998, p. 21).

A concessão de serviços públicos e a infraestrutura básica

Os serviços públicos foram dos ramos preferidos para investimento do capital cafeeiro, e iniciaram-se quase sempre a partir de pequenas empresas locais, patrocinadas por fazendeiros unidos a engenheiros e técnicos. Esse processo é repetido nas várias partes do Brasil em que se produzia café, ou aonde a economia regional possuísse vigor, mas com maior ênfase e número no interior do estado, devido à quantidade de cidades em formação e a sua potencialidade econômica. Como exemplo do crescimento da infraestrutura implantada no país, temos os dados da potência elétrica que se eleva de maneira surpreendente: em 1890 ela é de 10.350 C.V.; em 1900, 17.441; em 1905, 60.778;

em 1910, 203.901; em 1925, 475.652, conforme o Recenseamento de 1920, (Silva, 1976: 99).

A infraestrutura básica significava, além de melhores condições de vida para a população a possibilidade de incremento da economia local, que poderia estabelecer ou receber manufaturas, bancos, comércio de grande porte e expandir todos os demais negócios urbanos.

Interessados em explorar os serviços de água encanada, iluminação pública através de óleo/querosene, acetileno (gás) ou energia elétrica, telefone e mesmo esgoto, remetiam ofícios a Câmara Municipal no sentido de conseguir o direito de concessão, que se dava por licitação pública. Chegam também, dezenas de petições destinadas à criação de empresas ou à exploração de serviços públicos de todo tipo, de transporte urbano por bondes elétricos, a estradas de ferro ligando os lugares mais disparatados do interior paulista, ou com destinos mais distantes ainda. Muitos faziam isso antes mesmo de possuírem investidores, indo em busca deles a posterior. Boa parcela das propostas submetidas às edilidades, nada mais eram que tentativas frustradas, bem intencionadas ou não, de viabilizarem-se empreendimentos impossíveis ou impraticáveis, que com a aprovação das câmaras, poderiam receber financiamentos bancários, parte do grande cassino que se transformara o país a partir da década de 1890.

Entende-se, entretanto, o quanto essa especulação afetou com o ambiente urbano e a primazia que tomava, cada vez mais, a cidade como local essencial das atividades econômicas. Quem conseguia capitais e realmente os aplicava nas cidades, tinha como aval para o sucesso, o número cada vez maior de habitantes, uma classe média ascendente que poderia pagar pelos serviços, o aumento do número das construções. A presença da ferrovia e o corpo técnico trazido por ela, ou que teve sua vinda para essas novas cidades ensejadas a partir dela, foi fundamental para a viabilização da instalação da infraestrutura urbana que precisava, necessariamente, de especialistas.

Se os grandes latifundiários – com seus capitais investidos nos diversos ramos ligados às atividades urbanas dos grandes centros, como Rio e São Paulo – lucraram com o liberalismo econômico da Primeira República, no interior paulista os coronéis ocuparão tal espaço. O controle político, aliado ao poder de polícia e a persuasão, tornarão os coronéis a nata privilegiada que usufruirá as benesses financeiras, transformando o poder público em extensão do privado. A facilidade de obtenção, pelas intendências, de empréstimos bancários nacionais e internacionais, avalizados pelos aliados do poder estadual e federal; e os recursos advindos dos impostos locais, ainda controlados de maneira elementar e precária pelo *staff* administrativo, a serviço do coronel, institucionalizarão na vida pública citadina verdadeiras quadrilhas que viviam do desvio de recursos ou das costumeiras propinas.

Esse é um dos motivos principais, durante a República Velha, porque se engalfinhavam grupos políticos rivais, de situação ou oposição, mas sempre ligados ao mesmo Partido Republicano Paulista, PRP, sem ideário político definido, "*...identificando-se menos pelos princípios de que pelas figuras exponenciais*" (Janotti, 1981:63), que visavam chegar ao comando local à custa de muita disputa, e balas, se necessário. Se a nível federal o país era uma "*democracia de arrivistas, especuladores e golpistas*" (Sevcenko, 1983: 40), nas cidades menores e nas fronteiras agrícolas, a habitual sutileza e elegância dos *smarts* da velha corte, transformada em sede da República, dará lugar à força bruta.

Mesmo que o coronel fosse advogado, comerciante ou médico, usasse terno de casemira, gravata e chapéu de palha, ou mesmo jaleco, portanto, longe daquela imagem estereotipada do coronel de botas, chicote e chapelão, seus métodos pouco mudarão. Terá a seu dispor grupos armados ligados à polícia ou mesmo privados, que auxiliariam em questões várias, das disputas políticas municipais até a remoção de posseiros ou a destruição de tribos indígenas para ocupação das terras. Mas seja o empresário "janota" da capital, ou os coronéis do interior, havia um interesse comum: enriquecer, ou enriquecer mais ainda, através de uma economia oscilante e vulnerável, ou pelo assalto direto aos cofres públicos.

Todas as rápidas transformações urbanas em zonas novas, desprovidas de qualquer controle público e democrático, darão ensejo à roubalheira generalizada pelos coronéis, sua parentela e grupo político, acobertadas pela hierarquia de mando superior, a nível estadual e federal. Esse grupo terá nas mãos decisões que poderiam gerar ganhos imensos, como aquelas referentes à implantação dos serviços públicos urbanos, a expansão dos limites da cidade, através do parcelamento do solo, a construção dos edifícios públicos. É de se imaginar as amplas possibilidades de negócios correlatos daí advindos. Tudo estava por fazer e do nada surgiram grandes e ricas cidades, não foi por menos que muitos morreram em conflitos devido aos cargos públicos e suas benesses.

Por vezes, as firmas de infraestrutura urbana tinham o coronel ou preposto como proprietário. Em algumas circunstâncias, como sócio oculto, porém, como norma, as empresas eram criadas às pressas e sem estrutura adequada. Prestavam serviços de má qualidade e com pouca eficiência, tendo seus comandos mudado de mãos muitas vezes durante sua existência. Contudo, davam início a um processo de melhoramentos *sem volta*, e levavam a cidade a outro patamar de qualidade de vida, ao menos para as classes mais abastadas.

Os serviços eram sempre inaugurados com festas, particularmente a energia elétrica, devido à novidade tecnológica e ao efeito visível. Discursos, arcos comemorativos, bailes populares e privados, sempre adornados pelas estranhas e magnetizantes lâmpadas faziam parte dos rituais de ascendência dessas cidades, antigos patrimônios, a um novo estágio de progresso. A iluminação pública seguia quase sempre uma ordem, sendo a energia elétrica implantada nessas cidades após outro tipo de experiência em iluminação, embora a eletricidade fosse a forma desejável, inclusive indicada, pelo Código Sanitário do Estado, de 1894.

O início da implantação da energia elétrica, na região centro-oeste do estado, foi na penúltima década do século XIX, de todos os serviços era o mais complexo e caro, pois exigia a construção de usina geradora de força e luz, e para tanto, grande trabalho técnico executado apenas por engenheiros, fosse movida à água, vapor ou óleo. A primeira usina hidrelétrica do estado foi a de Monjolinho, construída em 1893, em São Carlos, pela Companhia Paulista de Eletricidade. Foi a segunda do país, pois mesmo a capital da Província, que inaugurou a energia elétrica em 1888, tinha sua usina movida a vapor.

Interessante observar que a riqueza do café, e o acúmulo de capitais, traz nesse momento, inovações tecnológicas *a priori* para o interior, como a primeira usina hidrelétrica, e a primeira cidade a receber eletricidade. Rio Claro a instalou no ano de 1885, antes mesmo da capital, e atrás apenas, da pioneira Campos, no Rio de Janeiro,[8] a primeira cidade da América Latina a ter luz elé-

---

8   Campos, recebe energia elétrica a partir de usina movida a vapor. A eletricidade na cidade de Rio Claro era produzida por usina movida a conjunto termo elétrico, in, Ferreira (março/abril de 1990, p. 21/22).

trica permanentemente. Piracicaba teve tal melhoramento em 1893, gerada pela Empresa Elétrica Luís de Queiroz, São José do Rio Pardo em 1897, Amparo em 1898 e Ribeirão Preto em 1899 (Ferreira, março/abril dde 1990).

Em algumas cidades, o serviço era mais precário e a energia era produzida por usina movida por geradores a óleo combustível. Porém, boa parte das cidades tinha sua energia elétrica gerada por força hidráulica, vinda de pequenas barragens que, às vezes, serviam a mais de uma localidade. Botucatu, por exemplo, possuía uma barragem de 40 metros de largura, construída em pedra e cimento. A energia resultante servia a 250 lâmpadas incandescentes e 6 em arco voltaico (Centro de memória, 1991, s/p).

Quando instalada, a energia era vendida para a municipalidade com o intuito de iluminarem-se as ruas e praças, inicialmente apenas em alguns dias por mês. Os particulares também recebiam a luz, para tanto, se contava para fins de cobrança o número de lâmpadas, bem como a quantidade de "*velas*" das mesmas.

A água encanada era um serviço mais simples, porém, também, demandava conhecimento técnico advindo de profissionais engenheiros, que são atraídos para essas pequenas cidades para a sua implantação. Muitos eram residentes nos grandes centros, São Paulo. Especialmente, e apenas executaram os projetos sob contrato de firmas locais. Outros se estabeleceram definitivamente nessas cidades cuidando da manutenção do sistema e criando uma clientela regional. No final do século XIX, o governo do estado, devido às epidemias frequentes e por de continuar recebendo as levas de imigrantes, cujos países acompanhavam o estado sanitário das regiões e cidades receptoras, chega a patrocinar com seus recursos a implantação dessa importante infraestrutura urbana no interior.

O presidente Rodrigues Alves, em sua mensagem de 1901, informa que a saúde pública "*continuava a ser um dos mais sérios problemas da administração*" e que "*as municipalidades iam-se compenetrando da importância do assunto*", devido a dois fatores: *a eficácia do auxílio que o governo lhes deu para os serviços de água e esgoto; e a "verdadeira conquista" da "reforma domiciliar, que vai sendo muito bem aceita em todo o Estado, graças a exemplos de Santos e Campinas*" (Costa, 2003: 64). Portanto, a implantação dessa infraestrutura representava mais que uma melhoria local. Significava um potencial foco de doenças a menos, que poderia rapidamente se alastrar pelo estado, agora que as cidades não estavam mais isoladas, mas ligadas entre si pela ferrovia.

No estado de São Paulo, durante a virada do século XIX para o XX, 25 cidades já dispunham de redes de água encanada em operação, 4 estavam com as mesmas em construção, e mais 14 com projetos aprovados.[9] Houve cidades aonde o bombeamento de água vinha primeiro através da ferrovia, nas caixas d'água da esplanada, pois as companhias necessitavam desse serviço para o abastecimento das caldeiras das locomotivas, e para tanto se valiam de "burrinhos", pequenas bombas, para a captação de água dos córregos próximos. Em algumas delas o excedente do precioso líquido era fornecido para a população, através de torneiras, gratuitamente.[10]

O serviço de esgoto frequentemente acompanhava a distribuição de água domiciliar, pois a água encanada sem seu esgotamento poderia trazer moléstias ocasionadas pelo encharcamento dos terrenos, particularmente quintais, devido às águas servidas correrem livremente. Os esgotos passam a ser transportados *in natura* para os córregos ou rios através de tubos de cerâmica vidrada, chamadas manilhas, enterrados em profundidades variáveis. Nas pequenas comunidades, as empresas eram bastante deficientes, pois tinham quase sempre a intermediação dos coronéis e seus protegidos, que devido aos interesses envolvidos, faziam vistas grossas aos maus serviços, e não os fiscalizavam adequadamente, o que gerava reclamações constantes dos usuários.

Em relação as redes telefônicas, implantadas comercialmente a partir de 1879, no Brasil·, na área pesquisada, parece ter havido a precedência desse serviço, destinado exclusivamente às linhas ferroviárias, através do telefone de linha, que punha em contato rápido as estações, informando-as sobre algum problema ou acidente ocorrido no percurso das companhias. A primeira cidade paulista a receber uma empresa de telefonia foi Santos, no ano de 1883,

---

9   Conforme (Vargas, 1994), Capítulo 4: Obras de Saneamento (abastecimento de água, esgotos e recuperação de terras), p. 85 a 112, in (Motoyama, 1994), p. 95.

10   A Nob por ter precedido as povoações teve isso como prática constante para o auxílio do início de vida desses pequenos lugarejos.

e nesse momento terá 75 assinantes, e somente no ano seguinte a capital terá sua companhia.[11]

Nas novas cidades, a rede telefônica municipal foi criada servindo a área do patrimônio e as fazendas ao redor, quase sempre, como incentivo à implantação do serviço, se isentava os impostos locais, assim como as demais infra-estruturas públicas. Dos interessados no serviço era cobrado o aparelho, a assinatura e a instalação. No patrimônio o custo da instalação era fixo, e variável para as fazendas, pois, cobrado por quilômetro de fio, bem como por todo o posteamento do percurso. O telefone nas propriedades rurais foi uma conquista, pois favoreceu a transferência dos fazendeiros para a cidade, reduzindo seu contato pessoal e direto com as lavouras, agora possível com menos constância devido ao aparelho.

As empresas telefônicas, aos poucos, expandiam a fiação para as cidades próximas, ampliando a rede. No ano de 1903, chega o sistema telefônico para Pederneiras, pela Rede Telefônica Bragantina, que logo o expande a Jaú, Barra Bonita, Bica de Pedra (Itapuí), Bocaina, Brotas, Dois Córregos, Mineiros do Tietê e Torrinha, cidades da região, para onde, a partir de então, poderiam ser efetuados interurbanos.[12] Na primeira década do século XX, em Rio Claro, o comendador Agostinho Prada cria a empresa Cruz, Prada & Cia. para a exploração dos serviços de telefonia que ligava por interurbano, Campinas, Rebouças, Vila Americana, Cordeiro, Limeira, Rio Claro, São Carlos e Corumbataí. Mais adiante o mesmo comendador compra a Rede Telefônica Bragantina, citada acima.

O crescimento da rede telefônica é expressivo no estado. Em 1907 eram 5.000 os aparelhos, em 1913, o número havia crescido para 10.000 (Love, 1982:130). Nos meados da década de 1920, as cidades mais importantes do interior paulista já estavam ligadas com a capital e mesmo o Rio de Janeiro, através das empresas concessionárias de telefonia encurtando distâncias e facilitando os contatos.

---

11   www.museudotelefone.org.br

12   Furlani, Fausto. *Histórico resumido de Pederneiras.* Pederneiras, Biblioteca Municipal, exemplar único, datilografado, sem data, sem página.

Da mesma forma que na capital, os grandes fazendeiros diversificam seus investimentos, também no interior. A abertura de estabelecimentos bancários será um excelente filão. A política de Encilhamento, capitaneada por Ruy Barbosa, baseada em decretos que regulamentaram as sociedades anônimas e a organização de bancos emissores, resultou em orgia econômica que, no intuito de desenvolver o país com a criação de empresas, levou a formação de firmas de fachada com finalidades escusas, e tantas outras sem capacidade de gerenciamento, ou sequer estrutura mínima. O resultado foi inflação alta, intensa especulação e quebradeira generalizada. A criação de bancos e empresas foi uma febre nacional nos idos de 1890. Taunay (1939/43) comenta em relação à abertura dessas instituições na cidade do Rio de Janeiro: "*Nada menos que de trinta e trez bancos e duzentas e uma companhias! Com cerca de um milhão e quatrocentos mil contos de capital*" (Taunay, 1939/43:60).

Embora na cidade de São Paulo os efeitos tenham sido um pouco menores que na capital federal, mesmo assim, 13 bancos foram criados entre 1890 e 1893, sendo que apenas seis perduram até 1895: Banco de São Paulo, Comércio e Indústria de São Paulo, União de São Paulo, Crédito Real de São Paulo, Construtor e Agrícola e dos Lavradores (Saes, 1986: 104). Dado este cenário, também no interior, parte dos lucros excedentes da lavoura cafeeira, são transferidos para o solo urbano, principalmente através da implantação da infraestrutura e dos investimentos em empresas comerciais e de serviços, assim como os bancos locais. Como exemplo, em 1891, membros da família Almeida Prado, de Jaú, abrem o Banco Melhoramentos com capital de 500:000$000, quatro anos depois elevado para 1:000:000$000. Também em São Carlos, a primeira casa bancária foi fundada em 1890, pelo Conde do Pinhal, figura de proa da economia local, iniciando um percurso que outros sucederiam, como o Banco de São Carlos e o Banco União São Carlos.[13] O mesmo ocorreu em relação a Araraquara, Bauru, Guaratinguetá, Mococa, Amparo, Ribeirão Preto, Piracicaba e Taubaté, com a criação de bancos locais.

Saes, ainda, relata que a partir do início do século XX, surgem os bancos "italianos", em busca de depósitos de imigrantes dessa nacionalidade. Alguns são do interior, como o Banco Italiano de Ribeirão Preto, Banca di Sconti de

---

13   www.sescsp.com.br/memoriasdocomercio

Piracicaba, Banco de Comércio e Indústria de Mococa, entre outros. Percebe-se, pelo número deles, que os valores disponíveis dessa comunidade já deveriam ser respeitáveis (SAES, 1986, p. 105). No mesmo trabalho, é reproduzida tabela do *Anuário Estatístico de São Paulo* com os capitais realizados pelos bancos paulistas, no ano de 1906. Dos nove bancos nacionais, os três iniciais são da capital, sendo o primeiro deles o Banco do Comércio e Indústria de São Paulo, com 10.000:000$000 de recursos; porém, do quarto ao nono lugar todas as posições são ocupadas pelos bancos do interior, iniciando-se com o Banco Melhoramentos do Jaú, com 821:780$000 em capitais, (SAES, 1986:107).

Toda cidade próspera possuiria seu banco ou bancos locais, criados a partir dos capitais vindos da lavoura, através de consórcio de agricultores ou de um isoladamente, devido aos incentivos e permissividade da política econômica federal. Boa parte terá vida curta, eliminados pela incompetência administrativa, pelo *crack* de 1929, ou serão adquiridos por instituições menos frágeis, de abrangência maior.

Entre os negócios de prestação de serviços, nestas cidades – algumas "boca-de-sertão" e de "chão de passagem" – destacam-se os hotéis para todo tipo de clientela, de caixeiros viajantes a capitalistas interessados na compra de terras. Localizavam-se ao redor da estação, área nobre para esse uso, e de acesso fácil para quem estava em trânsito. Apareciam novidades nesse ramo, como banheiros coletivos para cada andar da edificação, e supremo luxo: água corrente nos quartos. Os restaurantes dos hotéis serão pontos de referência para os forasteiros e mesmo moradores, devido à raridade de restaurantes independentes a disposição. Muitas das festas e comemorações locais se darão nesses espaços, considerados nobres, que oferecerão mesa farta e boa carta de vinhos.

Se a cidade fosse ponta de linha, ou houvesse mais de uma companhia ferroviária em seu solo, a baldeação deveria ser feita, e o pernoite era obrigatório. Os hotéis, nessas cidades, eram em grande quantidade, sendo alguns edifícios imponentes e nobres, mostrando o quanto esses espaços urbanos eram "rota de passagem" para muitos, que para aí, ou para mais adiante, se dirigiam a fim de fazer negócios.

Conclusão

Ressaltamos com esse trabalho que a implantação da ferrovia no solo urbano das vilas, patrimônios e cidades paulistas durante o final do século XIX ao início do século XX, durante a expansão cafeeira, teve um pape importantíssimo para a viabilização desses núcleos urbanos, lastreando seu crescimento. Foi a partir da ferrovia que os capitais advindos da produção cafeeira foram investidos no solo urbano, seja na infraestrutura "pública", seja na criação de novos estabelecimentos bancários, comerciais, de prestação de serviços e manufaturas. A ferrovia cumpriu um papel muito mais significativo do que aquele que se atribui até então: o de transporte de passageiros e da produção. Era, antes de tudo, o sinal claro e inequívoco de que naquele espaço urbano os investimentos poderiam ser aplicados de forma segura. Não é por outro motivo que o coronelismo vicejará em quase todas as novas e pujantes cidades, pois era principalmente o grupo liderado pelo coronel que se aproveitava de toda essa inversão de capitais.

Referências bibliográficas

Livros consultados

Costa, Luiz Augusto Maia. *O ideário urbano na virada do século – o engenheiro Theodoro Sampaio e as questões territoriais e urbanas modernas (1886-1903)*. São Carlos, RiMA, Fapesp, 2003.

Debes, C.A. *A caminho do Oeste: subsídios para a história da Companhia Paulista de Estradas de Ferro e das Ferrovias de São Paulo.* São Paulo, Edição Comemorativa do Centenário de Fundação da Companhia Paulista, 1968.

Gagliardi, Claudia Polízio. *Reminiscências. Pompeia-SP*. Pompeia, Cly-Impres, 1996.

Ghirardello, Nilson. *À Beira da Linha, formações urbanas da Noroeste paulista*. São Paulo, Edunesp, 2002.

TERRITÓRIO E CIDADES   89

JANOTTI, Maria de Lourdes Mônaco. *O coronelismo: uma política de compromissos.* Brasiliense, 2ª ed., 1986.

LOVE, Joseph L. *A locomotiva: São Paulo na federação brasileira 1889-1937.* Rio de Janeiro, Paz e Terra, 1982.

MATOS, O.N. de. *Café e ferrovias: a evolução ferroviária de São Paulo e o desenvolvimento da cultura cafeeira.* Campinas, Pontes, 1990.

MOTOYAMA, Shozo (org.). *Tecnologia e industrialização no Brasil, uma perspectiva histórica.* São Paulo. EDUNESP, Centro Estadual de Educação Tecnológica Paula Souza, 1944.

PEREZ, Filémon. *Álbum illustrado da Companhia Paulista de Estradas de Ferro – 1868-1918.* São Paulo, s/e, 1918.

SAES, Flávio de Azevedo Marques de. *As ferrovias de São Paulo.* 1870-1940. São Paulo, Hucitec-INL, 1981.

_____. *A grande empresa de serviços públicos na economia cafeeira 1850-1930.* São Paulo, Hucitec, 1986.

SEVCENKO, Nicolau. *Tensões sociais e criação cultural na primeira república.* São Paulo, Brasiliense, 2ª ed., 1985.

SILVA, Sérgio. *Expansão cafeeira e origens da indústria no Brasil.* São Paulo, Alfa-Ômega, 1976.

TAUNAY, Afonso D'Escragnolle. *História do café no Brasil.*Rio de Janeiro, DNC. 1939/43.

90   Cristina de Campos * Eduardo Romero de Oliveira * Maria Lucia Caira Gitahy

Teses e dissertações

CORREA, Anna Maria Martinez. *História social e econômica de Araraquara de 1919 a 1930.* Araraquara, 1982. Dissertação (Mestrado) – Universidade Estadual Paulista.

VARGAS, Claudia Regina. *As várias faces da cidade: Bento de Abreu Sampaio e a modernização de Araraquara (1908-1916).* Franca, 2000. Dissertação (Mestrado) – Faculdade de Historia, Direito e Serviço Social, Unesp.

Revistas, jornais, cadernos e catálogos

CENTRO DE MEMÓRIA REGIONAL DE BAURU. *Histórico da CPFL.* Bauru, CPFL, 1991.

FERREIRA, Milton Martins. *Fase Pioneira 1885 – Rio Claro- SP.* A iluminação no Brasil, apontamentos históricos., in Revista Iluminação Brasil, São Paulo, março/abril de 1990.

GHIRARDELLO. Nilson. *O processo de configuração urbana de uma cidade do este paulista: São Paulo dos Agudos.* Revista Educação Gráfica, Bauru, Universidade Estadual Paulista, v. 2;nº.2, p. 57 a 66,1998.

SIMÕES JUNIOR, José Geraldo. *O setor de obras públicas e as origens do urbanismo na cidade de São Paulo.* In: Espaço e Debates. Revista de Estudos Regionais e Urbanos. São Paulo:Núcleo de Estudos Regionais e Urbanos, nº 34, 1991.

Documentos, Leis Avulsas E Manuscritos

FURLANI, Fausto. *Histórico resumido de Pederneiras.* Pederneiras, Biblioteca Municipal, exemplar único, datilografado, sem data, sem página.

Sites

www.sescsp.com.br/memoriasdocomercio, acessado em 30 de maio de 2006.

http://www.vemprabrotas.com.br/pcastro/crono.htm, acessado em 20 de junho de 2006.

http://www.museudotelefone.org.br/, acessado em 10 de julho de 2007.

http://www.estacoesferroviarias.com.br/r/rioclaro.htm, acessado em 19 de julho de 2006.

Ferrovia e urbanização.
O processo de urbanização da zona
pioneira da "Alta Paulista" (1905-1962)

Cristina de Campos

As ferrovias em São Paulo foram importantes para o sucesso da urbanização do hinterland paulista. Entretanto, os condicionantes de seu surgimento não se restringem aos propósitos da urbanização do território. Empresas ferroviárias foram organizadas, no final do século XIX, com vistas a atender as demandas por transporte rápido e seguro para o escoamento do principal produto de exportação da província – o café – até o porto de embarque, com destino ao mercado internacional (SAES, 1981).[1] Assim, as primeiras companhias ferroviárias surgiram nas décadas finais do século XIX, para conectar as zonas produtoras da região central da província ao porto de Santos. Nesta primeira etapa da expansão ferroviária paulista, as ferrovias eram chamadas de "cata-café", pois

---

1   Segundo SAES (1981) as companhias Paulista, Ituana e Mogiana foram organizadas na década de 1870 para transportar o café produzido na região central da província de São Paulo até o porto de Santos. Dentro deste contexto cafeeiro, a única exceção foi a Companhia Sorocabana fundada para o transporte do algodão produzido na região de Sorocaba e exportado para o mercado internacional.

suas linhas eram projetadas para acompanharem as plantações de café (Pinto, 1903). Esta prática seria substituída, na aurora do século XX, quando as companhias ferroviárias passaram a planejar suas rotas de expansão em meio a terras ainda inexploradas pela agricultura.

Esta nova postura é reveladora do aparecimento de uma lógica de expansão das companhias ferroviárias, que passaram a enxergar o prolongamento de suas linhas em regiões desabitadas e cobertas por matas nativas como uma excelente oportunidade de ampliação de seus negócios, sobretudo, pela abertura de novas frentes produtoras e de núcleos urbanos que dependeriam da ferrovia para se conectar à rede urbana paulista já estabelecida. Dentro desta nova lógica de expansão de suas linhas ferroviárias, as empresas voltam-se para o vasto interior paulista e analisam quais seriam os caminhos naturais de extensão de seus troncos principais de circulação, demarcando no território zonas de privilégio de exploração, limites que deveriam estar legalmente protegidos contra a invasão de companhias concorrentes.

Com a definição das zonas de privilégio ocorre um verdadeiro zoneamento da porção norte/oeste do território paulista, dividido entre as mais expressivas companhias ferroviárias da época. No início do século XX, o estado de São Paulo possuía a seguinte configuração espacial, desenhada pelas zonas de privilégios das companhias ferroviárias: *região norte* para a *Companhia Mogiana*, passando pelas cidades de Amparo, Ribeirão Preto, Franca, alcançando as margens do Rio Grande e adentrando na região sul do estado de Minas Gerais (Triângulo Mineiro) até a cidade de Araguari, em Goiás; parte da *região norte/oeste* para a *Estrada de Ferro Araraquara* que, partindo da cidade de Araraquara, deveria seguir por Ribeirãozinho (Taquaritinga) até São José do Rio Preto e desta localidade até as margens do Rio Grande, na cidade de Rubineia, trecho que foi denominado como "Alta Araraquarense";[2] a *região noroeste* para a *Companhia Estrada de Ferro Noroeste do Brasil* que, partindo de Bauru, deveria

---

2   A Estrada de Ferro Araraquara teve uma segunda etapa de expansão ao final da década de 1930. O objetivo de suas linhas era alcançar o estado de Mato Grosso (hoje Mato Grosso do Sul), expansão que ficou mais conhecida como "Alta Araraquarense", fomentando o aparecimento de diversas cidades novas ao longo do seu traçado. A Araraquarense expandiu-se até a cidade de Santa Fé do Sul e

rumar em direção à Corumbá no estado de Mato Grosso (hoje Mato Grosso do Sul); também na *região noroeste* a *Companhia Paulista de Estradas de Ferro* que, partindo de Piratininga, deveria alcançar as margens do Rio Paraná, para depois adentrar no território mato-grossense, trecho que ficou conhecido como "Alta Paulista"; e por último a *Estrada de Ferro Sorocabana* com a *região oeste*, da cidade de Sorocaba até as barrancas do Rio Paraná, trecho que passou a denominar-se "Alta Sorocabana" cuja linha final era a cidade de Presidente Epitácio, às margens do Rio Paraná.

Esta nova fase de expansão das linhas ferroviárias – representadas em especial pelas zonas de privilégio da Araraquarense, Companhia Noroeste, Paulista e Sorocabana – foram impulsionadoras da ocupação e consequente urbanização de toda uma vasta porção do território antes desabitado, o que nos permite afirmar que a ferrovia – ou melhor, o anúncio de sua chegada – propiciou o povoamento desta vasta porção do território paulista. Contudo, ainda são poucos os trabalhos acadêmicos voltados para o estudo do impacto que a abertura de novas linhas ferroviárias – de cunho estratégico e exploratório – teve para a urbanização.[3] Cientes desta lacuna nos estudos sobre urbanização, este trabalho enfoca como ocorreu o processo de urbanização de uma dessas linhas de expansão ferroviária, no caso, o trecho denominado "Alta Paulista", zona de privilégio da Companhia Paulista de Estradas de Ferro.

O processo de urbanização da "Alta Paulista" será analisado através da ação dos agentes sociais que atuaram ao longo desta linha ferroviária, crucial para o sucesso da ocupação humana e para o surgimento de várias cidades novas no tronco oeste da Companhia Paulista, em um período de quase 60 anos. Designamos como *agentes sociais* indivíduos, empresas e instituições que promoveram e que permitiram a ocupação e a fixação dos trabalhadores e pequenos proprietários de terras nesta porção do território paulista viabilizando, assim, o desenvolvimento capitalista (oferta de mão-de-obra; trabalho assalariado) na área analisada.

---

alcançou o estado de Mato Grosso do Sul em 1998, com a construção da ponte rodo-ferroviária para transpor o rio Paraná.

3   Dentre os trabalhos destacamos OLIVEIRA (2007) e GHIRARDELLO (2002).

Para a ocupação desta faixa territorial foi determinante a ação tanto dos agentes sociais privados como dos públicos, sobressaindo-se o desempenho dos agentes privados. Entretanto, não pode ser eclipsado o apoio oferecido pelo Estado e algumas de suas instituições, fundamentais para o êxito da colonização. Quanto aos agentes sociais privados, este estudo contemplará a companhia ferroviária concessionária da linha e as companhias colonizadoras que atuaram na zona da Alta Paulista.

Enfatizamos, em primeiro lugar, a Companhia Paulista de Estradas de Ferro, pois, foi a partir do seu pedido de concessão – feito ao governo estadual para a abertura e exploração da linha ferroviária – que aquela faixa territorial foi demarcada e, a esperança da chegada dos trilhos impulsionou, sem dúvida, este processo de urbanização. Além de demarcar geograficamente por onde passaria o eixo da urbanização, inclusive, com a definição dos principais entrepostos, à Companhia Paulista devem ser atribuídas as primeiras iniciativas de comercialização de lotes urbanos e rurais em seu novo tronco oeste. Impossibilitada de acumular tais funções, a diretoria da empresa opta pela abertura de uma segunda empresa, destinada exclusivamente aos negócios da colonização. Dessa forma, nascia em 1928 a Companhia de Agricultura, Imigração e Colonização (CAIC), responsável não apenas pela comercialização de terras, mas também na implementação de programas de colonização, em parceria com o governo, promovendo o povoamento desta e de outras zonas servidas pela Companhia Paulista. Em outras palavras, o objetivo central da empresa era gerar fluxo de fretes e aumentar os lucros da companhia ferroviária.[4]

O comércio de terras na Alta Paulista e, em outras zonas pioneiras[5] do estado de São Paulo, não era operado exclusivamente pela CAIC. Por ser lucrativa, a venda de terras atraiu outros investidores que formaram empresas colonizadoras, em manobra semelhante a da Companhia Paulista. No estado de São Paulo, Scherer (1991) contabilizou 68 empresas, nacionais e estrangeiras, atuando no ramo da colonização. De uma forma geral, as companhias colonizadoras atraíam seus potenciais compradores através de campanhas publicitárias, feitas em

---

4   Esta pertinente observação foi feita pelo professor Eduardo Romero de Oliveira.

5   Sobre as zonas pioneiras de São Paulo consultar Monbeig (1984).

veículos de comunicação como jornais de grande circulação. O apelo das campanhas era o da conquista do próprio pedaço de chão, visando atingir tanto nacionais como estrangeiros desejosos em se estabelecer em terra própria.

Cabia à companhia colonizadora a fragmentação da gleba e sua divisão em lotes rurais e urbanos. Como parte de sua estratégia de vendas, muitas companhias investiram na forma de seus núcleos urbanos, com a intenção de oferecer um produto diferenciado ao consumidor. O fornecimento de outras melhorias, sobretudo no que diz respeito às infraestruturas básicas, caberia tal provimento aos proprietários e às repartições públicas.

No caso da "Alta Paulista", identificamos que as companhias colonizadoras se antecipavam aos trilhos, comercializando lotes urbanos e rurais, usando, como propaganda para suas negociações, a chegada da ferrovia nos próximos anos (SCHERER, 1991). Para a empresa ferroviária era vantajoso chegar a núcleos urbanos pré-estabelecidos e em terras em já produtivas, o que tornava a atividade ferroviária financeiramente compensadora. Produto direto desta parceria entre companhia ferroviária e companhia colonizadora foi a construção de um número considerável de núcleos urbanos na "Alta Paulista", alguns dos quais dotados de um significativo desenho urbano, o que reforça a hipótese de que existiu uma preocupação urbanística com a valorização do traçado dessas novas cidades. Esta é uma outra vertente de investigação que torna o estudo do processo de urbanização da "Alta Paulista" ainda mais instigante. Questionamos então quais foram as motivações para a construção de núcleos urbanos com um traçado diferenciado, quais os profissionais envolvidos em seu planejamento e quais as motivações econômicas, sociais e políticas levaram os investidores a aplicarem aí os seus recursos.

Quanto aos agentes sociais públicos, ressaltamos o governo do estado de São Paulo e duas de suas secretarias que juntas ofereceram suporte ao desenvolvimento das zonas pioneiras. A primeira que destacamos é a Secretaria dos Negócios da Agricultura, Comércio e Obras Públicas, que por meio de sua seção de "Colonização e Imigração", promovia um programa político de ocupação de terras, fomentando o envio de braços para as frentes pioneiras e outras regiões que abrigavam os núcleos coloniais do governo.[6]

---

6   Sobre os núcleos coloniais existentes em São Paulo ver BERNARDINI (2007).

A segunda secretaria, sob o foco de nossas atenções, é a dos Negócios do Interior. Sua ação se concentrava no suporte às atividades colonizadoras, por meio de duas instituições: o Serviço Sanitário e o Instituto de Higiene.[7] A atuação de dois organismos de saúde pública se explica pela própria situação geográfica das zonas pioneiras. Situadas em áreas de matas nativas ou nas várzeas de rios, a abertura de núcleos colonizadores e da ferrovia foi praticamente realizada em plena floresta, colocando em situação de risco colonizadores, colonos, trabalhadores em geral, sujeitos a contrair moléstias tropicais como febre amarela, malária e a leishmaniose. Como se não bastassem estas, o fluxo de migrantes nacionais e estrangeiros às zonas pioneiras favoreceram a difusão de uma outra doença muito monitorada pelo Serviço Sanitário, o tracoma.[8] Tais doenças constituíam-se em sérios entraves, seja para a colonização como ao avanço da zona pioneira. Dentro deste cenário, o Estado era a única entidade com recursos financeiros e técnicos capaz de debelar estas moléstias, com o lançamento de políticas de controle e tratamento.

Nas campanhas do Serviço Sanitário, pela dificuldade de acesso que os técnicos enfrentavam nestas zonas pioneiras, esta repartição necessitava do apoio das companhias ferroviárias para atenderem as regiões afetadas. Companhias como a Paulista efetuaram a adaptação de carros de passageiros em Centros de Saúde móveis, que se deslocavam pelos trilhos ferroviários.[9] Em muitos casos era a ferrovia o único meio de contato destas localidades isoladas com as regiões mais urbanizadas.

---

7   O Serviço Sanitário do estado de São Paulo, criado em 1892, era a instituição estadual responsável pela manutenção da saúde pública do estado. Em 1937, com o Estado Novo, tanto o Serviço Sanitário como a Secretaria do Interior são extintos, ficando em seus lugares o Departamento Estadual de Saúde (1938), depois transformado em Secretaria de Saúde (1948). O Instituto de Higiene é fruto do convenio estabelecido entre a Fundação Rockefeller e o governo estadual paulista. Foi transformado em Faculdade de Higiene e Saúde Pública em 1945 e integrou a rede de faculdades da Universidade de São Paulo (VASCONCELLOS, 1995).

8   O tracoma é uma inflamação ocular causada por uma bactéria. Se não tratada a tempo, pode levar à cegueira.

9   Esta informação foi colhida durante as pesquisas da dissertação de mestrado sobre o médico sanitarista Geraldo Horário de Paula Souza (CAMPOS, 2002).

Quanto ao Instituto de Higiene, pode-se dizer que seu trabalho complementava o do Serviço Sanitário. Durante a década de 1920, o Instituto mantinha no interior postos de profilaxia rural, em regiões próximas às zonas pioneiras. Além dos trabalhos assistenciais e de fiscalização – os alunos do curso de Higiene e Saúde Pública – viajavam para as cidades do interior de São Paulo, inclusive do interior de outros estados limítrofes, para realizarem pesquisas e levantamentos das condições sanitárias destas localidades. Este levantamento das condições sanitárias permitiu que a diretoria do Instituto de Higiene elaborasse a Carta Sanitária do estado de São Paulo, demarcando, no território, os principais problemas de saúde pública que afligiam o estado. Muitos desses relatos se transformaram em trabalhos acadêmicos e em importantes contribuições para o desenvolvimento da saúde pública.[10]

Como demarcação temporal para este estudo, propomos as datas de 1905 e 1962, período em que se desenrolou este processo de urbanização da "Alta Paulista". O ano de 1905 é representativo ao marcar a inauguração da cidade de Piratininga. A data de 1962, por sua vez, é da chegada ao ponto final da "Alta Paulista" junto ao Rio Paraná, na cidade de Panorama. O trabalho que ora apresentamos se trata, na verdade, dos esforços iniciais de uma pesquisa em desenvolvimento que já recolheu informações relevantes que aqui foram agrupadas e sistematizadas.

A expansão ferroviária em São Paulo no final do século XIX e as origens do tronco oeste da Companhia Paulista, a "Alta Paulista".

Com a Proclamação da República se observa uma mudança na conduta das companhias ferroviárias em São Paulo. Com a euforia na economia nacional propiciada pelo Encilhamento, companhias ferroviárias, bancos e outros investidores privados solicitam ao governo novos trechos de concessão para a abertura de estradas de ferro. Dentre os pedidos se sobressaíram as concessões para o litoral e também para as áreas inexploradas do oeste novo paulista. Estas

---

10   Ver a produção discente e docente da Faculdade de Saúde Pública da Universidade de São Paulo entre as décadas de 1930 e 1960. Alunos e professores também publicaram os resultados de suas pesquisas efetuadas no interior paulista no periódico *Arquivos de Higiene e Saúde Pública* e nos anais dos congressos realizados pela Sociedade Brasileira de Higiene (SBH).

100 Cristina de Campos * Eduardo Romero de Oliveira * Maria Lucia Caira Gitahy

concessões para o litoral, mais precisamente para o porto de Santos ocorreram em virtude da chamada "crise dos transportes" que acometia o estado de São Paulo durante a década de 1890.[11] Outros pedidos, por sua vez, visavam a concessão de novos caminhos que, cruzando regiões ainda cobertas por matas no estado de São Paulo, deveriam penetrar no estado de Mato Grosso. As concessões para o oeste novo paulista, em direção ao estado de Mato Grosso, foram requeridas pelas companhias já estabelecidas como a Mogiana,[12] Sorocabana, Paulista e a Araraquarense. Outros investidores voltaram-se a constituir empresas ferroviárias para a construção deste caminho de ferro para Mato Grosso, como foi o caso do Banco União de São Paulo (CAMPOS, 2007), primeiro concessionário da linha. Poucos anos depois, este banco passou à outra empresa esta concessão, terminando a concessão nas mãos do empresários à frente da Companhia Noroeste do Brasil, linha concluída em 1914 (GHIRARDELLO, 2002 e QUEIROZ, 1997 e 2004).

Pela sua natureza desbravatória – passar por terras desabitadas e conectar regiões ermas do país – estas linhas para o oeste eram denominadas "ferrovias de cunho estratégico". A motivação para a abertura de tais caminhos se embasava em um ideário militar e estratégico que defendia a necessidade de criar uma ligação por terra aos estados de Mato Grosso, sobretudo, depois do traumático episódio da Guerra do Paraguai. Uma outra corrente, também apoiada no discurso

---

11 A crise dos transportes ocorreu porque a malha ferroviária paulista em forma de funil era incapaz de dar vazão ao grande volume de produção agrícola. As linhas da São Paulo Railway Co. se mostravam insuficientes. O problema somente seria sanado quando novas vias fossem abertas ao litoral. Em vista dessa demanda, companhias como a Paulista, Mogiana e Sorocabana solicitam ao governo concessão para a construção de novas linhas. Após longa negociação entre as companhias, intermediada pelo engenheiro Antonio Francisco de Paula Souza, optou-se pela construção duplicação da São Paulo Railway Co. na Serra do Mar, trecho que ficaria conhecido como "Serra Nova", e a duplicação da linha da Companhia Paulista de Jundiaí a Campinas. Quanto as outras propostas de caminhos de ferro para o litoral, permaneceu na empreitada apenas a Sorocabana, que inauguraria sua linha apenas na década de 1930 (CAMPOS, 2007).

12 Ao invés do estado de Mato Grosso, a "Alta Mogiana" rumou em direção aos estados de Minas Gerais e Goiás.

estratégico, afirmava a importância de interligação das terras do centro-oeste brasileiro às praças comerciais do Rio de Janeiro e de São Paulo, com o fito de deslocar o escoamento da produção desta região, comumente feita pela bacia do Rio da Prata. Estes entusiastas[13] chegaram, inclusive, a ressaltar que esta linha de comunicação com Mato Grosso deveria ser transcontinental, ligando os oceanos Atlântico e Pacífico.[14] Porém, não podemos negligenciar o principal objetivo destas companhias, que era se beneficiar do auxílio oferecido pelo governo, de garantia de juros sobre o capital investido. Empresários enriqueceram e, em contrapartida, construíram linhas ferroviárias de péssima qualidade, como foi o caso da Noroeste do lado paulista (QUEIROZ, 1997 e 2004).

Junto aos pedidos de concessão de linhas para o novo oeste, a Companhia Paulista, desejosa de alargar sua zona tributária, também solicita ao governo a abertura de uma linha que rasgasse o sertão paulista em direção ao estado de Mato Grosso. Para entendermos a criação deste ramal oeste da Companhia Paulista é preciso fazer referência ao papel de um engenheiro desta companhia, cujos esforços culminaram no convencimento da diretoria da empresa em investir na abertura da "Alta Paulista". Trata-se do engenheiro Adolpho Augusto Pinto,[15] e sua entrada na Companhia Paulista reflete o alto grau de profissionalização que a empresa estava interessada em adquirir. Contratado em 1888 para ocupar as posições de Chefe do Escritório Central e Engenheiro Auxiliar da diretoria, Adolpho Pinto auxiliava nas ações e tomada de decisões do corpo diretivo, emitindo pareceres apoiados em um saber técnico especializado. Uma das primeiras medidas deste engenheiro dentro da Paulista foi o planejamento das novas rotas de expansão de sua malha ferroviária que deveria ser feita por meio do alargamento da zona de privilégio existente. Além da expansão da linha, o engenheiro defendia uma ocupação mais extensiva da atual zona de privilégio da companhia, manobra

---

13 A saber, os engenheiros Antonio Francisco de Paula Souza, Olavo Augusto Hummel e Emilio Schnoor (CAMPOS, 2007).

14 Sobre os caminhos para o estado de Mato Grosso ver CAMPOS (2007).

15 Sobre o engenheiro Adolpho Augusto Pinto ver BERNARDINI (2004).

que tinha o objetivo impedir a entrada de linhas de empresas concorrentes, como o episódio envolvendo a Companhia Mogiana.[16]

Além do alargamento da zona de privilégio existente, Adolpho Pinto acreditava que a companhia deveria planejar suas novas rotas de expansão no território, nas regiões que ainda haveriam de ser exploradas e colonizadas. Como o próprio engenheiro explica, em sua autobiografia (Pinto, 1970), para definir onde seria o novo trecho de expansão realizou um amplo estudo das regiões desabitadas do estado, chegando a conclusão de que a vasta região situada à margem esquerda do Rio Tietê poderia vir a se constituir em uma excelente zona de exploração ferroviária para a Companhia Paulista, pois ali existiam terras de excelente qualidade e que não tinham sido exploradas e nem dadas em concessão a nenhuma outra empresa ferroviária. Ainda na década de 1890, a diretoria da Paulista obtém a concessão da linha e o direito de exploração da faixa de terra compreendida entre os Rios Aguapeí/Feio e Peixe que, partindo de São Paulo dos Agudos, deveria atingir as margens do Rio Paraná, para depois transpô-lo e alcançar as terras do território mato-grossense. Com essas limitações geográficas, surgia o trecho oeste da Paulista, mais conhecida como "Alta Paulista". Porém, a Companhia Paulista não possuía nenhum tipo de conexão ferroviária com aquela região de São Paulo dos Agudos, próxima a cidade de Bauru, servida pela Sorocabana e ponto de partida da Estrada de Ferro Noroeste.

Para transpor este obstáculo, o engenheiro Adolpho Pinto planejou cuidadosamente a chegada dos trilhos da companhia até aqueles confins do território paulista, por meio de sua linha vinda de Itirapina, que deveria alcançar as cidades de São Paulo dos Agudos e Bauru. De um simples ramal, a linha de Itirapina a Bauru se transformaria em linha principal, o tronco oeste da Companhia Paulista (Giesbrecht, 2008). Adolpho Pinto dedicou especial atenção para o novo trecho de expansão oeste da Companhia Paulista, planejando e determinando vários

---

16   A Paulista havia acusado a Mogiana de invasão de sua zona de privilégio com a construção da estação de Laje, ponta de trilhos da linha de Ribeirão Preto. Mais tarde, a estratégia de alargamento da zona de privilégio colocada em prática pelo engenheiro Adolpho Pinto se desdobraria com a construção do ramal de Santa Veridiana, muito próximo à estação de Laje, o que lhe possibilitou de usufruir de sua zona legal de privilégio.

TERRITÓRIO E CIDADES **103**

aspectos que a linha concentraria. Um desses pontos foi a mudança do ponto inicial de partida que, de São Paulo dos Agudos, seria transferido para a vila próxima de Santa Cruz dos Inocentes, pois a nova estrada de penetração deveria contar com um entreposto comercial próprio (PINTO, 1970: 41).

Para este entreposto, o engenheiro achou conveniente que fosse ali edificada uma nova cidade, planejada pela própria companhia e que deveria ser batizada como Piratininga, em uma clara homenagem à cidade de São Paulo, a capital do estado. Além de Piratininga, Adolpho Pinto já havia planejado por onde os trilhos da empresa deveriam passar, sugerindo quais seriam os nomes das estações da nova linha. Os nomes das estações e dos postos de abastecimento[17] seriam dados em ordem alfabética e fazendo homenagens diversas. Seguindo este *abecedário* da Paulista, a primeira estação se chamaria América, seguida depois de Brasília, Cabrália Paulista, Duartina, Esmeralda, Fernão Dias, Gália, Garça, Jafa, Vera Cruz Paulista, Lácio, Marília, Padre Nóbrega, Oriente e Pompeia. Dizia o engenheiro que o ordenamento alfabético trazia benefício ao viajante que desconhecesse o caminho, que poderia prever quanto tempo levaria até o seu destino (PINTO, 1970:67).

Planejada na década final do século XIX, em uma época marcada por vários conflitos de interesses entre as companhias ferroviárias de São Paulo,[18] o novo trecho de expansão oeste da Companhia Paulista foi inaugurado em 1905, com a abertura da primeira estação na cidade planejada de Piratininga. A expansão da linha, contudo, sofreu as consequências da superprodução do café que se abateram em São Paulo nas primeiras décadas do século XX (TORRELI, 2004). Dentre as medidas governamentais tomadas para segurar o valor do

---

17   Os postos de abastecimento estavam alocados ao longo da linha em intervalos regulares. Estes postos forneciam água e combustível (lenha) para as locomotivas a vapor. É claro que com o advento das locomotivas elétricas e diesel, estes postos não tinham mais tanta importância quanto no período das máquinas a vapor.

18   A década de 1890 é marcada pela assim chamada "crise dos transportes" gerada pela incapacidade da The São Paulo Railway Co. transportar até o porto de Santos o grande volume de café a ser exportado. Discutiram-se diversas medidas, como a quebra do monopólio da inglesa e a abertura de novos caminhos até Santos. Sobre a crise dos transportes ver CAMPOS (2007).

grão no mercado internacional, estava a contenção da abertura de novas frentes produtoras, medida que colocou barreiras ao desenvolvimento do novo trecho oeste da Paulista. Todavia, esta barreira imposta pelo governo não impediu que as companhias colonizadoras mantivessem suas atividades de venda de terras, pelo contrário, houve continuidade de suas operações. Somente depois de quase vinte anos da abertura de Piratininga é que a companhia retomaria a construção de seu trecho, rumo ao Rio Paraná.

As cinco fases do processo de urbanização da "Alta Paulista".

Quando foi planejado o novo trecho oeste de expansão da Companhia Paulista fica evidente qual era o objetivo de Adolpho Pinto e da própria diretoria da empresa ferroviária. As terras ainda inexploradas daquela vasta região seriam ocupadas por novas fazendas e o transporte de seus produtos se constituiria na principal fonte de renda da empresa. De certa maneira, tal intenção se concretizou. A abertura de uma nova linha exploratória, porém, descortinou outras oportunidades de negócios não apenas para a Paulista, mas também a outros investidores.

É a partir deste contexto de abertura de seu tronco oeste que a Companhia Paulista passa a investir na comercialização de terras ao longo de sua zona de privilégio. Certamente, os atrativos que a ferrovia oferecia – transporte rápido e ligação com as principais praças comerciais do estado – eram elementos que valorizavam ainda mais aquelas terras. Impossibilitada de se envolver diretamente com a comercialização de terras, a Companhia Paulista transfere esta função a uma outra empresa, a Companhia de Agricultura, Imigração e Colonização (CAIC), fundada em 1928. Como ramificação da Paulista, as decisões e os próprios rumos desta companhia de colonização eram definidos pelo mesmo corpo diretivo desta empresa ferroviária (GIL, 2007). As recompensas financeiras ligadas ao comércio de terras do oeste paulista devem ter sido o chamariz que atraiu para este mercado outras empresas interessadas em atuar neste setor,[19]

---

19 Segundo levantamento de SCHERER (1991), entre o período de 1920 e 1940 o estado de São Paulo tinha 68 empresas ligadas a atividade de colonização. Dentre as empresas colonizadoras destacamos a Sociedade Colonizadora do Brasil (empresa japonesa, fundada em 1927) e a Companhia Imobiliária Campineira (1948).

TERRITÓRIO E CIDADES   105

como é o caso da canadense Boston Cattle Company, que adquiriu grande extensão de terras no interior do estado de São Paulo e, em atitude similar à CAIC, realizou a venda de lotes urbanos e rurais (GERALDO, 2007).

O comércio de terras em forma de lotes urbanos propiciou o aparecimento de diversos núcleos urbanos ao longo da "Alta Paulista". É sabido que muitas dessas cidades surgiram ao redor de estações ferroviárias que, aos poucos, foram ganhando dinâmica devido ao conjunto de atividades econômicas que ali se desenvolviam. Também é expressivo o número de núcleos que irromperam na esperança da chegada dos trilhos da Paulista. A dinâmica deste processo de abertura, colonização e urbanização da Alta Paulista, de seu ponto de partida na cidade de Piratininga até Panorama, pode ser resumida na seguinte ordem:

> 1) Governo autoriza a Companhia Paulista a construir a linha ferroviária na faixa territorial compreendida entre os rios Aguapeí/Feio e Peixe;
> 2) Surgimento das companhias colonizadoras que comercializam lotes de terras (urbanas e rurais), geralmente, antes da chegada dos trilhos;
> 3) Ferrovia atinge núcleos urbanos pré-existentes, fruto da ação das companhias colonizadoras. A chegada dos trilhos faz com que a cidade se torne "ponta de trilho", se transformando em importante entreposto de produtos e serviços para os núcleos que estão a sua frente. Também promove a conexão da zona pioneira com a praça comercial paulista, e
> 4) À frente da cidade ponta de trilho, as companhias colonizadoras iniciam a venda de terras, abrem novas cidades, anunciando aos seus compradores que a ferrovia valorizaria ainda mais as terras quando seus trilhos lá chegassem.

Para melhor compreender as fases do processo de urbanização da "Alta Paulista", entre 1905 e 1962, dividimos este processo acima explicitado em cinco fases, caracterizando seus principais aspectos e ressaltando alguns dos núcleos que foram erigidos ao longo da linha. Estas cinco fases foram demarcadas da seguinte maneira:

1º Prelúdio. Planejamento da nova linha (1896 a 1905). Este período compreende toda a etapa de planejamento pelos engenheiros e a diretoria da Companhia Paulista para a definição do traçado do tronco oeste. Destaca-se a participação do engenheiro Adolpho Augusto Pinto. Encerra-se com a abertura do primeiro entreposto da linha, a cidade de Piratininga;

2º A fase do crescimento contido, de 1905 a 1928, é marcada pela abertura da linha em plena valorização do café, quando o governo controla rigorosamente o surgimento de novas frentes produtoras. Desta fase destacam-se os núcleos de Piratininga (1905), Garça (1928) e Marília (1928);

3º. Primeira fase de expansão de 1935 a 1941, após o crescimento contido, a ferrovia chega aos núcleos construídos na expectativa da chegada dos trilhos. Destacam-se os núcleos de Pompeia (1935), Quintana (1940) e Tupã (1941);

4º. Segunda fase de expansão de 1949 a 1950, também marcada pela chegada dos trilhos em núcleos já formados devido à grande campanha publicitária feita pelas companhias colonizadoras para a venda de lotes rurais e urbanos (SCHERER, 1991). São deste período os núcleos de Osvaldo Cruz (1949), Inúbia (1950) e Adamantina (1950),

5º. Fase conclusiva da ferrovia em solo paulista, com a chegada ao Rio Paraná, cortando núcleos urbanos que haviam sido previamente implantados, assim como nas fases anteriores. Ressaltamos os núcleos de Flórida Paulista (1948), Dracena (1959) e Panorama (1962).

TERRITÓRIO E CIDADES 107

Estas cinco fases demonstram como a parceria estabelecida entre empresa colonizadora e companhia ferroviária, sobretudo depois de 1930, foi fundamental para o sucesso da urbanização de toda esta faixa de território, produzindo um conjunto expressivo de núcleos urbanos. E se analisarmos atentamente alguns desses núcleos iremos descortinar outras particularidades deste processo de urbanização, que podem ser observadas no traçado urbano de algumas destas cidades. A incidência de traçados urbanos diferenciados, por sua vez, deve ser melhor compreendida pelo prisma das companhias colonizadoras do que da companhia ferroviária, uma vez que eram as colonizadoras as responsáveis pela demarcação e comercialização dos lotes. A valorização dos aspectos urbanísticos – com um traçado urbano dotado de novos elementos geométricos dispostos na tradicional trama quadriculada – conferia outra impressão ao produto.

Mesmo atribuindo-se um papel de destaque para as empresas colonizadoras, o único exemplo de que dispomos de planejamento urbano por parte da Companhia Paulista se refere à cidade de Piratininga (1905), esta sim, planejada e construída pela empresa ferroviária (Figura 1). O sítio urbano se desenvolve em frente à linha da paulista e no seu desenho urbano há o predomínio da malha xadrez, rasgada por duas diagonais que irrompem na área central da cidade. Outra quebra branda na retícula é proporcionada por uma praça circular na vila de Santa Maria, situada a direita da região central. Projeto de autoria do engenheiro Adolpho Augusto Pinto (PINTO, 1970:41), o traçado de Piratininga traz em suas linhas elementos simples, mas que são suficientes para diferenciá-la das demais cidades paulistas da época.

Um segundo exemplo que gostaríamos aqui de abordar é o da cidade de Flórida Paulista (1948) (Figura 2). Fundada décadas depois de Piratininga, durante a fase final de expansão da ferrovia, constitui-se em um exemplo de cidade que pode ter sido concebida pelas empresas colonizadoras.[20] Se Piratininga trazia novos elementos, o centro radial de Flórida Paulista nos leva a crer que se pretendia construir uma trama urbana com um desenho diferenciado, o que nos leva a supor que talvez este núcleo tenha sido fruto de um projeto urbanístico mais arrojado apresentado pelas companhias de colonização. Do centro da

---

20 Fontes de pesquisa sugerem que Flórida Paulista possa ter sido um projeto saído da canadense Boston Cattle Company.

cidade, marcado por um jardim central, partem quatro avenidas diagonais que atravessam toda a trama, fechada por uma grande avenida circular.

Se Flórida Paulista e Piratininga, pela tipologia urbana, indicam que alguns dos núcleos urbanos na "Alta Paulista" foram fruto de planejamento, contudo, predominou o uso da quadrícula xadrez, como ilustra a cidade de Oriente (Figura 3), que permitia um melhor loteamento das terras. Estas e outras cidades, bem como o processo de urbanização do qual são consequência, guardam suas particularidades e merecem uma investigação mais aprofundada, que revele o papel dos agentes sociais neste processo.

Considerações finais

Mesmo estando esta pesquisa em fase inicial de desenvolvimento é possível tecermos algumas considerações sobre o processo de urbanização da "Alta Paulista". A primeira delas se refere à colonização daquela porção do território do estado de São Paulo, situada à margem esquerda do Rio Tietê, uma das últimas a serem ocupadas. A ação da companhia ferroviária, e posteriormente das empresas colonizadoras, foram orientadas pelos interesses econômicos, pautados nas excelentes oportunidades de geração de lucro que o comércio de terras proporcionava. Pode-se afirmar, desta forma, que o processo de urbanização decorreu da comercialização de terras e também para motivar a introdução da agricultura de exportação naquela vasta região, cuja produção, ao ser transportada pelos trilhos, se constituiria em fonte de renda para a empresa ferroviária.

Como decorrência consequência advinda do processo de urbanização, temos a presença dos núcleos urbanos gerados pela existência da ferrovia, da agricultura ou simplesmente lançados enquanto empreendimento imobiliário em plena boca do sertão, à espera da chegada dos trilhos. Em qualquer dos casos descritos, a partir do momento em que estes núcleos passavam a abrigar um número considerável de habitantes – independente da chegada da ferrovia – outros elos com a rede urbana já existente deveriam ser estabelecidos. Identificamos, assim, a participação de um terceiro agente social, atuante nas lacunas que não poderiam ser preenchidas pelas companhias ferroviárias e de colonização. Dessa forma, a participação deste terceiro agente social, o Estado, no processo de urbanização da "Alta Paulista" foi de fundamental importância para introduzir os novos núcleos na legalidade política, promovendo uma série de serviços e infraestrutura necessários para o desenvolvimento social: os quadros representativos do Estado (executivo, judiciário), saúde pública (centro de saúde, controle de epidemias), saneamento (redes de água e esgotos), etc.

Se quisermos compreender o processo de urbanização da "Alta Paulista" é fundamental mapearmos a atuação destes três agentes sociais e as interações ocorridas entre eles, estudos que nos fornecerão os elementos para se entender a dinâmica de ocupação daquela vasta porção do território paulista, sem dúvida, ditada pelos interesses econômicos.

Referências bibliográficas

BERNARDINI, Luis Felipe Jorge. *Cultura e cidade na trajetória do engenheiro Adolfo Augusto Pinto, 1879-1930. Fontes para uma história social da introdução do concreto em São Paulo*. 2004. Relatório final (Iniciação Científica), Faculdade de Arquitetura e Urbanismo da Universidade de São Paulo, São Paulo, 2004.

BERNARDINI, Sidney Piocchi. *Construindo infraestruturas, planejando territórios: A Secretaria de Agricultura, comércio e Obras Públicas do Governo Estadual Paulista (1892-1926)*. 2007. Tese (Doutorado) – Faculdade de Arquitetura e Urbanismo, Universidade de São Paulo, São Paulo, 2007.

CAMPOS, Cristina de. *Ferrovias e Saneamento em São Paulo*. O engenheiro Antonio Francisco de Paula Souza e a construção da rede de infraestrutura territorial e urbana paulista. 2007. Tese (Doutorado) – Faculdade de Arquitetura e Urbanismo da Universidade de São Paulo, São Paulo, 2007.

CAMPOS, Cristina de. *São Paulo pela lente da Higiene*. As propostas de Geraldo Horácio de Paula Souza para a cidade. São Carlos: Rima Editora/Fapesp, 2002.

CANDEIAS, Nelly Martins Ferreira. "Memória Histórica da Faculdade de Saúde Pública da Universidade de São Paulo – 1918-1945" In: *Revista de Saúde Pública*. São Paulo: Faculdade de Saúde Pública, nº 18, 1984.

CANO, W. *Raízes da concentração industrial em São Paulo*. São Paulo: Difel, 1977.

CHANDLER, A. D. *The visible hand*. The Managerial Revolution in American Business. Cambridge/London: The Belknap Press/Harvard University Press, 1977.

GERALDO, E. "A Companhia de Agricultura, Imigração e Colonização e o trabalhador imigrante nos anos 30" In: *II Jornada de Nacional de História do Trabalho*. 2007. Disponível em www.labhstc.ufsc.br/jornada.htm acessado em outubro de 2007.

GHIRARDELLO, N. *À beira da linha*. Formações urbanas da Noroeste paulista. São Paulo: Editora da Unesp, 2002.

GIESBRECHT, R. *Estações ferroviárias do Brasil*. Disponível em http://www.estacoesferroviarias.com.br/Acessado em abril de 2008.

GIL, I. C. *Nova Alta Paulista, 1930-2006*: entre memórias e sonhos. Do desenvolvimento contido ao projeto político de desenvolvimento regional. 2007. Tese (Doutorado) – Universidade Estadual Paulista, Presidente Prudente, 2007.

GUNN, P. O. M. *Importância histórica da fronteira cafeeira na ocupação territorial em São Paulo*. Boletim Técnico São Paulo. São Paulo, n. 8, p. 59-72, 1992.

LANNA, A. L. D. *Ferrovias, cidades e trabalhadores 1870-1920*. São Paulo. Tese (Livre Docência) – Faculdade de Arquitetura e Urbanismo, Universidade de São Paulo, São Paulo, 2002.

MONBEIG, P. *Pioneiros e fazendeiros de São Paulo*. Tradução de Ary França e Raul de Andrade e Silva. São Paulo: Editora Hucitec/Editora Polis, 1984.

MUMFORD, L. *Cidade na história: suas origens, transformações e perspectivas*. Belo Horizonte: Itatiaia, 1965.

OLIVEIRA, E. R. de.Cidades 'ponta de trilhos' – A formação de municípios no Oeste Novo Paulista (1907-1957). In: *V Seminário Memória, Ciência e Arte*. *Campinas*: Centro de Memória da Unicamp, 2007. Texto disponível em http://www.preac.unicamp.br/memoria/textos.html Acessado em outubro de 2007.

PINTO, A. A. *História da Viação Pública de São Paulo*. São Paulo: Tipografia e Papelaria de Vanorden & Cia., 1903.

_____. *Minha vida*. Memórias de um engenheiro paulista. São Paulo: Cec, 1970.

QUEIROZ, Paulo Roberto Cimo. *As curvas do trem e os meandros do poder*: o nascimento da estrada de ferro Noroeste do Brasil (1904-1908). Campo Grande: Editora UFMS, 1997.

_____ *Uma ferrovia entre dois mundos: a E.F. Noroeste do Brasil na primeira metade do século 20*. Bauru, SP; Campo Grande, MS: Edusc: Editora UFMS, 2004.

SAES, F. M. A. *Ferrovias em São Paulo 1870-1940*. São Paulo: Hucitec, 1981.

SCHERER, R. *Notas sobre a urbanização de São Paulo*: *loteamentos rurais e a Companhia Geral de Imigração e Colonização do Brasil*. Revista Sinopses. São Paulo: FAU/USP, nº15, junho de 1991.

Tokumitsu, J. Y. H. *A evolução urbana da cidade de Piratininga: geografia retrospectiva*. Bauru: Faculdade do Sagrado Coração, 1970 (Monografia de conclusão de curso)

Torreli, L. S. *A defesa do café e a política cambial: os interesses da elite paulista na Primeira República (1898-1920)*. Campinas. Dissertação (Mestrado) – Instituto de Economia, Unicamp, Campinas, 2004.

Vasconcellos, Maria da Penha C. (Org.). *Memórias da Saúde Pública*. A fotografia como testemunha. São Paulo/Rio de Janeiro: Editora Hucitec/ Abrasco, 1995.

Povoamento, ocupação de terras e tecnologias de transporte às margens do rio Paraná (1907-1957)

Eduardo Romero de Oliveira
Fernanda Henrique Aparecida da Silva

Em prol da civilização brasileira: a tecnologia

O século XIX foi marcado pelo governo de Dom Pedro II e pelo golpe contra a monarquia realizado pelos "republicanos" como afirma Schwarcz.[1] Ciência e civilização eram as palavras de ordem; incorporar a imagem de progresso e modernidade era o desafio da nascente República. O progresso era a bandeira levantada em meio ao desenvolvimento de novas instituições e da passagem da Monarquia para a República: "a república surgia como um recurso a modernidade, a racionalidade nas relações, um sinal dos novos tempos".[2] Entre

---

1   SCHWARCZ, L. M. *As barbas do Imperador*. São Paulo: Companhia das Letras, 1998.

2   SCHWARCZ, L. M. O nascimento dos museus brasileiros (1870-1910). In: MICELI, Sérgio (org). *História das ciências sociais no Brasil*. São Paulo: Vértice/Idesp, 1989 (Vol. I).

a deposição de D. Pedro II e a tomada do governo pelos republicanos, o Brasil sofre diversas transformações: abolição da escravidão, imigração em massa e construção da primeira ferrovia; símbolo de progresso.

Carvalho mostra-nos que a batalha simbólica travada buscou a legitimação da ideologia das elites; essa elite via no progresso científico e tecnológico a ponte para a civilização, e tinha como expoentes a França, que passaria a ser conhecida como a cidade da luz, e a Inglaterra. É o período das várias invenções: pilha, locomotiva, telégrafo, o navio e as ferrovias. Os grandes símbolos do momento eram a luz e a velocidade.[3] Segundo Sevcenko, "a raiz dessa dinâmica expansionista pode ser vinculada à Revolução Industrial de meados do século que se baseou em três elementos básicos: o ferro, o carvão e a máquina a vapor".[4] A sociedade imperial era agraciada neste ponto, uma vez que D. Pedro II era entusiasta do desenvolvimento, curioso declarado por novos inventos, inaugurou o primeiro telégrafo e a primeira estrada de ferro.

Durante o Império, foram criadas instituições que sintetizam medidas para a formação de profissionais capacitados para pesquisa e estudo científicos. Em 1886, foi criada a Comissão Geográfica e Geológica, destacando-se como produtos de sua atuação a realização de cartas geológicas, geográficas e topográficas do estado e os primeiros levantamentos de nossa fauna e flora. A Comissão propunha uma visão integrada da natureza, através de geologia, geografia, botânica, zoologia, climatologia, etnografia, com vistas à formação de um conjunto de dados que possibilitassem uma série de empreendimentos.[5] Essa primeira proposta de atuação durou até meados de 1904. Em 1905, as atenções se voltaram para a exploração dos recursos naturais, com vistas a acompanhar o desenvolvimento do capitalismo.

---

3   Costa, A. M.; Schwarcz, L. M. *No tempo das certezas*. São Paulo: Companhia das Letras, 2000.

4   Sevcenko, N. (org*). História da vida privada no Brasil*. São Paulo: Companhia das Letras, 1998. Vol. 3.

5   Figuerôa, Silvia. *As ciências geológicas no Brasil* (1875-1935). São Paulo: Hucitec, 1997.

Em 1894, foi formado o Instituto Histórico e Geográfico de São Paulo, com os mesmos propósitos do Instituto Histórico e Geográfico Brasileiro – que por sua vez era nos moldes do *Institut Historique* (de 1834). Pesquisas eram neles realizadas e materiais de interesse da história e de geografia, arquivados. Em comum com IHGSP, havia segundo Ferreira, "a tarefa de produzir e difundir o conhecimento histórico e científico, concebendo-o como uma marcha linear em direção ao progresso. (...) os políticos e burocratas em vários escalões procuravam ingressar na agremiação para obter a consagração intelectual".[6] Ainda segundo Ferreira, diferentemente do que acontecia na Europa onde a seleção era feita por critérios de conhecimento dos seus membros, no Brasil se fazia através dos contatos, das relações sociais. Em 1894, é criada também a Escola Politécnica de São Paulo, que formou grandes nomes da engenharia.

Como exposto por Ianni, crescem os núcleos intelectuais e políticos preocupados com a tradição e a modernidade, procurando explicar o presente, exorcizar o passado e imaginar o futuro.[7] Hardman, ao abordar o espetáculo moderno em meados do século XIX ilustra os impactos que as novas invenções do período causavam no cotidiano das populações, a exemplo da ferrovia.[8] Em sua obra, alguns dos principais expoentes da construção ferroviária naquele século são lembrados pela função, ressaltada pelo autor, a que se propunha a engenharia e os profissionais da área, como André Rebouças. Conectar-se com a nova paisagem do cosmopolitismo, segundo o autor, era o desafio lançado aos técnicos, engenheiros e outros empreendedores ativos das classes dominantes brasileiras na segunda metade do século XIX. Os engenheiros, muitas vezes formados em instituições internacionais, como a Escola Politécnica Francesa, são entusiastas do desenvolvimento industrial e científico europeu. Partiu, inclusive, do Clube de Engenharia do Rio de Janeiro, o impulso para a ligação dos estados de São Paulo e Mato Grosso. Os jornais da época retratam o quadro político. Não somente políticos, mas também empresários e fazendeiros, faziam questão através da imprensa de afirmar a construção da ferrovia como marco

---

6   Ferreira, A. C. *A epopeia bandeirante (1870-1940)*. São Paulo: Unesp, 2002.

7   Ianni, O. *A ideia de Brasil moderno*. São Paulo: Brasiliense, 1996.

8   Hardman, F.F. *Trem fantasma*. São Paulo: Companhia das letras, 1988.

fundamental para fomentar o desenvolvimento da região. Ao longo do século XIX, o desejo de transformar a sociedade através da crença difusa no progresso que transparece nas reportagens. Construir uma nação, superar a imagem e a memória do Império era a tarefa dos republicanos, além de incorporar a imagem de progresso e civilização.[9] Foi nesse contexto científico e tecnológico que se deu a construção de muitas ferrovias paulistas, como a Companhia Paulista de Navegação Fluvial e Estradas de Ferro, a Estrada de Ferro Sorocabana ou a Estrada de Ferro Noroeste do Brasil (N.O.B.).

A expansão das linhas férreas paulistas

As grandes ferrovias em São Paulo nascem sob comando da iniciativa privada e desenvolvem seu traçado durante a República Velha. Através da análise de como essa expansão das linhas férreas foi feita, verificamos a forte presença das oligarquias que fizeram da política de valorização do café uma forma de governar. Não é difícil perceber pontos de aproximação entre a elite cafeeira daquele período e o aparelho estatal. Nesse jogo de interesses, a malha ferroviária paulista foi se compondo e contribuiu para a implantação do sistema de produção agro-exportador no século XIX com a expansão para o Oeste. Apesar de sua formação enquanto empresa, construção e implantação passar por concessão estatal, a expansão das linhas das companhias atende basicamente às necessidades dessa elite empresarial que se torna hegemônica no aparelho do estado até 1930. Desse modo, o crescimento e a implantação das ferrovias em São Paulo se dão enquanto os interesses da agricultura de exportação predominam.

Através do livro de Saes,[10] verificamos que os representantes da zona de produção cafeeira são enfáticos ao exigirem a aproximação da linha férrea, já que esta diminuiria os custos para o transporte dos produtos. De 1867 a 1930, dezoito ferrovias são formadas para atender ao transporte de café. As companhias férreas Companhia Paulista (1872), E.F. Mogiana (1875), E.F. Ituana

---

9 CARVALHO, J. M. *A formação das almas: O imaginário da República no Brasil.* São Paulo: Companhia das Letras, 1990.

10 SAES, F.A.M. *As ferrovias de São Paulo (1870-1940).* São Paulo: Hucitec, 1981.

(1873), E.F. Sorocabana (1893), E.F. Araraquararense (1898) e a Noroeste do Brasil (1904), com seus trilhos serão as compositoras dos caminhos que vão muitas vezes colonizar regiões desconhecidas, como é o caso da Noroeste. As ferrovias Mogiana e Sorocabana acabaram por se integrar a regiões produtoras de outros estados, Minas Gerais e Paraná. Lembramos também que a Ituana, funde-se com a Sorocabana em 1893 e, ainda de acordo com Saes, a Paulista, Mogiana e Sorocabana seriam relevantes pela posição estratégica: pontos de ligação do interior com o litoral.

Segundo Mattos,[11] em 1836, o grande centro de produção cafeeira era o Vale do Paraíba, porém tal situação se modifica com o passar dos anos e o Centro-Oeste assume progressivamente a liderança econômica que se afirma expressivamente com os movimentos de colonização, imigração e a era ferroviária. Ainda nas palavras do autor, por falta de um plano viário, o desenvolvimento ferroviário paulista operou-se na medida e na conveniência das localidades imediatamente interessadas e na proporção de seus meios de ação. Os laços entre a cafeicultura paulista e o projeto republicano manifestaram-se desde 1873, na Convenção de Itu, que lançou as bases do Partido Republicano Paulista, representante das elites paulistas. A eleição de Prudente de Morais em 1894 consolida estes laços. Mesmo assim, foi notável a colonização do interior de São Paulo, bem como nas outras regiões já "desenvolvidas".

O comércio triplica, assim como a população com a imigração e a produção cafeeira. Durante a colonização de São Paulo, a construção da imagem das cidades do interior estava associada a ideias e hábitos europeus. Cada vez mais os fazendeiros e suas famílias iam morar na capital, onde estavam a sede do governo, as instituições de ensino, os principais órgãos de imprensa e para onde convergiam os sistemas de transporte.[12]

Assim como na província de São Paulo, desde o início do século XIX, e em particular, após 1850, em decorrência da Lei de Terras, houvera uma

---

11   MATOS, Odilon Nogueira. *Café e Ferrovias. A evolução Ferroviária de São Paulo e o Desenvolvimento da cultura Cafeeira*. 4º ed. Campinas: Pontes, 1990.

12   Vide *Terra paulista: História, artes, costumes*. A formação do Estado de São Paulo, seus habitantes e usos da terra. Imprensa Oficial: São Paulo: 2004.

ocupação rural no Mato Grosso e, em particular, na região da atual cidade de Três Lagoas. Terras devolutas foram apossadas e devido à dificuldade de acesso e transporte, bem como em função da topografia plana, ausência de florestas e fartura de água, optou-se pela criação de gado. Verificamos que ao longo da história das ferrovias brasileiras, poucas linhas serão as de cunho estratégico, com fins no povoamento e proteção territorial. De maneira geral, elas serão construídas com objetivos econômicos. No caso do estado do Mato Grosso, a Guerra do Paraguai traz como consequência a elaboração de planos de viação para regiões isoladas, como estratégia de defesa do território brasileiro. Todos os problemas advindos da falta de comunicação terrestre durante essa guerra, como a dificuldade no transporte de armamentos, entre outros, causou reações perante o público e a ligação da corte com regiões do Oeste passou a ser debatida.

A ideia da conquista territorial atrelava-se à visão da população como instrumento para conquista e consolidação do espaço.[13] Problemas com a presença argentina na navegação fluvial do Mato Grosso, bem como empresas argentinas instaladas no Sul do estado, preocupavam cada vez mais o governo. A partir do momento em que as plantações de café tomaram rumo ao oeste paulista, gradativamente ia se tornando imperioso conhecer e, principalmente, propiciar a ocupação de regiões até então relegadas ao desconhecimento.[14] Nesse momento, Três Lagoas era uma promessa em termos de localização a beira da divisa de São Paulo e do Rio Paraná, e ponto de passagem obrigatório para o oeste do estado. A proximidade com o estado de São Paulo trazia a essa região uma nova esperança econômica em função das lavouras de café. A cidade figurava, portanto, com amplas possibilidades de crescimento, e para tanto era necessário um projeto especial, com vistas a um futuro grandioso.

---

13   Cf. QUEIROZ, P. R. C. *Uma ferrovia entre dois mundos: a E. F Noroeste do Brasil na primeira metade do século XX*. Edusc: Bauru, 2004. p. 112.

14   CASTRO, M.I.M. *O preço do progresso. A construção da estrada de ferro Noroeste do Brasil (1905-1914)*. Dissertação de Mestrado apresentada ao Departamento de História do Instituto de Filosofia e Ciências Humanas da Universidade Estadual de Campinas. Abril de 1993.

TERRITÓRIO E CIDADES 119

Mesmo durante o Império muitos planos de viação que previam os traçados dos trilhos foram lançados, com expectativas animadoras. Neles, explicitava-se o desejo de dinamizar a economia regional e o mercado-brasileiro e (ou) internacional. Na elaboração de tais projetos estavam contidas longas análises da vida econômica, social e cultural da região, nas quais eram ressaltadas as causas da estagnação.[15] Emílio Schnoor destacava, por exemplo, o potencial hidrelétrico das quedas Itapura e Urubupungá, junto às quais passaria a ferrovia. Schnoor foi o chefe da expedição de reconhecimento da região. Com a Proclamação da República formulou-se um plano inovador em relação aos anteriores, que ficou conhecido como "Plano da Comissão". Dentre os aspectos do plano que merecem destaque estava o forte sentido estratégico, induzindo a ocupação econômica e colonização às fronteiras com Uruguai, Paraguai, Argentina e Bolívia, prevendo, inclusive, a continuidade desses troncos em direção ao Pacífico.[16]

Ainda segundo Ghirardello, embora esse plano não tenha sido viabilizado, influenciou o governo a baixar o decreto n. 862, em 16 de outubro de 1890 que oferecia a concessão de privilégio de zona ao Banco União do Estado de São Paulo. Tal concessão e as alterações posteriores resultariam no traçado da Companhia Estrada de Ferro Noroeste do Brasil. Em meio aos muitos planos e disputas entre os grupos, foi proposto ao Clube de Engenharia do Rio de Janeiro que elaborasse um parecer sobre qual seria a melhor solução para a estrada que sairia de São Paulo dirigindo-se para o Mato Grosso. O Banco União, que possuía a concessão inicial organiza a Companhia de Estradas de Ferro Noroeste do Brasil. O trajeto que em um primeiro momento fora definido de Uberaba à Coxim, é alterado no final das discussões e passa a ser de Bauru à Cuiabá. Na parte paulista da ferrovia, as obras seriam feitas pela Companhia Estrada de Ferro Noroeste do Brasil e no Mato Grosso, pela Itapura à Corumba. A ligação com Corumbá será feita anos depois, de inicio a construção acaba em Porto Esperança. E a obra nos dois estados fica a cargo da N.O.B. a partir de 1917.

---

15   Castro, *op. cit.*, 1993.

16   Ghirardello, Nilson. *À beira da linha: formações urbanas da Noroeste paulista.* Bauru: Unesp, 2001.

Segundo Cattanio, a travessia do rio Paraná que deveria fazer-se entre o salto do Urubupungá e o porto Tabuado é feita abaixo do salto do Urubupungá, na corredeira de Jupiá, onde o canal é mais estreito. Três Lagoas, que não estava no trajeto inicial, é, nas palavras da autora, "consequência dessa medida exterior".[17] Na obra de Queiroz,[18] verificamos importantes relatos de presidentes da província, engenheiros e autores que olhavam a construção da ferrovia como a propulsora do desenvolvimento na região sul do Mato Grosso, sempre enaltecendo a chegada do progresso e o grande desenvolvimento da economia nessas regiões. Corrêa das Neves está entre as figuras que discursaram acerca dos benefícios da ferrovia, e o sertão de Mato Grosso "como tocado por varinha de fada, o sertão começou a vibrar e florescer, articulado com núcleos civilizados cujos anseios de progresso acompanhou".[19]

Por volta de 1912, foram doados 3.659 hectares pelo Estado, para a constituição do patrimônio da povoação. Ruas e avenidas foram traçadas obedecendo a um plano xadrez. O município de Três Lagoas era composto por distritos, e a ferrovia propiciou o desenvolvimento da região, com um grande desenvolvimento populacional. Com a finalização da ponte sobre o rio Paraná, Três Lagoas antes movimentada e animada passa por um período de estagnação. A inauguração da ponte Francisco de Sá tirou-lhe importante função: de servir de pousada para as composições de passageiros, resultando na diminuição da importância regional. Alguns distritos são perdidos.

O objetivo primeiro da implantação das ferrovias no Brasil foi agilizar os transportes, devido ao crescente desenvolvimento da cafeicultura, como explicita Saes.[20] Porém, além de propiciar a comunicação entre as várias regiões do país através de um emaranhado de linhas, a importância das ferrovias não se restringiu às trocas comerciais e econômicas, a ferrovia também possui para

---

17 CATTANIO, M. B. *A dinâmica urbana e a estruturação espacial de Três Lagoas*. Dissertação de Mestrado. Bauru, 1976.

18 QUEIROZ, *op. cit.*, 2004.

19 NEVES, C. *História da Estrada de Ferro Noroeste do Brasil*. Bauru: tip. Brasil, 1958

20 SAES, *op. cit.*, 1981.

TERRITÓRIO E CIDADES   121

o período, papel socializante.[21] A imprensa se desenvolve e os jornais passam a ter uma função social ainda maior. Era o início da era das comunicações, já que quase todo o território ao final do período ferroviário (1974) se encontrava recortado e integrado.[22] É na propagação das ideias, na mescla de culturas e no estabelecimento de uma memória que o trem se faz de valor. Castro, afirma que todas as ferrovias que ao longo de quase meio século de Império conduziram o progresso ao interior do país, tinham no apito do trem o sinal da chegada das riquezas que o trem trazia.[23]

Com a chegada dos trilhos, muitas cidades são criadas e as já existentes são modificadas e valorizadas. Pode-se afirmar que o trem marcou a fisionomia urbana e desenvolveu regiões, estimulando-se a implantação crescente dos trilhos, através do interesse dos fazendeiros e do governo que via nas ferrovias a primeira representante do progresso, como no seguinte trecho "(…) quando o vasto território do Brasil estiver bem cortado de estradas de ferro, há de forçosamente entrar a civilização por aí, e então haverá quem leia, compreenda a liberdade e a queira sinceramente praticada".[24] Como afirma Reis Filho, os grandes proprietários do período afirmavam-se como agentes da "civilização" nos trópicos.[25] Essa camada irá promover, em maior grau, a urbanização bem como uma arquitetura tipicamente urbana. Segundo o mesmo autor, a arquitetura brasileira sofreu modificações advindas das transformações socioeconômicas e tecnológicas ocorridas então na vida do país.

---

21   TOLEDO, V. V. BRANCATELLI, H. L. LOPES, H. *A riqueza nos trilhos: história das ferrovias no Brasil*. São Paulo: Moderna, 1988.

22   A data de 1940 é a escolhida como marco do fim da era das ferrovias por grande parte dos autores, como Mattos, Saes, Azevedo, Castro e Vilhena como marco do surgimento em massa das rodovias.

23   CASTRO, B. *Na trilha das ferrovias*. Rio de Janeiro: Reler, 2005.

24   *A Província de São Paulo*. 8 de Janeiro de 1877. Vide também MATOS, Odilon Nogueira. *Café e Ferrovias. A evolução Ferroviária de São Paulo e o Desenvolvimento da cultura Cafeeira*. 4 º ed. Campinas: Pontes, 1990.

25   REIS FILHO, N. G. *Quadro da arquitetura no Brasil*. São Paulo: Perspectiva, 1970.

Os edifícios ferroviários tiveram grande importância no desenvolvimento da tecnologia da construção no Brasil; não somente as edificações construídas para as estações de ferro, mas também para os pavilhões de Exposições, que vão ser frequentes nesse período. Com eles o país entrou em contato com técnicas construtivas inovadoras, surgidas na Europa e nos Estados Unidos durante o século XIX e inicio do século XX, inclusive o interior e não somente no Rio de Janeiro. As inovações nessas construções ocorreram paralelamente às mudanças na fabricação do ferro. Entre meados do século XIX e início do século XX, são construídos os primeiros edifícios empregando o ferro, com a característica peculiar de serem, na grande maioria, urbanos. O ferro nesse período era visto como material nobre. Novos padrões de áreas urbanas trouxeram novos modelos de arquitetura, ou seja, novos padrões estéticos, programáticos e adaptados com determinados materiais à modernidade que se defendia por todo o mundo ocidental e que se encaixava nos anseios da burguesia, ciosa dos modelos europeus.

Com o início da era ferroviária, as cidades passaram a se desenvolver e perdem a característica de povoados rurais, já que os trilhos possibilitam a comunicação entre as várias regiões do país. Através da mudança da relação tempo x distância, vários aspectos da sociedade vão se modificar, inclusive no tangente à urbanização e à arquitetura, uma vez que se torna possível o deslocamento de todos os tipos de materiais para todas as áreas. Não somente as peças, mas muitas vezes edifícios inteiros, eram importados. As cidades formadas guardarão importantes características próprias, com relação aos traçados urbanos.

Seja por motivação econômica ou estratégica, a ferrovia desempenhou uma função principal nas alterações rurais e urbanas na ocupação do interior paulista. Mas também ocorreram transformações de ordem social, como exporemos a seguir.

O povoamento e a formação de municípios ribeirinhos

A Comissão Geográfica e Geológica de São Paulo, ligada à Secretaria Estadual da Agricultura, buscou reunir todo um conjunto de dados que viabilizassem a implementação de uma série de empreendimentos, fosse na área agrícola, na ocupação das terras ou estabelecimento de uma rede viária (inclusive de

TERRITÓRIO E CIDADES 123

navegabilidade, conforme atesta a expedição à bacia do Rio Paranapanema).[26] É a partir desta data que se inicia um povoamento efetivo e intenso da região estudada, até então nomeada nos mapas como "sertão desconhecido".[27]

Desde os trabalhos de Taunay, Sérgio Milliet e Monbeig, estuda-se a ocupação do Oeste Paulista como diretamente associada à expansão da cultura do café para a Alta Paulista: o café estimulou a expansão ferroviária (trilhos da Alta Sorocabana e Alta Paulista) e que permitiu a fundação dos municípios na região.[28] Trabalhos como o de Odilon Nogueira de Matos aprofundaram a história da ferrovia paulista (e seu avanço para o oeste), mas sempre em função desta dependência com a cultura cafeeira.[29] Esta mesma compreensão reproduz-se nos estudos mais recentes – tanto no estudo de Argolo, sobre a arquitetura industrial cafeeira, quanto de Ghirardello, ao estudar a relação entre a expansão ferroviária e a formação das cidades do oeste paulista.[30]

Ainda que esta linha explicativa pelo binômio econômico café/ferrovias se mantenha válida em relação a algumas cidades do velho oeste paulista (Jundiaí, Campinas, Rio Claro, Itu), entendemos que ela deva ser mais bem matizada para outros. Vimos que no caso de Três Lagoas, além deste componente econômico, havia também o estratégico.[31] Ressalvamos que este argumento será também

---

26 Figuerôa, *op. cit.*

27 Cabe ressaltar que grupos indígenas já habitavam a região até meados do século (como os guaranis-caiuás e xavantes), mas foram migrando ou sendo dizimados neste intenso processo de povoamento – e os remanescentes acabaram sendo realocados para reservar indígenas no Mato Grosso do Sul.

28 Taunay, A. d'E. *A propagação da cultura cafeeira*. Rio de Janeiro: Departamento Nacional do Café, 1934. Milliet, S. *Roteiro do café e outros ensaios*. São Paulo: Hucitec, 1982 [1ª ed. de 1937]. Monbeig, Pierre. *Pioneiros e fazendeiros de São Paulo*. São Paulo: Hucitec, 1984 [1ª ed. de 1949].

29 Matos, Odilon Nogueira de. *Café e ferrovia: a evolução ferroviária de São Paulo e o desenvolvimento da cultura cafeeira*. São Paulo: Alfa-ômega, 1974. p. 93-100.

30 Argolo, André. *Arquitetura do café*. Campinas: Ed. da Unicamp/São Paulo: Imprensa Oficial, 2004. Ghirardello, *op. cit.*

31 Cf. Queiroz, 2004 e Ghirardello, 2001.

alegado em 1883 a propósito do plano de prolongamento da E.F. Sorocabana no Vale do Paranapanema, em direção ao rio Paraná: "para pôr-nos em comunicação interna e discreta com as fronteiras das repúblicas cisplatinas".[32] Na década de 1950, a ocupação da região do Pontal do Paranapanema pela expansão da empresa férrea Sorocabana num ramal para Dourados (MS), foi igualmente justificada tanto por motivos econômicos quanto para ocupação de espaços de fronteira.[33] A expansão das linhas férreas é assim entendida como uma das principais causas do deslocamento das pessoas para o Oeste Paulista: seja para trabalhar na expansão da linha férrea ou porque direcionou o loteamento de terras para o trabalho agrícola. Segue-se a antiga lógica do controle político-estratégico do território através da ocupação das terras e povoamento, agora recorrendo à abertura de vias férreas de comunicação.

Ressalve-se ainda que, se a produção agrícola foi um dos componentes deste processo, não foi exclusivamente por conta do cultivo do café. Assim como na província de São Paulo, desde o início do século XIX, e em particular, após 1850, em decorrência da Lei de Terras, houvera uma ocupação rural no Mato Grosso – já era o caso no sul do estado, na região de Vacaria, e depois em Três Lagoas.[34] Terras devolutas foram apossadas e devido à dificuldade de acesso e transporte, bem como em função da topografia plana, ausência de florestas e fartura de água, optou-se pela criação de gado. Um pouco em função disso, a ocupação humana às margens do alto Rio Paraná no início do século XX aparece associada também à criação de vias de comunicação para transporte

---

32   Relatório do Engenheiro Fiscal da Província, Nicolao Raiz das P. França. Estrada de Ferro Sorocabana, 1883, fl. 12. Arquivo Público do Estado de São Paulo. Caixa 1, Ordem 5652.

33   Leite, José Ferrari. *A ocupação do Pontal do Paranapanema*. São Paulo: Unesp, 1998. p. 95-97. Leite, José F.; Salgado, Fernando C. F.; Alegre, Marcos. No Pontal do Paranapanema. *Boletim do Departamento de Geografia (FCT)*. Presidente Prudente, nº 3, 1970, p. 10-13.

34   Martin, Jesus Hernandez. *A história de Três Lagoas*. Bauru, Ed. do Autor, 2000.

de gado entre o sul do Mato Grosso e o litoral de São Paulo e Rio de Janeiro.[35] Para tanto, construiu-se, em 1909, uma via de transporte de gado que partia de Vacaria, atravessando o Rio Paraná em balsa, entre o Porto XV (margem matogrossense) e Porto Tibiriçá (margem paulista), seguindo em direção a Conceição de Monte Alegre, na região de Campos Novos Paulista – que era até então a ponta de trilhos da Estrada de Ferro Sorocabana. Nesse processo, temos a formação de uma estrada boiadeira, portos fluviais para transporte do gado ou coleta de lenha consumida nos navios a vapor, além dos pontos de pousada do gado e entreposto comercial – com consequente surgimento de cidades nesta rota, como Indiana e Nova Independência.[36] Com a progressiva ocupação das margens do rio, na primeira metade do século XX, associada à criação do gado e à atividade extrativista, criaram-se dezenas de portos por toda a extensão do alto rio Paraná, nas duas margens do rio. Com implicações não apenas sociais, aqui consideradas, como também econômicas.[37]

Esta atuação da Companhia Viação São Paulo – Mato Grosso é um exemplo de colonização e povoamento do que ocorre na alta Sorocabana, nos anos 1920 e 1930. A criação da Companhia de Viação por Jorge Tibiriçá e Arthur Diederichsen (grande cafeicultor da região de Ribeirão Preto), havia se dado justamente a partir de concessões estaduais de São Paulo e Mato Grosso recebidas para a abertura de estradas de rodagem entre os dois estados e navegação no rio Paraná.[38] Por conta destas benfeitorias, a empresa poderia atuar no

35 WHITAKER, Francisco. *Recordações*. Manuscrito, 1934. p. 9. CRUZ, Wilson. *Porto Epitácio*. Manuscrito. 2002. GODOY, Benedito de. *História de Presidente Epitácio*. Presidente Epitácio: [s.e.], 2002. p. 21 e 25. ABREU, Dióres Santos. *Formação histórica de uma cidade paulista: Presidente Prudente*. São Paulo; FFLCH/USP, 1972. p. 29.

36 *Histórico do Município de Nova Independência*. Fotocópia de livro, de referência não identificada. p. 7-9.

37 QUEIROZ, Paulo R. C. *A navegação na Bacia do Paraná e a integração do antigo sul de Mato Grosso ao mercado nacional*. In: Anais do V Congresso Brasileiro de História Econômica, Caxambu (MG). Disponível: http://www.abphe.org.br/congresso2003/textos.html Acesso em: 10/10/2006.

38 Concessão a Francisco Tibiriçá Lei do Estado de Mato Grosso nº 369, de 19/03/1903; Contrato de 15/04/1903; Leis do Estado de São Paulo nº 754, de

transbordo de gado pelo rio Paraná, cobrando pela passagem; além de taxas sobre o transporte de mercadorias e comércio.[39] A estrada chegará ás margens do rio Paraná, na altura da jusante do rio Pardo; enquanto a paulista, de frente deste. Do lado matogrossense, constituiu-se Porto XV de Novembro e do lado paulista, Porto Tibiriçá. As concessões davam também direito a receber 184 mil hectares de terras devolutas. Com a criação da Companhia, os acionistas transferiram também equipamento de navegação e imóveis – como parte da Fazenda Laranja Doce para o local denominado "Indiana". Recebeu também terras, além de locar terras às margens do rio para engorda do gado. Esta atividade foi ampliada nos anos 1920, com a concessão de terras devolutas às margens do rio Paraná.

Estas terras de 72 mil hectares formaram a Fazenda Caiuá-Veado. Em 1921, encerrou-se uma disputa jurídica pela posse daquela Fazenda entre grupos de fazendeiros, que já alegavam a posse de grandes lotes de terras na região do Pontal do Paranapanema desde o século anterior, como a Fazenda Boa Esperança do Iguapeí e a Pirapó-Santo Inácio.[40] Estavam em disputa a Companhia Agrária Paulista, de Antonio Teixeira Duarte; a Companhia de Fazendeiros Paulista, de herdeiros de Manoel Pereira Goulart (para quem a gleba era derivada da Pirapó-Santo Inácio, recebida em permuta de terras); Henri Aureaux e Olyntho José Garcia (que alegava aquelas terras serem parte da fazenda Boa Esperança, por eles adquirida); e a Companhia Viação (devido às benfeitorias realizadas).[41] A posse da Fazenda Caiuá-Veado era alegada

---

14/11/1900, n° 913A de 26/07/1904, Contrato de 6/09/1904; Concessão do Estado de Mato Grosso a Manoel da Costa Lima pela Lei n° 345, de 16/04/1904 e contrato de 24/08/1902, depois adquirida pela firma Tibiriçá e Diederichsen.

39   *Livro de Atas da Assembleia dos Acionistas.* Assembleia de 4/06/1908. fl. 2 – 4verso. Acervo da Prefeitura de Indiana.

40   Cf. LEITE, *op. cit.*, 1999, p. 38-41.

41   Cf. SÃO PAULO. Tribunal da Comarca de Faxina. *Memorial e Sentença dos Autos da Discriminação das Terras Devolutas dos Ribeirões Caiuá e Veado.* Juiz Alcides Ferrari. Faxina, 10 de outubro de 1922. Tribunal da Comarca de Faxina. Cópia da Procuradoria do Patrimônio Imobiliário, Fl. 37. In: BRASIL. *Relatório*

por cada um conforme se indicava a divisa de uma ou outra fazenda de sua posse. As escrituras de registro, contratos de compra e demarcação apresentados pelos quatro primeiros foram reconhecidos com erros na comprovação de titularidade, portanto juridicamente nulos. E mesmo a alegação de posse pela Companhia foi questionada, pois esta só usufrui das terras por contrato do Estado de 1904. Por fim, o Juiz Alcides Ferrari, da comarca de Faxina, julga as terras como devolutas e de posse legítima da Fazenda do Estado.

Mapa 1 – Croqui mostrando acordo de concessões de terras (Fazenda Caiuá-Veado) entre o governo paulista e a Companhia Viação São Paulo-Mato Grosso, 1930. Acervo da Prefeitura Municipal de Presidente Epitácio.

Em 1923, estas terras da Fazenda, num total de 72 mil hectares, são finalmente cedidas à Companhia Viação São Paulo – Mato Grosso pelo Estado, por despacho da Secretaria da Agricultura. Tratava-se da realização do contrato de 1900, pela qual a Companhia receberia terras devolutas e contrapartida da abertura de estradas de rodagem e autorização de navegação fluvial. A

---

da Rede Ferroviária Federal S.A. – ERSP (em liquidação). Relatório Interno de 25/09/2002.

concessão atual recebida fazia da Companhia responsável por erguer o povoado de – Epitácio Pessoa – (atual município de Presidente Epitácio) ao lado da estação de ferro, conforme planta urbana anexa à escritura.[42] Além de reservar a área para a povoação, deveria realizar obras de captação de água que atendessem ao novo povoado e às estações férreas existentes na área cedida. A concessão exigia também que a empresa fizesse a colonização de metade das terras (36 mil hectares) em 10 anos.

No ano anterior, havia sido construída e inaugurada a linha férrea da E. F. Sorocabana até a estação férrea, com desvio até o porto, às margens do rio Paraná. A instalação desta estação não apenas indicava ampliação do transporte de gado vaccum e madeira que vinha do Mato Grosso, como também se previa o aumento no transporte de mercadorias: "pois as praças do sul de Mato Grosso, do Paraná e do Paraguai, por intermédio da navegação fluvial, virão buscar os produtos manufaturados da indústria paulista e o agrícolas que lhe faltam".[43] A instalação da linha férrea até aquele ponto exigia uma povoação, com serviço de água potável e uma planta urbana "salubre". Esta planta foi realizada pela E. F. Sorocabana e entregue ao Estado, "satisfazendo os requisitos para o bem estar de sua futura população".[44] A demarcação das terras, a planta e realização de abastecimento de maior porte foram repassados à Companhia Viação, pela concessão de 1923. Fez-se um desvio até a área do porto, em direção aos armazéns da Companhia, para o transbordo da carga aos vapores. Estabelecer-se-ia assim um "intercâmbio comercial" entre o transporte férreo e navegação fluvial: a Companhia Viação levando mercadorias e cargas pelo transporte fluvial, e trazendo gado para o transporte férreo. A concessão foi, portanto, um acordo formal desta com a E. F. Sorocabana,

---

42 Cf. SÃO PAULO. 2º Tabelião de Notas. *Escritura de Concessão de Terras Devolutas*. São Paulo, 24 de maio de 1923. Referente às terras da Fazenda Caiuá-Veado. Transcrição do 2º Tabelião de Notas, Fl. 3. In: BRASIL. *Relatório da Rede Ferroviária Federal S.A.* – ERSP (em liquidação). Relatório Interno de 25/09/2002.

43 *Relatório da E. F. Sorocabana referente ao ano de 1922*. São Paulo: Casa Vanourden, 1923. p. 140.

44 *Idem*, p. 13.

pois a Companhia atuaria comercialmente no porto da Sorocabana e ficaria responsável pela implantação da infraestrutura urbana. Houve, portanto, uma integração entre as atividades das duas companhias.

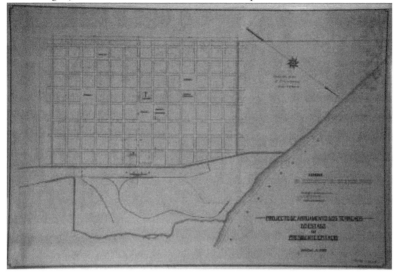

Planta 1 – Projeto de arruamentos dos terrenos do estado em Presidente Epitácio, 1922. Acervo da RRFSA.

Aqui outro aspecto particular da Companhia Viação: além de atuar no transporte fluvial da região; inicia também o loteamento – como o fará a Cia. Paulista com a criação da Companhia de Agricultura, Imigração de Colonização (CAIC). Outros grandes lotes foram adquiridos pela Companhia de Viação, nos anos 1930, tanto na margem paulista, quanto na matogrossense, a fim de formarem colônias. De 1927 a 1940, quando estiver sob o controle majoritário do acionista alemão Enrique Sloman,[45] a Companhia Viação vai abrir novas áreas para entreposto de gado, cultivo do café, além de comercializar terras para a colonização de imigrantes alemães.

---

45   Cf. *Ata dos acionistas da Companhia Viação São Paulo – Mato Grosso,* fl. 17. Acervo da Prefeitura de Indiana.

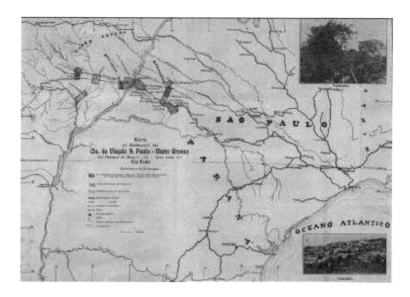

Mapa 2 – Carta de loteamentos da Cia. da Viação São Paulo-Matto Grosso, 193?. Acervo da Prefeitura Municipal de Presidente Epitácio.

Este comércio e colonização de terras para imigrantes não é isolado na região. Ao contrário, articula-se a um movimento imigratório já existente para o centro do estado, que se desloca em direção aos loteamentos no extremo oeste. Toda a ocupação da região ribeirinha (principalmente a margem paulista do rio Paraná) é marcada por correntes migratórias de população de diversas origens europeias e asiáticas, nas décadas de 1920 e 30.[46] Além de portugueses, o novo oeste paulista recebeu principalmente imigrantes alemães e japoneses, a partir dos anos 1930. Conforme constatou Chiyoko Mita e outros pesquisadores,[47] houve um processo de deslocamento das primeiras colônias

---

46 Cf. BASSANEZI, Maria Silvia et al. *Atlas da imigração internacional em São Paulo (1850-1950)*. São Paulo: Unesp, 2008. p. 52-67.

47 MITA, Chiyoko. *Bastos: uma comunidade étnica japonesa no Brasil*. São Paulo: Humanitas, 1999. NOGUEIRA, Arlinda R. *A imigração japonesa para a lavoura cafeeira paulista (1908-1922)*. São Paulo; IEB/USP, 1973. VIEIRA, Francisca Isabel

do oeste paulista para centro do estado e novo oeste paulista – confirmado por entrevistas, fotos e objetos identificados em pesquisa anterior.[48] Desde os anos 1920, tchecos e alemães participavam da construção de infraestrutura de navegação no rio Paraná (do planejamento de vila portuária à construção de barco).[49] Também daquele período há a vinda de imigrantes húngaros para o município de Presidente Epitácio, chegando a aglutinar 150 famílias desta procedência na colônia Arpad – que no total excedia a 300 famílias de origem europeia.[50] Há também a formação de colônias japonesas em Ouro Verde, com centenas de famílias, num processo de deslocamento do centro do estado para o oeste paulista – japoneses natos e seus filhos.[51]

De outro lado, há alguns estudos e documentação que informam sobre deslocamento de uma população originária do nordeste brasileiro (cearenses e baianos), que vêm para a região de Alta Sorocabana a partir dos anos 1940 para o trabalho agrícola. Novamente, confirmados tanto por censos demográficos do mesmo período,[52] estudos de José Leite e Odilon Matos,[53] quanto em depoimentos orais de antigos moradores de Teodoro Sampaio e Presidente Epitácio.[54] Há

Schurig. *O Japonês na frente de expansão paulista o processo de absorção do japonês em Marília.* São Paulo: Pioneira/Edusp, 1973.

48   OLIVEIRA, Eduardo R. Histórias de vida às margens do rio Paraná. *Revista de História Regional.* Vol. 13, p. 191-220, 2008.

49   SILVA, Evandro A. T; ARAMBASIC, Dolores L. B. *Passos thecos em Terras Brasileiras.* Bataypora: Oficina Cultural Tcheca e Eslovaca do Brasil, 2003.

50   BOGLÁR, Lagos. *Mundo Húngaro no Brasil.* São Paulo: Humanitas/FFLCH/USP, 2000.

51   OLIVEIRA, *op. cit.*

52   IBGE. *Censo demográfico – São Paulo.* Rio de Janeiro: Fundação IBGE, 1970. vol. I.

53   LEITE, *op. cit.,* 1998, p. 63-64, 181-184. LEITE, J. F.; SALGADO, F.C.F.; ALEGRE, M.; GABIREL, R.W. Rosana (o mais longínquo rincão paulista). *Boletim do Departamento de Geografia (FCT),* Presidente Prudente, nº 2, p. 9-33, 1969. p. 110. MATOS, *op. cit.* 1974, p. 271.

54   Cf. OLIVEIRA, 2008, p. 219.

relatos de baianos que justificam, porém, a vinda para trabalhar no transporte fluvial – declarando terem trabalhado em navegação no Rio São Francisco. A atividade de transporte fluvial trouxe assim para o antigo Porto Tibiriçá desde marinheiros negros cariocas até trabalhadores do Rio São Francisco.

Considerações finais

Uma imagem de um Brasil que se civiliza se fazia presente nas exposições nacionais que sucederam desde meados do século XIX, na sequência das exposições universais. Nestes "espetáculos da modernidade", conforme Sandra Pesavento,[55] a civilização materializava-se, como no pavilhão brasileiro da Exposição Internacional da Louisiana, em 1904. O prédio do pavilhão foi reconstruído no Rio de Janeiro, para a Conferência Pan-Americana, em 1906, e intitulado *Palácio Monroe* - numa alusão à doutrina de panamericanismo, mas também aos Estados Unidos, como expressão mais nítida de "civilização moderna".[56]

Esta imagem de modernidade difunde-se também com a expansão das linhas férreas no interior do estado de São Paulo. Alfredo Maia, Superintendente da E. F. Sorocabana, em 1906, destaca a importância do projeto de prolongamento da linha férrea pela bacia do rio Paranapanema. Verificada a impossibilidade de navegação fluvial pelo rio, apenas a linha férrea permitirá escoar a produção agrícola desta zona, como também abrirá uma via de comunicação com o sul do Mato Grosso: terá de se levar a frente este projeto "se quiser que esta linha preencha a função de uma artéria da viação nacional".[57] A sua realização teria uma função estratégica nacional, mas também a pujança do Estado paulista, sentencia Maia: "o homem passa, as conquistas do progresso ficam". A dimensão de representação está aqui articulada com um projeto político-econômico.

---

55   PESAVENTO, Sandra J. *Exposições Universais*. São Paulo: HUCITEC, 1997.

56   Cf. KUHLMANN JR., Moysés. *As grandes festas didáticas*. Bragança Paulista: Universidade São Francisco, 2001. p. 146.

57   SÃO PAULO. *Relatório do anno de 1906 apresentado ao Sr. Carlos Botelho, Secretaria da Agricultura, Commercio e Obras Publicas, pelo engenheiro Alfredo Maia*. São Paulo: Varnonden, 1907. p. 5.

A tecnologia férrea realiza então uma materialidade: ao mesmo tempo simbólica (a "modernidade no sertão") e com eficácias diversas. Além da dimensão política, observa-se que há atividades agrícolas diferentes que interagem de modo particular com esta expansão ferroviária – inclusive devido à presença de empresas de navegação. Envolve o serviço de transporte de cargas, mas também o comércio de terras no interior do estado. Este tipo de articulação deixa entrever uma dinâmica particular tanto na atividade econômica regional, quanto no povoamento. A formação de colônias de imigrantes, muitas vezes de segunda geração, que se deslocam em busca de melhores condições de renda e produção. Cria uma composição social e cultural, entremeada pelas questões econômicas. A tecnologia férrea aparece assim como um dispositivo de ocupação do território.

Luz, ar e sol na São Paulo moderna. Insolação e o anteprojeto do código de obras do engenheiro arquiteto Alexandre Albuquerque, 1916-1937

Maria Beatriz Portugal Albuquerque e
Maria Lucia Caira Gitahy

Em 1905, quando se formou na Escola Politécnica de São Paulo, como engenheiro arquiteto e civil, Alexandre Albuquerque demonstrava, além dos conhecimentos adquiridos durante o curso, a vivência de duas cidades: São Paulo e Rio de Janeiro. Em São Paulo, nasceu em 1880, acompanhando desde criança a trajetória do pai, Frederico Guilherme de Albuquerque, paisagista, horticultor, escritor, editor e comerciante de plantas que entre 1889 e 1892 exerceu o cargo de Administrador do Jardim da Luz e dos Jardins Públicos de São Paulo (Dourado, 2009: 131). Ao Rio de Janeiro, recém-transformado em capital da República, chegou em 1893 para estudar no Colégio Militar, tendo cursado o primeiro ano da Escola Politécnica daquela cidade.

Ao se transferir para a Politécnica de São Paulo em 1900, Alexandre Albuquerque logo se adaptou ao espírito da escola paulista, em atividade desde

1894, e à importância que seus fundadores davam à formação de engenheiros capazes de contribuir na transformação do país. A questão foi destacada por ele, ainda em seu período de estudante, como se pode ler em seu "Relatório ao Grêmio Politécnico", de 30 de setembro de 1904, publicado na *Revista Politécnica*:

> "As glórias de uma academia, como a Politécnica de São Paulo, não se criam unicamente intramuros, com a satisfação cabal das obrigações que lhe competem: a sociedade exige que lhes prestemos desde logo, como acadêmicos, o nosso bom concurso em todas as manifestações vitais dessa mesma sociedade – a qual todos nós, como diplomados, procuraremos servir em um futuro não remoto."
> (ALBUQUERQUE, 1904: 97)

Como última etapa da formação dos engenheiros, a Escola Politécnica de São Paulo oferecia, após o encerramento do curso, um Prêmio de Viagem à Europa e Alexandre Albuquerque foi um dos contemplados com o prêmio, ao se formar em primeiro lugar como engenheiro-arquiteto e engenheiro-civil em 1905. A viagem abriu a oportunidade para que percorresse 16.611 quilômetros de estradas de ferro – como registrou – através de onze países: Itália, Suíça, Áustria, Alemanha, Bélgica, Holanda, Inglaterra, Espanha, França, Luxemburgo e Portugal, durante o ano de 1906. Observou o trabalho dos engenheiros europeus e, em seu relato da viagem intitulado *"Impressões de Europa"*, apresentado como conferência ao Grêmio Politécnico em 15 de fevereiro de 1907, Alexandre afirmou que, vista das alturas, tinha realmente poesia a velha Europa, mas:

> "Se abandonarmos a superfície para embrenharmos no interior da terra, ali encontramos a passagem do engenheiro moderno, amigo inseparável de Satã e companheiro de Jeová. Aqui estão os gigantescos túneis transalpinos; ali os bondes elétricos correndo por baixo de Paris e Londres; além, as minas profundas da Bélgica e da Inglaterra alastrando a terra com o ferro e a hulha." (ALBUQUERQUE, 1907:185)

Uma vez que os cursos de engenharia, em São Paulo, pretendiam aprofundar o ensino científico, contribuindo para a modernização e industrialização do estado (SANTOS, 1985:12), Alexandre lamentou em suas "*Impressões de Europa*" o fato de diversos estados do país "manterem somente pensionistas de arte no estrangeiro", referindo-se aos estudantes brasileiros de pintura ou escultura, que se aprimoravam nos ateliês dos mestres europeus.

> "Se o Estado mantivesse também pensionistas de industriais que fossem conhecer a Inglaterra, a Alemanha, a Áustria, os Estados Unidos etc., de volta ao Brasil poderiam manter e dirigir grandes fábricas dando trabalho a milhares de operários e transformar os nossos sertões em campos de riqueza." (ALBUQUERQUE, 1907:333)

Anos mais tarde, em 1937, já então como professor e diretor da Escola Politécnica, Alexandre destacou seu aluno João Batista Vilanova Artigas para trabalhar em um órgão de Estado, a Secretaria da Viação. A indicação demonstrou que mantinha a crença de 1904, segundo a qual era necessário "*prestar bom concurso em manifestações vitais da sociedade*", mas também revelou como se mantinham estreitas as ligações entre escola, entidades profissionais, governo estadual e municipal. O episódio é narrado em texto que Artigas redigiu com sua conhecida veemência:

> "Como a Escola Politécnica era uma escola de burgueses competentes, pegavam os quadros da escola e diziam: esse vai ser isso, esse vai ser aquilo. O Alexandre Albuquerque disse: ´Artigas apareça amanhã à tarde no Instituto de Engenharia´. Eu fui lá e ele disse: ´você vai trabalhar na Secretaria de Viação como estagiário com um contrato de um ano´. Esses burgueses do meu tempo, de 1937, eram homens que te encaixavam na linha de pro-

dução dizendo: - 'Tu tens um dever a cumprir'."
(FERRAZ, 1997:20)

Com o Prêmio de Viagem à Europa em 1906, Alexandre teve a oportunidade de observar muitas cidades europeias, fazendo o contraste com as cidades brasileiras da época. Haia, por exemplo, lembrou-lhe "um São Paulo em ponto pequeno; palacetes e vilas como estamos acostumados a ver na Avenida e em Higienópolis" (Albuquerque, 1907: 329). Paris, contudo, não se revelou a depositária de todos os progressos da moderna engenharia, como ele esperava. Lá, não encontrou *"todas as grandezas sonhadas"*, e se decepcionou: *"Primeiro é o espetáculo repugnante da miséria em todo o seu cortejo, os apaches infestam as vielas além dos boulevards do Montmartre e contra eles a polícia é impotente. As ruas são imundas e para elas se atira tudo o que é inútil"* (Albuquerque, 1907: 192). Sobre Londres, escreveu que *"a limpeza das ruas é quase rigorosa, tanto quanto permite uma cidade de fábricas e onde vivem quatro milhões e meio de almas"*. Mas ali também suas expectativas foram frustradas:

> "Andemos alguns minutos pelas margens do Tamisa. Encontraremos nos bancos públicos que ali existem uma multidão adrajosa: no corpo uma úlcera, na fisionomia um eterno protesto. A fome dá-lhe aspecto de monstro mais repugnante que aqueles que habitam o inferno dantesco. São entes que nunca sentiram o calor benfazejo de um raio solar: desconhecem o valor de uma carícia e são temidos porque trazem o estigma da maior das fealdades, a da Fome." (ALBUQUERQUE, 1907: 186).

Relatos da viagem seguiram, primeiro, em cartas ao ex-professor da Escola Politécnica, Francisco de Paula Ramos de Azevedo e, no ano seguinte, foram reunidos em *"Impressões de Europa"*, a conferência realizada no Grêmio Politécnico. A partir de então, entre 1907 e 1910, Alexandre atuaria próximo a Ramos de Azevedo e, em seus diários, registrou a data de 1º de Março de 1907 como a de início desta parceria profissional: "Principiei a trabalhar no

Escritório do Dr. Ramos e continuei no Liceu de Artes e Ofícios" (Diário, 1907), indicando que assim retomava ao trabalho no Liceu, que interrompera devido ao Prêmio de Viagem à Europa. Só mais tarde, em 1º de Fevereiro de 1910, iniciaria seu próprio escritório, em sociedade com Guilherme Winter, engenheiro arquiteto e civil, também formado pela Escola Politécnica, em 1907. Em 1909, Ramos de Azevedo integrou a banca examinadora da dissertação de tese que Alexandre apresentou à Politécnica, intitulada "*Estudo do Renascimento Italiano e seu Desenvolvimento*", trabalho que revelaria seu aprendizado durante a viagem à Europa.

Enfim, em 1910, Alexandre foi o engenheiro-arquiteto convocado para executar o plano "*As Novas Avenidas de São Paulo*", uma iniciativa de grandes empresários da capital paulista, entre eles Ramos de Azevedo. A proposta, que ficou conhecida como Plano Alexandre Albuquerque, foi a primeira incursão do engenheiro-arquiteto na área de urbanismo, que seria um dos seus objetos de estudo ao longo de toda a carreira. E foi também uma de suas últimas colaborações com Ramos de Azevedo.

São Paulo e as Novas Avenidas no início do século XX

É durante a Primeira República que São Paulo passa a desempenhar papel significativo na vida política e econômica do país. No último quartel do século XIX, São Paulo havia passado por uma transformação sem precedentes, em sua história. A expansão da cidade, calcada no crescimento da economia cafeeira, pode ser aquilatada pelos números que mostram o adensamento da população: em 1865, a capital paulista tinha 25 mil habitantes, em 1899 eram quase 250 mil moradores - mais da metade deles imigrantes italianos que, na época, deixaram o trabalho nas lavouras de café – e, em 1930 a cidade chegaria a 900 mil habitantes. O número de construções também dá uma ideia do crescimento da cidade no início do século XX. No ano de 1906, foram erguidos 1.091 novos edifícios em São Paulo. Em 1910, este número subiu para 3.231, de acordo com Ficher (2005: 39).

O ano de 1910 foi o último da longa permanência de Antonio da Silva Prado no cargo de prefeito de São Paulo. Ele havia assumido a Prefeitura em

1899, tendo sido confirmado no cargo até 1907, quando, tornou-se o primeiro prefeito eleito. Conhecido como Conselheiro Antonio Prado, iniciou seus 12 anos de gestão criando a Diretoria de Obras Públicas da Prefeitura (DOP), na qual o Victor da Silva Freire traçou planos para alargar e realinhar as ruas do Centro Velho, ao mesmo tempo em que foi reformado o viaduto do Chá e encomendado o Santa Ifigênia. Começou a construção do Teatro Municipal e a avenida Paulista foi pavimentada. As outras novidades foram a iluminação elétrica, os serviços de água encanada e esgotos, além do transporte público por bondes. Fazendeiros do café construíram suas casas nos bairros dos Campos Elíseos e Higienópolis, enquanto na avenida Paulista se instalavam grandes industriais e comerciantes. O estilo eclético predominou nestas construções, foram usadas novas técnicas, novos materiais, começando-se a substituir a velha taipa pela alvenaria de tijolos. Mas ainda não se pensava em uma ampla transformação da imagem urbana, como relata Carlos Lemos (2000): "*Ficou patente um descuido dos anteriores governantes e legisladores, que não atinaram a tempo com a necessária adequação da velha trama urbana colonial às novas atividades e funções acarretadas pelo comércio já muito diversificado e pelo trânsito congestionado*". Com a abertura do Viaduto do Chá, em 1892, surgia a chamada "Cidade Nova", na margem oeste do córrego do Anhangabaú. A ocupação da região era incipiente, quando foi inaugurado o Teatro Municipal de São Paulo, em 1911. Mas as dificuldades de se manter praticamente toda atividade em torno do antigo Triângulo levava, enfim, a se repensar a expansão da cidade.

Deste debate urbanístico surgem, entre o final de 1910 e início de 1911, três planos para a reurbanização do centro de São Paulo: "*As Novas Avenidas de São Paulo*", o Projeto Freire-Guilhem e o Projeto do Escritório Samuel das Neves. Na sequência cronológica, em 1910 foi apresentado por Alexandre Albuquerque, o plano "*As Novas Avenidas de São Paulo*". Em 3 de janeiro de 1911, o engenheiro Victor da Silva Freire, formado em Paris na *École des Ponts et Chaussées* e chefe da Diretoria de Obras da Prefeitura, apresentou proposta com o engenheiro Eugênio Guilhem, o Projeto Freire-Guilhem, solicitado pelo prefeito Antonio Prado e entregue na administração de Raimundo Duprat. E em 23 de janeiro de 1911, por fim, sai o Projeto do Escritório Samuel das Neves, criado pelo engenheiro nascido na Bahia, que desde o final do século

XIX atuava em São Paulo, encomendado pela Secretaria da Agricultura do Estado, então responsável por projetos e obras.

As Novas Avenidas de São Paulo

Alexandre Albuquerque foi assim chamado para traçar um projeto, à imagem de Paris, para a cidade de São Paulo. Se é possível alegar que o plano não trazia novidades, ao seguir as diretrizes gerais do modelo parisiense, por outro lado, propunha algo bastante novo para a cidade de São Paulo: a ampliação do eixo da capital para a área de Santa Ifigênia e do próprio Teatro Municipal, fazendo a ligação entre o centro velho e os bairros novos, como Higienópolis e Santa Cecília. Vale registrar que, já se precavendo à enorme reação que esta proposta provocaria, alguns dos patrocinadores do plano, como Ramos de Azevedo e o Conde Prates apoiavam, ao mesmo tempo, o Plano Samuel das Neves, traçado a pedido do governo do Estado, e que não sugeria grandes expansões para o lado da chamada cidade nova. Embora Estado e Município não tenham aprovado o Plano Alexandre Albuquerque, alegando os altos custos de execução, o autor, em sua exposição de motivos, afirma que na região da cidade nova as desapropriações não resultariam em gastos tão colossais.

> "O problema de projetar estas novas avenidas não foi absolutamente fácil. Elas não devem alterar o antigo 'Triângulo', não só por um respeito ao passado, como também pelo colossal dispêndio de capitais em virtude do alto valor da propriedade. Elas devem, principalmente, facilitar a ligação da parte antiga com os novos arrabaldes, e com a Estação da Luz, centro da grande rede ferroviária do sul e oeste do Brasil. Foram, por isso, imaginadas três avenidas, cortando-se numa grande praça, aproximadamente no cruzamento das atuais ruas Amador Bueno e Ipiranga. A magnífica perspectiva que se gozará do centro desta praça, donde irradiarão seis grandes ruas, só será comparável àquela que se aprecia em Paris, no cimo do arco da praça

> da Estrela. A avenida principal partirá da atual praça Antonio Prado, em direção aos Campos Elíseos; a segunda ligará o Teatro Municipal e a estação da Luz e Sorocabana; e a terceira facilitará a comunicação do novo viaduto Santa Ifigênia com o largo do Arouche... A ideia de construir essas três avenidas se harmoniza perfeitamente com os diversos projetos sugeridos em várias épocas, como sejam o alargamento da rua Libero Badaró, a construção de uma ponte entre o Teatro Municipal e a travessa do Grande Hotel." (ALBUQUERQUE, 1910: 8-10)

Para que a proposta das grandes avenidas pudesse ser executada, uma petição foi entregue ao Congresso Legislativo e à Câmara Municipal de São Paulo, em 14 de novembro de 1910 (dia em que o arquiteto completava 30 anos). Petição assinada pelo grupo de representantes da elite política e econômica da capital paulista, integrado pelo Conde de Prates, Plínio da Silva Prado, José Paulino Nogueira, José Martiniano Rodrigues Alves, Francisco de Paula Ramos de Azevedo, Arnaldo Viera de Carvalho, Nicolau de Souza Queiroz, Barão de Bocaina, Horácio Belfort Sabino, Sylvio de Campos, e assinada também pelo arquiteto, Alexandre Albuquerque.

O Plano Alexandre Albuquerque foi realizado depois da renovação da cidade de Paris, onde o barão Georges-Eugène Haussmann (1809-1891), à frente da prefeitura entre 1853 e 1870, abriu avenidas, criou a linha de estradas de ferro em torno da cidade, assim como as áreas do Bois de Boulogne e de Vincennes. Ainda no século XIX, o arquiteto norte-americano Daniel Burnham chefiou em Chicago, capital do estado de Illinois, o projeto da World's Columbian Fair (1893), que já indicava as linhas do Plano de Chicago, apresentado em 1909, com suas grandes avenidas, além de edifícios, parques e praças ao longo do Lago Michigan (COSTA, 2005:307). No Brasil do início do século XX, houve a experiência de renovação da capital do país, o Rio de Janeiro, entre 1902 e 1906, quando o engenheiro Francisco Pereira Passos (1836-1913) foi prefeito.

No texto *A Cidade dos Fazendeiros*, o arquiteto Carlos A C. Lemos analisa os planos urbanísticos para o centro de São Paulo, apresentados em 1910-1911 e que não chegaram a ser executados (apenas parte do Projeto Freire-Guilhem foi aproveitada). Sobre *As Novas Avenidas de São Paulo*, Lemos afirma:

> "O plano apresentado pelo jovem arquiteto formado pela Politécnica, Alexandre Albuquerque, era grandioso e esquecia completamente a atravancada colina histórica absolutamente comprometida com o traçado colonial, cujo confinamento entre as escarpas das calhas dos dois rios resultara, havia tempos, na supervalorização das propriedades. Alexandre Albuquerque ousou ao cogitar um novo centro nos terrenos brandos da freguesia de Santa Ifigênia, novo núcleo articulado e expansível sem problemas topográficos. Plano aparentemente utópico, mas, na verdade, otimista e exequível. Nove capitalistas paulistanos, mais o arquiteto remediado, imaginaram uma empresa com bela quantia em caixa, que seria significativamente aumentada com a chegada de recursos estrangeiros já antevistos para proceder a desapropriações." (LEMOS, 2000: 104-5)

Lemos considera interessante a exposição de motivos do plano, mas conclui que *"por motivos óbvios, a Câmara não levou a sério aquela programação grandiloquente, que iria contrariar interesses havia 350 anos enraizados no morro entre rios"*. Por outro lado, a partir de 1911, pode-se acompanhar os pontos de convergência, e algumas vezes de divergência, nas trajetórias de Alexandre Albuquerque e Victor da Silva Freire - que mais tarde, no entanto, seria o autor do elogioso prefácio a *Insolação*, livro de Alexandre. Em 1911, porém, um dado a ser mencionado no capítulo das divergências é a crítica que Freire faz ao plano urbanístico de Albuquerque. Cândido Malta Campos reproduz as críticas:

> "Em conferência de 15 de fevereiro de 1911, o diretor de obras [Freire] atacava assim os projetos Samuel das Neves e Alexandre Albuquerque, baseados no princípio por ele considerado ultrapassado e antiestético dos alinhamentos em linha reta. Criticava

tais versões descontextualizadas das realizações de Haussmann, qualificando-as de ´horrores´. Outra posição marcante do autor referia-se à carência de parques e áreas verdes em São Paulo, em flagrante descompasso com as preocupações higiênicas do urbanismo moderno. Também nesse aspecto, Freire procurava demonstrar a ineficácia dos modelos parisienses – onde espaços verdes se concentravam em dois grandes parques periféricos, o Bois de Boulogne e o Bois de Vincennes… Tal postura confirmava a importância de se criar um pequeno parque no Anhangabaú, em vez de ocupá-lo com edifícios e avenidas." (Malta Campos, 1999: 129)

Sobre a questão das áreas verdes, o próprio Alexandre lembrou, na apresentação de seu plano, que já havia estudos a respeito de um grande parque para a cidade: *"A ideia de construir essas três avenidas se harmoniza perfeitamente com os diversos projetos sugeridos em várias épocas …, além da construção de um grande parque nas várzeas do rio Tietê, nas proximidades da Ponte Grande"* (Albuquerque, 1910:10). Recentemente, em um ensaio sobre a obra de João Batista Vilanova Artigas, o arquiteto Júlio Katinsky descreveu a fisionomia de São Paulo nos anos 1910-1920 e apontou o trabalho de dois engenheiros, Alexandre Albuquerque e Paulo Sá, pioneiros no estudo da salubridade de residências:

"Até 1914, digamos que a construção em São Paulo só tinha fisionomia nos grandes palacetes de Higienópolis, Campos Elíseos, Barra Funda e nos chamados bairros operários, mas que eram ocupados pelas mais modestas faixas da classe média. A partir de 1920, começa a surgir uma nova necessidade de expressão em um correr de casas para a classe média, as ´vilas´ já mencionadas: casas isoladas no centro do lote, térreas ou sobrados, obedientes às severas restrições impostas pela legislação sanitária (principalmente tempo mínimo de insolação em todos os cômodos das residências) de origem politécnica, com Paulo Sá e o já referido Alexandre Albuquerque." (Katinsky, 2003: 39)

Quanto ao Plano Alexandre Albuquerque, além dos altos custos alegados por Estado e Município para não o aprovarem, a questão envolvia de fato outros aspectos, como a da higienização. Hugo Segawa escreveu sobre o Plano, mencionando que, assim como ocorrera em Paris e outras cidades, as grandes expropriações seriam feitas também em nome da higienização, mesmo que, em alguns casos, não fosse este o principal motivo das mudanças, e sim a decisão de reocupar as áreas mais valorizadas ou ocupar as que viriam a ter valor. Como observa Segawa (2000:73):

> "Certamente no Barão de Haussman (1809-91) encontraremos o modelo mais pertinente em relação ao projeto de Albuquerque, não só na analogia de uma ação ampla e enérgica, como nos critérios do projeto. Assim como a experiência francesa, o plano de avenidas exigia grandes expropriações em nome da higienização e eliminação de aspectos precários da cidade antiga."

Fica evidente, de toda maneira, que a execução do plano levou Alexandre a participar ativamente do debate relativo à questão de higiene das cidades e foi, enfim, um dos pontos de partida para os estudos que faria, em seguida, sobre a insolação de ruas e residências e sobre as leis que almejariam garantir boas moradias e uma boa cidade para se viver.

Insolação: construção da casa, construção da cidade

Ainda como estudante na Escola Politécnica de São Paulo, em 1903, Alexandre Albuquerque havia anotado aula de seu professor Ramos de Azevedo *"Estudo do Projeto de uma Casa"*. Segundo o mestre, *"na construção de um edifício qualquer há sempre duas ordens de considerações a fazer. A primeira é constituída pelas condições invariáveis às quais a construção deve satisfazer qualquer que seja o país e a situação do edifício. Em traços largos, estas condições são: de ar, de luz, de orientação".* O reflexo desse aprendizado já aparecera na conferência de Alexandre, *"Impressões de Europa":*

> "A tendência de hoje não é erguer um São Pedro ou uma catedral de Strasburgo; é sim cobrir o continente com o aço das estradas de ferro, cortar o Suez ou furar o Simplon… e tratar dos problemas da higiene afim de aumentar a vida humana. Hoje a arte-pura é um complemento da Engenharia; antes de erguer-se Palácios constroem-se simples casas; antes de ornamentá-las com pinturas e esculturas, dá-se-lhe ar e luz. A Igreja de São Pedro é grandiosa, mas são irrisórios os casebres sem ar, sem luz e sem higiene, que rodeiam a grande praça que nem sempre prima pela limpeza" (ALBUQUERQUE,1907:326).

Ao aprofundar seus estudos sobre higiene e salubridade, Alexandre organizou o livro *Insolação*, em 1916. O livro de 81 páginas foi prefaciado pelo professor politécnico, Victor da Silva Freire, que em 1914 havia lançado *A Cidade Salubre*, que certamente influenciou uma geração de engenheiros, entre eles Alexandre. No prefácio para *Insolação*, Freire lembra que o estudo de Alexandre Albuquerque era apresentado no momento em que se preparava uma revisão da legislação sanitária, mas "regia-se o município por um corpo de disposições emaranhadas e contraditórias, verdadeiro cipoal em que os mais traquejados se desnorteavam e perdiam". Nesse sentido, ele ressalta a "limpidez de método e linguagem" de Alexandre ao estudar questões de salubridade adaptadas ao clima brasileiro – o que até então não havia sido feito. E diz que o colega apresentava: "Já pronta, a obra cuja concepção eu apenas ideara." Ao longo de 19 páginas, Freire comenta, e recomenda, o trabalho de Alexandre:

> "Dois predicados o recomendam à atenção de todos que se interessam por essa terra. O primeiro, e principal, é que se acham traçadas, nas páginas que

seguem, as imutáveis bases – cientificamente deduzidas – sobre que devem repousar a teia, o urdume e a trama das aglomerações paulistas a fim de que preencham a missão, que lhes incumbe, de contribuir para a saúde, a poupança e, portanto, para a prosperidade… Tudo me leva a supor, em segundo lugar, que o utilíssimo esforço do colega Alexandre Albuquerque chega na hora própria. Pende, de fato, do legislativo do Estado a revisão da nossa organização sanitária." (Freire in ALBUQUERQUE, 1916: V)

Os cálculos realizados por Alexandre, em *Insolação*, teriam repercussão direta no Código de Obras do Município de São Paulo, que ficou conhecido como Código de Obras "Arthur Saboya", como nota Carlos Lemos:

"Diz-nos o arquiteto Henrique Mindlin [Modern Architecture in Brazil, p. 10] que o Código de Obras de São Paulo foi o primeiro do mundo a estabelecer bases científicas asseguradoras de insolação correta às dependências de uso diurno e noturno das habitações, graças aos estudos do arquiteto Alexandre Albuquerque, em 1916, que nessa hora estava dando continuidade às preocupações teóricas do professor Lúcio Martins. Assim, em 1934, a codificação de normas e determinações municipais, que passam a chamar-se "Código Arthur Saboya", pôde apresentar, explicitamente, exigências relativas aos benefícios dos raios solares, cuja incidência nos ambientes era previamente determinada através da aplicação, no projeto, do "diagrama de insolação", gráfico impresso em papel transparente que permitia viabilizar a garantia de quantas horas se quisesse de osculação solar nos pátios ou nas paredes. Tal diagrama [fora] criado pelo referido arquiteto Alexandre Albuquerque. " (Lemos,1989: 84)

No prefácio de *Insolação*, Victor da Silva Freire escreveu sobre o trabalho pioneiro do professor Lúcio Martins Rodrigues, que em 1899 elaborou parecer sobre a galeria coberta, chamada "Galeria de Cristal", ligando a rua 15 de Novembro à rua Boa Vista, no centro de São Paulo, e que já "foi acompanhado de um gráfico de insolação" (Freire *in* Albuquerque, 1916: VII). Tomando como base este parecer, Martins Rodrigues publicou em 1911 um artigo na *Gazeta Clínica*, em seguida reproduzido na *Revista de Engenharia*, tratando da "insolação dos prédios e das ruas com aplicação à cidade de São Paulo", segundo Freire. "Uma Questão de Higiene", artigo de Lúcio Martins Rodrigues, foi incluído por Alexandre na bibliografia de *Insolação*.

A cidade de São Paulo e a insolação

Em 1916, quando Alexandre Albuquerque publicou *Insolação*, apresentando os cálculos que havia feito para que residências e ruas tivessem uma melhor exposição aos raios solares, a cidade ainda era regida pelo *Código de Posturas do Município de São Paulo,* datado de 1886, e pelo Código Sanitário, de 1894, que teria novas edições em 1911 e 1918. Criado no período imperial, o Código de Posturas já apresentava preocupações com a saúde da população, como se vê no Título VII: "*Da Higiene e Salubridade Pública*". Entre as normas que revelam a preocupação com a qualidade de vida dos moradores da cidade, o artigo 81 determinava que "*nenhum proprietário ou inquilino poderá ter canos que despejem na rua águas servidas ou quaisquer imundícies.*" Sendo o período de carros puxados por animais, o Código exigia dos proprietários de estrebarias que as conservassem "*sempre asseadas e com estivas próprias a facilitar a limpeza*".

No exemplar deste Código, que pertenceu a Alexandre Albuquerque, pode-se acompanhar as anotações, à margem deste capítulo sobre higiene e saúde pública, em que ele assinala os itens mencionados acima, assim como o relativo às roupas de hospitais, que deveriam ser "*lavadas em lugares onde a água, em que forem passadas, não sirva mais ao uso público*". Destaca também o artigo 99, que exigia que fossem caiados, duas vezes ao ano, "*os quartos, cortiços, casas de quitanda, tavernas, casas de pasto, estalagens, armazéns de mantimentos, albergaria de vacas, cocheiras, casas em que se trabalhe com materiais animais e vegetais e em geral todo e qualquer estabelecimento em que se aglomere grande número de pessoas*".

Nos capítulos em que trata da abertura de ruas e construção de edifícios, o *Código de Posturas do Município de São Paulo* fazia a exigência de alinhamento das edificações, ou "cordoamentos", que era "como chamavam a essa providência de garantir ruas retas ou regulares" (Lemos, 1999: 13), e estabelecia parâmetros como a altura mínima de uma casa térrea (5 metros), a espessura das paredes da frente (30 centímetros) ou o tamanho das portas (3,20m x 1,30). O capítulo VI do Padrão Municipal, intitulado "*Cortiços, Casas de Operários e Cubículos*", estabelecia que em habitações de um só pavimento o pé direito não poderia ser inferior a 4 metros e, quando de dois pavimentos, deveria ter pé direito de no mínimo 3,5 metros. Embora neste capítulo não se mencionasse diretamente a salubridade, nem mesmo a insolação, eram feitas exigências, que atendiam a estas questões: todos os cômodos deveriam ter abertura pra o exterior, "*de modo que disponham amplamente de ar e luz*", e também: o nível do soalho do 1º pavimento será sempre superior ao do solo 50 centímetros no mínimo – com o evidente intuito de barrar a umidade do solo. Ao analisar as preocupações do Código de Posturas, Carlos Lemos relatou em *A República Ensina a Morar (Melhor)*:

> "Na legislação de 1886, passa-se a exigir, para todos os tipos de construção, em qualquer hipótese, porão com altura mínima de 0,50m para que os soalhos fossem ventilados por baixo e ficassem afastados da umidade do chão... Embora não estivesse explícito no texto legal, já havia a preocupação com a cubagem do ar confinado nos cômodos e, daí, o interesse em se fixar pés direitos mínimos" (Lemos, 1999:22)

Na página-de-rosto de seu volume do *Código de Posturas,* Alexandre assinalou que se tratava do Decreto 828, de 29 de setembro de 1851, regulamentado em 16 de março de 1856. E embora não se tenha encontrado, em sua biblioteca, uma edição do primeiro Código Sanitário, é importante registrar o papel desempenhado por mais estes antecedentes de *Insolação,* ou seja, a organização do Serviço Sanitário do Estado (1892), e a criação do primeiro Código Sanitário (1894). A codificação das leis voltadas à salubridade estão associadas aos processos que levaram à abolição da escravatura, com o surgimento do trabalho livre, e o início da República, que iria sistematizar as atribuições federais, dos estados e municípios, inclusive a nova legislação.

A formação dos Serviços Sanitários estava ligada à necessidade de erradicar as epidemias que vitimavam os trabalhadores livres, a maioria deles imigrantes, ao se fixarem nas lavouras do interior do estado, ou na capital de São Paulo, acompanhando as mudanças da economia mundial conhecidas como a Segunda Revolução Industrial. A criação de diversos institutos, voltados à questão da Saúde Pública, por sua vez, "*também estava ligada ao ideal republicano de construção da nação brasileira, não apenas na área de saúde*" (CAMPOS, 2002:37). Em seu estudo sobre o sanitarista Geraldo de Paula Souza (1889-1951), Cristina de Campos relata como ocorreu a formação dos serviços estaduais de Saúde, destacando:

> "Devido à demanda de serviços de saúde em Santos, Campinas e São Paulo, entendidas como locais estratégicos para a cafeicultura, finalmente, em 1892, o Serviço Sanitário seria legalizado e se tornaria instituição oficial. Em paralelo à lei de criação desse serviço de saúde, foram instituídos os regulamentos de Higiene, que seriam, segundo Telarolli Júnior (1993), um esboço do que viria a ser o primeiro Código Sanitário, criado em 1893, mas oficializado em 1894. O Código Sanitário era um conjunto das leis e normas de higiene e saúde pública a ser seguido por todo o Estado de São Paulo, constituindo-se também em documento de orientação administrativa que abrangia as funções e

atribuições do corpo técnico do Serviço Sanitário."
(Campos, 2002: 42-43)

Dez anos depois, em 1904, quando se formou uma comissão com a incumbência de rever o Código Sanitário do Estado, Victor da Silva Freire dela fez parte, como representante da Prefeitura Municipal de São Paulo. Entre suas propostas para o aprimoramento das leis de higiene e saúde pública, Freire sugeriu que os cômodos de uma residência deveriam obrigatoriamente receber a osculação solar por três ou quatro horas por dia, no mínimo (art. 260) (Lemos, 1999, 73). No entanto, a revisão do Código Sanitário somente seria aprovada pelo Decreto 2141 de 14 de novembro de 1911, sem que muitas de suas especificações tivessem a explicação necessária para que fossem postas em prática ou fiscalizadas. "Ainda não se diz como seriam garantidas as tais três ou quatro horas de insolação direta nos aposentos", como relata Lemos, indicando que não haviam sido feitos, até então, os cálculos para a insolação na cidade de São Paulo:

> "Essas imprecisões eram, no fundo, justificadas, pois estava claro que cada cidade, com sua latitude específica, deveria possuir o índice próprio para cálculo do tempo de insolação." (Lemos, 1999, 73)

Em 1916, estavam em vigor o Código Sanitário do Estado, de 1911, e o Código de Posturas do Município, de 1886. Foi quando Alexandre Albuquerque publicou *Insolação*, com os cálculos e gráficos que engenheiros e arquitetos utilizariam, mais tarde, para projetar edificações bem insoladas, segundo os preceitos da saúde pública.

O cálculo da insolação para São Paulo

No entanto, o tema já havia despertado sua atenção dez anos antes, quando Alexandre usufruiu o Prêmio de Viagem à Europa, da Escola Politécnica. De fato, em 1906, ele já havia se surpreendido com a situação de algumas cidades. Sobre Frankfurt, na Alemanha, ele afirmou: *"admiramos a higiene e a variedade do estilo industrial moderno"* (Albuquerque, 1907:326), mas ao visitar o Vaticano constatou a Igreja de São Pedro e os *"irrisórios casebres sem ar, sem luz e sem higiene"* que a rodeavam. (Albuquerque, 1907:332). Em seu relato de viagem, Alexandre observou também as habitações e as ruas de cidades europeias, com ênfase nas questões de higiene e salubridade. Narrou, então, o que havia visto "em uma metrópole da raça latina", como Nápoles, a bela cidade italiana que, em sua opinião, contrariava o dito *"Vedi Napoli e poi Morire."* Nas suas palavras:

> "Vamos à antiga cidade: atravessemos uma qualquer das ruas que desembocam na via Toledo. Aí teremos triste espetáculo a assistir. A viela tem três a quatro metros de largura e como as casas são altas e as janelas possuem balcões, nem um único raio de sol vem aquecer as lajes do passeio... A rua é a casa do napolitano, ele vive às claras. Augusto Comte perdeu muito em não ter andado por lá. Pobres e miseráveis procuram à rua um pouco de luz e calor que mal lhes chegam coados através de tão altas casas". (ALBUQUERQUE, 1907:190)

Nápoles integrava o Reino da Itália, naquele ano de 1906, quando Alexandre fez seu relato sobre o descaso relativo a normas de salubridade: "A higiene pública só existe nos lugares onde passa o carro de Sua Majestade o Rei, e nos grandes passeios destinados aos estrangeiros. Além, a negação completa de todo o conforto humano." (ALBUQUERQUE, 1907:190). Em duas metrópoles europeias, Nápoles, que já era então a terceira cidade italiana, depois de Roma e Milão, e Londres, que ele enfatizava ser o maior centro comercial do mundo, na época com quatro milhões e meio de habitantes, ressaltou o viés crítico. Porém, observou, do ponto de vista da higiene, entre outros aspectos que:

> "Berlim notabiliza-se também pela higiene assim como Haia onde é notado aquele que cospe sobre as calçadas da via pública. O engenheiro é nestas regiões um constante amigo das populações, trabalhando para melhorar as condições de vida nas grandes cidades, eliminando os focos de moléstias e evitando

a propagação destas. E não será esta uma das nobres missões humanas?" (Albuquerque, 1907: 191)

O aprendizado da viagem, somado à sua formação na Politécnica e, a partir de 1907, o início de sua atuação como engenheiro-arquiteto, certamente foram decisivos e lhe deram as bases para desenvolver os estudos sobre a insolação. Embora não exista registro do ano em que iniciou esta pesquisa, entre os documentos que a ele pertenceram há uma versão batida a máquina, com a data de 1915, do trabalho intitulado *Insolação*, que seria publicado em 1916 (Seção de Obras do jornal *O Estado de São Paulo*). Em 1919, ele retomou o tema, e ampliou a questão, em palestra proferida no Instituto de Engenharia (Seção de Obras do jornal *O Estado de São Paulo,* 1919). E em 1940, voltou a publicar *Insolação. Notas de Aula do Prof. Alexandre Albuquerque*, com o teor de suas aulas na Politécnica. A diferença entre as publicações da década de 1910 e a de 1940, como nos contou seu filho, Alexandre Serpa Albuquerque (entrevistas concedidas em 2005 e 2006) está ligada ao fato das mudanças e o tempo de insolação, em 1916 e 1919, terem sido calculados graficamente: "*E, em 1940, matematicamente, para isso tendo sido empregadas equações trigonométricas.*" Segundo seu filho Alexandre (engenheiro-civil, Politécnica, 1940), que ajudou o pai a fazer as contas em uma calculadora volumosa e movida à manivela:

> "Houve uma evolução. Primeiro, meu pai observou o (aparente) movimento do sol e usou princípios da geometria espacial para fazer os cálculos. No final da década de 1930, os cálculos foram feitos matematicamente. Embora alguns números tenham sido modificados, tornando-se mais precisos, é importante ressaltar que o resultado final não se alterou." (SERPA ALBUQUERQUE: 2006)

154 Cristina de Campos * Eduardo Romero de Oliveira * Maria Lucia Caira Gitahy

Outro acréscimo lembrado pelo filho Alexandre, e incluído na edição de 1940, são os gráficos e tabelas relativos à cidade de Rosário, na Argentina, realizados depois de visita àquele país.[1] Alexandre também acrescentaria, nas publicações posteriores a 1916, considerações sobre o alto poder microbicida dos raios solares:

> O sol é necessário à vida; foi tendência de todos os povos procurar o lado onde ele nasce. Tendência obscura e inconsciente (talvez tropismo biológico) que usos religiosos consagraram e justifica a higiene" na frase do prof. Afrânio Peixoto. Modernamente, a ciência provou que os germes mais resistentes não escapam à ação físico-química dos raios solares, e que, mesmo os micróbios da tísica, que mantêm a sua virulência por bastante tempo em lugares sombrios, apesar de submetidos a altas temperaturas, esterilizam-se à ação direta dos raios solares. Estes raios são, portanto, poderosos auxiliares do higienista moderno, pelo seu alto poder microbicida, poder este que não é devido apenas à ação calorífica, caso em que poderiam ser substituídos pelo aquecimento artificial. (ALBUQUERQUE, 1919: 3-4)

No capítulo II, *"Fenômeno da Insolação"*, começa por descrever como o sol, enquanto permanece acima do plano do horizonte, produz o fenômeno da insolação, que será máxima no solstício do verão, mínima no solstício do inverno, e nos equinócios terá duração de doze horas. Para calcular exatamente o fenômeno da insolação, faz estudos gráficos, com o auxílio da geometria descritiva, e assim, sucessivamente, até chegar a uma nova contribuição, no capítulo III, intitulado *"Aplicação à Cidade de São Paulo"*. Com seus gráficos

---

1   Alexandre Albuquerque integrou a representação de São Paulo ao 3° Congresso Pan-Americano de Arquitetos, em Buenos Aires, de 1° a 10 de julho 1927 (*Revista Politécnica*: 1927/8: 496-7), representando a Escola Politécnica, a Prefeitura Municipal de São Paulo, e o Instituto de Engenharia (Folheto de sua primeira legislatura como vereador, 1927:91).

e quadros, aponta com a exatidão de horas, minutos e segundos não só as mudanças como a duração diária da insolação, desde o nascer até o pôr-do-sol, na capital paulista.

Como não apenas o sol, mas também os ventos vão definir a qualidade de vida em determinado edifício, Alexandre abre espaço para a questão da "*Influência dos ventos reinantes*", ainda no capítulo III. Embora ressalte que seu principal escopo é "*examinar as condições gerais de higiene das habitações no ponto de vista da insolação*", ele lembra que o regime dos ventos merece especial atenção e, portanto, "*ao escolher a melhor face o arquiteto se não deve guiar exclusivamente na insolação*".

Desde o início do trabalho, Alexandre abordou o assunto da insolação em diferentes dimensões. Enquanto em suas "*Impressões de Europa*" ele havia adotado a dimensão da saúde pública, neste livro ele calcula enfim o tempo de insolação na cidade de São Paulo – o que até então não havia sido feito, existindo para consulta e aplicação apenas os cálculos realizados para o Hemisfério Norte. No prefácio de *Insolação*, aliás, Victor Freire chama a atenção para esta diferença, ao afirmar que "nossa latitude, na confluência do Tamanduateí com o Tietê, é de 23°27′ apenas contra os 48° 50′e 52°30′ que medem a distância ao equador da antiga Lutécia ou da moderna metrópole alemã", numa referência a Paris e Berlim, que desde o século XIX discutiam regulamentos e códigos voltados, segundo o prefaciador, ao bem da salubridade coletiva, que se buscava em São Paulo.

Luz, Ar e Sol no Código de Obras "Arthur Saboya" (1934)

Em 1926, Alexandre Albuquerque foi eleito vereador à Câmara Municipal de São Paulo, na qual em 1929, daria seu voto favorável à Lei 3.427, que aprovava o Código de Obras "Arthur Saboya", estabelecendo as regras para as edificações no Município de São Paulo. Nas palavras do próprio Alexandre, estavam reunidos no novo Código de Obras "todos os dispositivos referentes a construções particulares, residenciais ou para fins especiais, alinhamentos, arruamentos, arborização, colocação de monumentos comemorativos e nomenclatura de ruas" (Albuquerque, 1931, 301). Ainda sobre a codificação, organizada pelos engenheiros da prefeitura Arthur Saboya, Sylvio Noronha e Adriano Marchini, ele afirmou: *"Quando o projeto chegou ao plenário da Câmara, dei meu voto favorável, pedindo, porém, que ele fosse amplamente discutido pelos vários interessados, associações de classe e pela imprensa."* (Albuquerque, 1931, 34)

A proposta para que se ampliasse a discussão não foi aprovada e, em 19 de novembro de 1929, o projeto foi transformado em lei. Mais tarde, o Código "Arthur Saboya" seria consolidado pelo ato n. 663, de 10 de agosto de 1934, incorporando a questão da osculação solar, e fazendo com que as diretrizes do livro *Insolação* se tornassem, dessa forma, objeto de lei na Câmara Municipal. Arthur Saboya, por sua vez, tinha começado a trabalhar na Prefeitura Municipal de São Paulo em 1899, mas foi em 1922, quando assumiu a chefia da 2ª Seção da Diretoria de Obras e Viação, que teve inicio sua participação na organização das leis referentes à construção de obras na cidade de São Paulo.

Consolidado em 1934, o Código de Obras "Arthur Saboya", de fato, incorporava de forma pioneira a questão da insolação. Para tanto, valeu-se das diretrizes que haviam sido dadas por Alexandre Albuquerque em seu livro *Insolação*, de 1916, ao fazer pela primeira vez os cálculos do tempo de duração da insolação na cidade de São Paulo. O Código terminou por reunir leis municipais e estaduais, sobre construções em geral e construções para fins especiais: *"todas esparsas, em cerca de quarenta leis, outros tantos atos, várias resoluções municipais e meia dúzia de leis e decretos estaduais"* (*Anais do 1º Congresso de Habitação*, 1931: 349). Entre a esparsa legislação, encontrava-se, porém, aquela que foi considerada o primeiro código de obras de fato de São Paulo (Ficher, 2005:95): a lei nº 2.332, de 9 de novembro de 1920, promulgada por iniciativa do vereador Heribaldo Siciliano, outro politécnico, formado pela escola em 1905. No que diz respeito à lei nº 2.332, vale lembrar que ela fora baseada no *"Regulamento para Construções Particulares"*, elaborado por uma comissão formada no Instituto de Engenharia, em 1918, que atendia assim a um pedido da Câmara Municipal e que trazia em seu escopo a questão da insolação. *"Esse regulamento, por sua vez, incorporava as diretrizes para a resolução de problemas de insolação de cômodos, conforme sistematizadas por Alexandre Albuquerque em seu livro Insolação (1916)."* (Ficher, 2005:94).

A comissão encarregada de examinar a questão, de acordo com o Instituto de Engenharia, era composta por Carlos Gomes de Souza Shalders, Ranulpho Pinheiro Lima, Victor da Silva Freire, Alexandre Albuquerque, Alberto de Oliveira Coutinho, Theophilo Souza e Ricardo Severo. Em 20 de janeiro de 1919, a comissão endereçou sua contribuição ao Presidente da Câmara Municipal de São Paulo, conforme relato da *Revista de Engenharia* (1964:43):

> "O trabalho apresentado pelo Instituto de Engenharia, 'Regulamento para construções particulares', compunha-se de 261 artigos, precisamente os mesmos, com levíssimas modificações, que iniciam o atual código Arthur Saboya".

No que diz respeito à insolação, o Código "Arthur Saboya" assim a definia em seu Artigo 2º: "*A insolação de um compartimento é medida pelo tempo de exposição direta aos raios solares, da parte externa, real ou imaginária, do plano do piso do mesmo compartimento, dentro das vias públicas, áreas ou saguões por onde receba luz o mesmo compartimento. Este tempo de insolação é o correspondente ao dia do solstício do inverno*", no qual, como se sabe, há a menor insolação do ano. Em seguida, ao tratar das "*Construções em Geral*", o código retomava a questão da insolação, como se vê nestes exemplos:

> *Art. 147 – Nos compartimentos destinados à permanência diurna, os raios do sol devem oscular, no dia mais curto do ano, dentro da rua, saguão ou corredor:*
> *a) o plano do piso do rés-do-chão, loja ou andar térreo, quando sobre eles não houver outros pavimentos;*
> *b) o plano do piso do primeiro andar, quando houver este pavimento.*
> *Art. 148 – Nos compartimentos destinados à habitação noturna, qualquer que seja o pavimento em que se achem, devem os raios do sol banhar continuamente, no dia mais curto do ano, dentro da rua, área, saguão ou corredor, o plano do respectivo piso: durante uma*

> *hora nos edifícios situados nas vias públicas existentes na data da promulgação da lei nº. 3.427 (19-11-1929); durante três horas, nos edifícios situados nos bairros que forem ou tiverem sido abertos daquela data em diante.*

Vale lembrar que a codificação sobre osculação solar, organizada por Arthur Saboya, não é uma transcrição do livro *Insolação*, embora incorpore suas diretrizes e tenha trazido para um Código de Obras as preocupações com a salubridade das residências, que, no início daquele século, eram mais explícitas nos códigos sanitários.

Leituras e interlocuções

O levantamento do acervo de livros e documentos de Alexandre Albuquerque permitiu ampliar o estudo de sua trajetória intelectual, assim como de suas influências e interlocutores. Embora se saiba que o fato de ler e anotar um livro não significa que o leitor, no caso Alexandre, comungue as ideias do autor, encontravam-se em sua biblioteca muitos livros – e vários deles com anotações de Alexandre – que tratam de questões urbanas, como as obras de Camillo Sitte e, muito depois, o "jovem" Le Corbusier. Entre outras publicações consultadas pelo engenheiro-arquiteto em sua biblioteca estão *L'art de bâtir une Maison agréable et saine. Ouvrage fondamental sur la Technique et l'Hygiene des Habitations et des Installations accessoires dans les Villes et à la Campagne, en France et aux Colonies,* de Edmond Marcotte, editado em Paris em 1930 (livro sublinhado a lápis, em várias partes) e *Vers la lumiére et la beauté. Essai d'esthétique sociale,* de Émile Perret, também editado em Paris, e em cuja página de rosto aparece assinalado: "12-set-1910 Alex", com carimbo Casa Garraux – o livro trata de habitação operária, higienismo, cidades-jardins, jardins operários e proteção da paisagem francesa.

Do francês Viollet-Le-Duc, ele consultou *Comment on construit une maison (histoire d'une maison).* Paris, s.d., que aparece sublinhado e transcreve trecho da página 35 no verso, com uma definição de habitação, e *Histoire de l'habitation humaine depuis les temps préhistoriques jusqu'à nos jours.* Quanto ao arquiteto e urbanista Marcello Piacentini, há dois livros: *La pratica delle construzioni metalliche*, de Fausto Masi (1933), com prefácio de Piacentini, e *Architettura d'oggi* (Roma, 1930), do próprio Piacentini com excelentes fotos da arquitetura moderna nos anos 1920 em toda Europa. As referências bibliográficas de Alexandre Albuquerque também incluem o *Código de Posturas do Município de São Paulo*, de outubro de 1886. E o *Código de Obras do Município de São Paulo*, de Arthur Saboya (1934)– ambos com itens sublinhados nos estudos de Alexandre para a elaboração do *Ante Projeto do Código de Obras para o Município de São Paulo* (1937), incluídos na lista de referências bibliográficas que segue abaixo. Por outro lado, entre os autores brasileiros, figuram Victor da Silva Freire, Luiz de Anhaia Mello e Francisco Prestes Maia. Anhaia Mello assina dedicatória em seu livro, *Problemas de Urbanismo: bases para a resolução do problema técnico,* com as seguintes palavras: "*Ao Alexandre, com muita sympathia do Anhaia*" (23 de maio de 1929). Assim como Victor da Silva Freire, seu professor, que lhe oferece um pequeno volume sobre teoria da arquitetura, *Les Principes de l'architecture,* de John Belcher, 1912, no qual aparece anotado: "*AlexAlbuquerque, offerta de Dr. Victor Freire*". Durante dezoito anos, de 1916 a 1934, Victor da Silva Freire foi colega de magistério, na Politécnica, de Alexandre Albuquerque e o filho deste, Alexandre Serpa Albuquerque (Politécnica, 1940), lembra que o nome do Dr. Freire era constantemente citado em sua casa (A S Albuquerque, 2004). Ao mesmo tempo, Alexandre guardou em sua biblioteca, ao longo de toda sua vida profissional, as anotações das aulas de "*Arquitetura Civil*", ministradas por Francisco de Paula Ramos de Azevedo, seu professor e grande influência. Ampliando estas "*Notas e Croquis de Architectura Civil, Lições do Dr. Ramos de Azevedo. Escola Politécnica de São Paulo, 1903*", Albuquerque redigiu nos anos seguintes seu "*Construções Civis*", livro só publicado postumamente.

A importância da ação direta do sol

Por fim, vale voltar à conferência de 1919, no Instituto de Engenharia, quando Alexandre Albuquerque citou a mencionada frase de Afrânio Peixoto, médico sanitarista: "*O sol é necessário à vida; foi tendência de todos os povos procurar o lado onde ele nasce. Tendência obscura e inconsciente (talvez tropismo biológico) que usos religiosos consagraram e justifica a higiene*". De fato, foi sob a influência dos higienistas que o *Código Sanitário do Estado de São Paulo*, considerado em certos aspectos como verdadeiro código de obras, estabeleceu normas para a construção de casas mais salubres, chamando a atenção para a necessidade de sol, ar e luz. Por outro lado, *o Código de Posturas do Município de São Paulo*, datado de 1886, também fazia determinações acerca "*Da Higiene e Salubridade Pública*".

Foi no século XX, que engenheiros e arquitetos, sobretudo os formados na Escola Politécnica de São Paulo, deram sua contribuição, fazendo estudos, orientando ou tornando-se eles próprios legisladores na defesa da casa salubre. Foram muitas as leis promulgadas enquanto estava em vigor o chamado Padrão Municipal de 1886, mas só nos anos de 1920/30 elas seriam reunidas num *Código de Obras para o Município de São Paulo*. Código pioneiro, no Brasil, ao incluir artigos de lei relativos à insolação das habitações e incorporando, desta forma, as diretrizes de Alexandre Albuquerque em *Insolação*, com os cálculos do tempo de duração da insolação na cidade de São Paulo. Calcular o tempo de insolação na latitude da cidade de São Paulo foi, de fato, a contribuição de Alexandre, que traçou os gráficos necessários, valendo-se de seus conhecimentos de desenho e de sua máquina de calcular movida à manivela. Na época, não era raro que um edifício fosse projetado de maneira que os cômodos, justamente onde as pessoas iriam permanecer por mais tempo, fossem voltados para a face menos insolada, pois construtores e os legisladores tinham como fonte de consulta apenas leis promulgadas em cidades do Hemisfério Norte.

Neste artigo, acompanhamos a maneira como a questão do sol na Arquitetura era ensinada na Escola Politécnica e apareceu depois no trabalho *Insolação*. Aluno de Ramos de Azevedo na Escola Politécnica, Alexandre Albuquerque registrou as lições do mestre, aprofundou e levou-as adiante em suas viagens e trabalhos profissionais, para depois transmiti-las a seus alunos, quando se tornou professor da Politécnica, em 1917. A menção à Escola Politécnica de São Paulo não se restringe a relatar o conteúdo das aulas voltadas à questão da insolação, mas mostra o envolvimento dos alunos e professores no debate urbanístico sobre a cidade de São Paulo, no início do século XX. Se a escola havia sido criada, em 1894, com a intenção de preparar os quadros técnicos necessários à consolidação da República, acompanhando a formação e a atuação de Alexandre Albuquerque, percebemos que não só a sua geração, mas também a anterior, e aquelas que vieram depois, participaram deste processo em que aparecem interligadas as ações da Escola, do Instituto de Engenharia e de outras entidades de classe, com as decisões dos governos municipais e estaduais.

Voltando, para terminar, à questão da insolação, mais especificamente aos capítulos em que Alexandre estuda as sombras projetadas. Ao incorporar suas diretrizes, o Código "Arthur Saboya", nos Art. 149 e 150 diz qual deve ser o espaçamento entre os edifícios. Quanto mais altos, mais sombra projetam, o que exige maiores distâncias entre eles. Um prédio de 60m de altura em São Paulo, projeta sobre o solo, no dia 21 de junho, uma sombra de 64,2m, voltada para o Sul. É a mais longa do ano. Na atualidade, em tempos que se supõem mais conscientes quanto às questões de sustentabilidade ambiental, os prédios chegam a ficar a menos de 10 metros um do outro na direção das ruas, sem qualquer preocupação do Norte-Sul. Se o Código de Obras mudou, eliminando a exigência de insolação mínima (decreto 32.329, de 1992, administração municipal Jânio Quadros), ainda é pouco o que se faz para que a imensa maioria das ruas e residências da cidade fique exposta à ação direta do sol. Hoje ainda, a insolação, é uma das preocupações que ficam em segundo plano ou sequer são lembradas na construção de um edifício e, também, por quem ali vai morar, trabalhar, estudar.

Referências bibliográficas

Albuquerque, Alexandre. *"Notas e Croquis de Architectura Civil, Lições do Dr. Ramos de Azevedo. Escola Politécnica de São Paulo. 1903"*. São Paulo.

_____. *"Diários (1906-1911)"*. São Paulo.

_____. *Estudo do Renascimento Italiano e seu Desenvolvimento*. São Paulo, Typographia Brasil de Rothschild & Comp, 1909.

162 Cristina de Campos * Eduardo Romero de Oliveira * Maria Lucia Caira Gitahy

_____. *As Novas Avenidas de S. Paulo*. São Paulo, Vanorden, 1910.

_____. *Insolação*. São Paulo, Loureiro, Costa & Cia, 1916.

_____. *Ante Projeto de Código de Obras para o Município de São Paulo*. São Paulo, Prefeitura do Município de São Paulo, 1937.

_____. "Relatório apresentado pelo Grêmio Polyetchnico, pelo Sr. Alexandre Albuquerque em 30 de setembro de 1904" *in Revista Politécnica*, São Paulo: Escola Politécnica de São Paulo, out./nov. de 1906, v. 3, n.14: 97-102.

_____. "Impressões de Europa". In: *Revista Politécnica*, São Paulo: Escola Politécnica de São Paulo, 1907, n.15:182-98, n.16:267-83 e n.17: 319-54.

CAMPOS, Candido Malta. *"Os Rumos da Cidade: Urbanismo e Modernização em São Paulo"*. São Paulo, FAUUSP, 1999;129 (tese de doutoramento)

CAMPOS,Cristina de. *São Paulo pela Lente da Higiene. As Propostas de Geraldo Horácio de Paula Souza para a Cidade (1925-1945)"*. São Carlos, RiMa/ Fapesp, 2002: 42-43.

COSTA, Luiz Augusto Maia. *"O Moderno Planejamento Territorial e Urbano em São Paulo. A Presença Norte-Americana no Debate da Formação do Pensamento Urbanístico Paulista. 1886-1919"*. São Paulo, FAU/USP, 2005. (tese de doutoramento)

DOURADO, Guilherme Mazza. *"Belle Epoque dos Jardins. Da França ao Brasil do Século XIX e início do XX"*. São Carlos, EESC/USP, 2008:131. (tese de doutoramento)

FERRAZ, Marcelo Carvalho (coordenação editorial). *Vilanova Artigas: Arquitetos Brasileiros*. Instituto Lina Bo e PM Bardi e Fundação Vilanova Artigas. Lisboa: Editorial Blau Ltda, 1997:20.

FICHER, Sylvia. *Os Arquitetos da Poli - Ensino e Profissão em São Paulo.* São Paulo: Edusp, 2005.

GITAHY, Maria Lucia. Caira (org.) *Desenhando a Cidade do Século XX.* São Paulo, RiMa/Fapesp, 2005.

KATINSKY, Julio Roberto. *"Vilanova Artigas, Invenção de uma Arquitetura." In Vilanova Artigas.* São Paulo: Instituto Tomie Ohtake, 2003:39.

LEMOS, Carlos A. C. *Alvenaria Burguesa.* São Paulo, Nobel, 1989.

LEMOS, Carlos A. C. *A República Ensina a Morar (Melhor).* São Paulo: Hucitec, 1999.

LEMOS, Carlos A. C. *A Cidade dos Fazendeiros.* São Paulo: Banco Real, 2000.

SABOYA, Arthur. *Código de Obras do Município de São Paulo.* São Paulo: Prefeitura do Município de São Paulo, 1934.

SANTOS, Maria Cecília Loschiavo dos. *Escola Politécnica (1894-1984).* São Paulo: EPUSP, 1985.

SEGAWA, Hugo M. *Prelúdio da Metrópole. Arquitetura e Urbanismo em São Paulo na Passagem do Século XIX ao XX.* São Paulo: Ateliê Editorial, 2000.

A cidade de São Paulo e a habitação para o trabalhador (1942-1964)

Luciana Massami Inoue

"Nem sempre a casa é a habitação.
Habitação é um complexo de que a casa é um dos elementos."

Eduardo Kneese de Melo

Este artigo é fruto de uma pesquisa de mestrado em andamento. Neste momento inicial, apoia-se largamente em revisão da bibliografia especializada. Seu foco é a relação entre a habitação pelo trabalhador e a cidade de São Paulo durante o período histórico em tela. Primeiramente, é preciso justificar a periodização. O ano de 1942 foi escolhido por causa da promulgação da Lei do Inquilinato e o ano de 1964, além do marco político, o é também no campo habitacional, com a criação do BNH, Banco Nacional da Habitação. Situamos a pesquisa neste período, porque há muitos estudos sobre a habitação para o trabalhador cobrindo momentos históricos anteriores a 1930 e posteriores a 1964, contudo são poucos os estudos dentro das balizas temporais eleitas.

Um ponto de inflexão no campo da habitação, no período, é a Lei do Inquilinato, em 1942. Tal lei foi lançada para congelar os preços dos aluguéis, e deveria durar apenas até o final da Segunda Guerra Mundial, mas acabou

166 Cristina de Campos * Eduardo Romero de Oliveira * Maria Lucia Caira Gitahy

vigorando até 1964. Bonduki afirma que a lei serviu para dirigir os investimentos para a indústria de base que se estava formando no país e legitimar o Estado populista, procurando agradar às classes populares urbanas. É importante lembrar que houve em 1927, a primeira lei do inquilinato, com a intenção de defender o locatário, mas não teve tanta influência no mercado rentista quanto a lei de 1942. Com ela nasceu a ideologia da casa própria.[1] As vilas operárias deixaram de ser interessantes de ser construídas, assim como as casas para o aluguel, mas pergunto se não foi o próprio trabalhador que quis libertar-se delas, pois também havia uma política de créditos que facilitava a isso. Sobre a Lei do Inquilinato, afirma Sampaio (1981:26):

> Essa Lei contribuiu para acelerar uma tendência que já vinha se acentuando a partir dos meados da década de 20, com o aparecimento dos ônibus: a proliferação de loteamentos populares, onde os lotes eram vendidos em módicas prestações mensais, que variavam de 60 a 120 meses e a intensificação da autoconstrução. O que até há pouco tempo era vendido a alqueire, agora é negociado a metro quadrado. Esse mesmo processo que já vinha ocorrendo dentro do município, estendia-se aos municípios vizinhos.

A Lei do Inquilinato de 1942, em princípio, seria para proteger os inquilinos dos exorbitantes preços dos aluguéis, contudo, a classe mais prejudicada foi a dos próprios inquilinos. Com relação aos investidores, estes pararam de construir para alugar.[2] Paralisando a construção, os próprios trabalha-

---

1   Sobre a ideologia da casa própria, ver Carpintero, 1997. Em 1924, 23,85% da população viviam em casa própria; em 1940, este número passa a 37,7%. E, em 1968, 65,5 %, isto é, mais da metade da população residia em casa própria. (Sampaio, 1981:26) Isto deveu-se sobretudo à política de crédito existente e à difusão da ideologia da casa própria.

2   Porém, conforme afirma Bonduki, a produção rentista não deixou de existir: "*Apesar da insegurança e dos riscos, porém, muitos ainda continuaram aplicando em imóveis de locação pois, inexistindo um mercado de capitais, a propriedade imobiliária*

dores e a classe média foram afetados. Os salários eram reajustados conforme o preço dos aluguéis, reduziu-se assim o custo de vida do trabalhador e, como consequência, este acabou sendo despejado. No plano da cidade, houve o processo de favelização e autoconstrução na periferia. Inicialmente muitos dos moradores das favelas e desta autoconstrução eram trabalhadores assalariados, advindos da própria capital. Ao contrário do Rio de Janeiro, onde as favelas já estavam presentes desde o final do século XIX, em São Paulo este fenômeno foi consequência da crise de habitação da década de 1940. *"As primeiras favelas surgiram em São Paulo entre 1942 e 1945, localizadas entre os próprios municipais.(PMSP, 1962)".* As favelas em São Paulo estavam localizadas principalmente: *"nas várzeas dos rios Tamanduateí ou Tietê, próximas às áreas centrais e polarizadoras de emprego porque, dada a configuração física da cidade, estas áreas pertenciam ao poder público e permaneciam ociosas devido à dificuldade de ocupação(...)"* Tais favelas, ainda que em condições materiais precárias, tinham a sorte de estar localizadas próximo ao centro, estas áreas eram: *"(...) Av. do Estado, Baixada do Penteado, Ibirapuera, Canindé, Ordem e Progresso, da Lapa, Vila Prudente, Vila Guilherme, Piqueri, Tatuapé, Vergueiro e outras"* (BONDUKI, 1994:156) As casas autoconstruídas localizavam-se nos terrenos vazios, desprovidos de infraestrutura e transportes e, portanto, mais baratos. Tais terrenos constituíam as antigas chácaras que foram posteriormente loteadas. São os bairros de: *"(...) Pituba, Chora Menino, Tremembé, Parada Inglesa, Tucuruvi, Jaçanã, Guarulhos, Capuava(via São Caetano, Utinga e Santo André)."* (SAMPAIO, 1981:25) Entre outros estão também: Parque da Mooca, Vila Prudente, Vila Clara (pelos lados de São Miguel Paulista), Jardim Jahú (em direção à Penha), Vila Heliópolis.

---

era um ativo quase-financeiro, de alta liquidez (...)" Apesar da legislação do inquilinato ter reduzido muito a liquidez dos imóveis locados, o número absoluto de inquilinos ainda cresceu nessa década, mesmo com a significativa queda da porcentagem de casas ocupadas por locatários em relação ao total de domicílios, de quase 68%, em 1940, para 57%, em 1950.

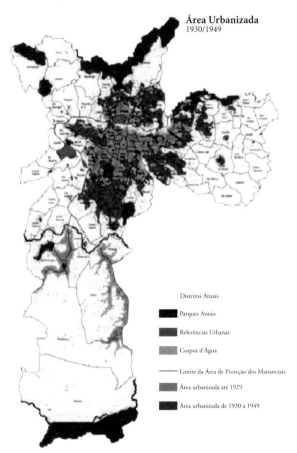

O centro da cidade foi se consolidando espacialmente como um centro de comércio e serviços e, até 1940, pouco verticalizado (como se pode observar na foto abaixo), e os edifícios existentes eram voltados a atender o setor terciário. Portanto, o processo de verticalização deu-se entre 1940 a 1950, e anos posteriores. A verticalização do centro da cidade para uso residencial dirigiu-se às classes alta e média alta, e ao comércio, contudo existe uma tipologia que identificamos como voltada para o trabalhador: a *kitchnette*.

Sobre a origem das *kitchnettes,* SOMEHK (1997:23-24) aponta que foram construídas entre 1940-1956:

> O Estado limita pela primeira vez o coeficiente de aproveitamento, estabelecendo uma cota mínima que define o tamanho dos apartamentos (210m2 para um CA igual a 6 e 140m2 para um CA igual a 4), selecionando, em consequência, a classe de renda consumidora. As kitchnettes dão lugar à construção de grandes conjuntos residenciais. (…) A limitação do aproveitamento dos terrenos e o uso cada vez mais acentuado do automóvel acentuam o crescimento vertical.(…)

Este modelo *kitchenette* será considerado como uma habitação produzida para o trabalhador. Todavia não sabemos se estava prevista na legislação, pois poderia ser uma burla da lei, o edifício poderia ser aprovado como comercial e posteriormente destinado ao uso residencial.

> Em 1935, Paulo de Barros Whitaker pede aprovação para construir um prédio residencial de 11 pavimentos na praça Marechal Deodoro, com elementos art déco. O edifício era precursor das kitchnettes, pois além dos apartamentos de um e dois dormitórios, dispunha de apartamentos só com uma sala, de 7.5mx2,8m, evidentemente a ser dividida para uso, sem a necessária iluminação (...) (SOMEKH, 1997: 151)

Somekh apoia-se em Sevcenko para falar do padrão americano de verticalização e de outra série de influências americanas pelas quais passa a cultura paulistana. Típica deste período, para viabilizar a construção de edifícios de altos, é a construção em condomínios. Sabemos que a legislação previa tal organização. Vale mencionar que o complexo industrial da construção estava se consolidando e as tecnologias do concreto possibilitavam a verticalização. (GITAHY e XAVIER PEREIRA, 2002) É na década de 1940 que a cidade de São Paulo cresce de maneira vertiginosa, devido a sua industrialização, atrai as migrações, e conhece o seu primeiro milhão de habitantes. A seguir temos duas tabelas que demonstram tal crescimento:

População Urbana e Rural – Grau de Urbanização Município de São Paulo, 1940 a 2000				
Anos	População total	Urbana	Rural	Grau de Urbanização
1940	1.326.261	1.258.482	67.779	94,9
1950	2.198.096	2.052.142	145.954	93,4
1960*	3.781.446	-	-	-
1970	5.924.615	5.872.856	51.759	99,1
1980	8.493.226	8.337.241	155.985	98,2

| 1991 | 9.646.185 | 9.412.894 | 233.291 | 97,6 |
| 2000 | 10.434.252 | 9.813.187 | 621.065 | 94,0 |

Fonte: IBGE, Censos Demográficos
*Os dados do Censo de 1960 não permitem a identificação da população urbana e rural

Na primeira podemos ver claramente que já na década de 1940, a população de

Densidade Demográfica Município de São Paulo 1950 a 2000			
Anos	População Total	Área em km2	Densidade hab/km2
1950	2.198.096	1.624	1.354
1960	3.666.701	1.587	2.310
1970	5.924.615	1.509	3.926
1980	8.493.226	1.509	5.628
1991	9.646.185	1.509	6.392
2000	10.434.252	1.509	6.915

Fonte: IBGE, Censo Demográficos e EMPLASA
Obs: Somente a partir de 1964 o IGC passou a calcular a área do MSP

São Paulo é urbana. Em 1970, o grau de urbanização atinge quase a 100%. Entre 1940 e 1950 a população do município duplica. Em São Paulo, a urbanização resultou numa configuração espacial de intensa verticalização na área central, dirigida ao uso comercial e residencial voltada às classes média e média alta, que possuía acesso à infraestrutura da cidade; e paralelamente observa-se uma horizontalização nas áreas periféricas, voltadas à população mais carente e com mais dificuldade de acesso à infraestrutura. Tal crescimento da cidade, levou a sociedade a questionar-se sobre o adensamento:

> *Essa expansão horizontal criou para sempre dificul-*
> *dades para a organização de um sistema eficiente de*
> *transporte coletivo na cidade, contribuindo para uma*
> *estruturação urbana na qual as classes média e alta*
> *iriam preferir, apesar dos preconceitos existentes até*
> *a década de 1940, morar em condomínios verticais*
> *próximos ao centro ou nos antigos bairros residenciais.*
> (BARROS, 1942:85)

Muitos dos loteamentos já existiam antes de 1930, mas não estavam ocupados. A ocupação intensa se dá neste período posterior a 1940. Um dos que se preocupavam com a questão dos loteamentos periféricos, já na década de 1920, foi o então jovem vereador Anhaia Mello, como reporta CAMPOS NETO (1942: 237): *"É preciso (…) pôr-se um freio a essa extensão desmesurada da cidade."* Apresentou projeto de lei que previa o controle do desenho dos novos bairros segundo um plano geral de viação, a partir do qual seriam fixadas pela prefeitura diretrizes para vias arteriais e espaços livres em cada loteamento. Previa também uma contribuição de dois terços do custo de calçamento, paga pelos loteadores, sem a qual os novos logradouros não seriam oficializados pela prefeitura. Nesse sentido, retomava os princípios da lei aprovada por Antônio Prado, em 1909, determinando que quem abrisse novas ruas deveria concorrer com metade dos custos de pavimentação, para que a Câmara oficializasse as vias. A decisão de Antônio Prado havia sido objeto de feroz oposição por parte dos proprietários e fora revogada por Raimundo Duprat, no âmbito da lei de loteamentos de 1913. A proposta de Anhaia Melo não só pretendia restaurar como aumentar a quantia cobrada. Nota-se o teor antiurbano do projeto de lei. Houve muitas emendas à lei,[3] por exemplo, o Vereador Paiva Meira admitiu a abertura de ´ruas particulares´ não sujeitas às exigências da Lei No. 2611. Em 1924, Heribaldo Siciliano apresentou projeto de lei isentando vilas e conjuntos de ´casas econômicas´ das exigências da Lei No. 2611.

---

3   Gronstein estudou mais detalhadamente esta questão do adensamento provocado por esta lei.

> Era inevitável o conflito entre dispositivos urbanísticos de controle e os interesses da propriedade imobiliária. Estes últimos amparavam-se no liberalismo dominante no Brasil de 1920, exacerbado pela predominância dos interesses comerciais e fundiários no modelo agroexportador. Por sua vez, a aplicação do aparato regulador do urbanismo moderno, proposta em São Paulo por Vítor Freire, Anhaia Melo e outros, era indispensável à modernização local, conquanto limitada aos espaços dominantes. Ao longo dos anos seguintes, a disputa entre urbanistas e liberais se concentraria em dois campos: a altura das edificações, limitada pelo ′padrão municipal′ de 1920, e a contribuição para o calçamento estabelecida pela lei de 1923. (Campos Neto, 2002:246)

Apesar do intenso crescimento da cidade vertical e horizontal, nenhum plano de expansão para a cidade foi pensado, com exceção do estudo da SAGMACS,[4] que infelizmente não foi implantado. Além disso, a verticalização como solução para o problema da habitação popular, não foi mais que um sonho presente em projetos, e não foi além do centro da cidade, pois são raros os exemplos de edifícios na periferia.

A interação entre a cidade, a habitação e o sistema de transporte

Como vimos, os trabalhadores residiam em favelas próximas à áreas centrais e pólos geradores de emprego. Outra saída para os trabalhadores, depois da Lei do Inquilinato, foi a periferia. Para os primeiros, não havia o problema do transporte, podiam ir ao trabalho à pé ou de bonde. Entretanto, para o trabalhador que morava na periferia, o sistema era bastante precário. A

---

4   Sagmacs – Sociedade para a Análise Gráfica e Mecanográfica aplicada aos Complexos Sociais. *Estrutura Urbana da Aglomeração Paulistana. Estruturas atuais e estuturas racionais.* Mimeo. São Paulo, 1958. Biblioteca FAU/USP.

rede de bondes não chegava a atender toda a população, tampouco a rede de iluminação, água e esgoto. As vias também eram precaríssimas. Para entender, será melhor ver os mapas de urbanização da cidade de São Paulo e a conexão com as redes de transporte, bem como a evolução das mesmas. Identifica-se uma forte ligação entre os loteamentos e os meios de transporte, reforçando a teoria de Villaça, que afirma que o deslocamento de pessoas é um dos elementos estruturadores do espaço intraurbano.

> A importância dos bondes como indutor e direcionador da urbanização, fica ilustrada pela associação entre a ´São Paulo Tramway Light and Power Company´ e a ´City of São Paulo Improvements and Frehols Land Company Limited', através de contrato firmado em 1915 e referente à extensão de linhas para o Jardim América, para a Lapa, para o Pacaembu e para a ligação entre a Lapa e Pinheiros. A rede de bondes, sendo o primeiro sistema de transporte coletivo urbano em São Paulo, foi responsável pelo aumento da segregação funcional de usos do solo, pois – com a possibilidade de percorrer maiores distâncias sem gastar mais tempo, as zonas residenciais começaram a se afastar das zonas de trabalho, permitindo a expansão da área urbanizada, ao invés de favorecer o aumento da concentração. A rede de bondes permitiu por outro lado a integração dos núcleos afastados dentro do mesmo sistema, o que favoreceu a especialização do núcleo principal. (Sagmacs, 1958:48)

Os loteamentos, entre 1914 e 1929, e as linhas de bonde vão estendendo de forma radiocêntrica. Já a infraestrutura urbana – água e esgoto – não chega a atender a periferia da cidade, na qual problemas infraestrutura viária e saneamento perdurarão por muito tempo. Como mostra Stiel(1978:137):

> acelerou-se separação entre habitação e trabalho. Um indício do uso do bonde pela população

> trabalhadora é a criação dos 'Carros para operá-
> rios' pela Light (…)

Em 1925, inicia-se o transporte por ônibus sem nenhuma regulamentação, quando houve o racionamento de energia elétrica. A Light sentiu o problema da concorrência e reagiu, comprando ela mesmo ônibus novos e luxuosos,
cujo serviço foi inaugurado em maio de 1926. Em 1947, foi constituída a
CMTC (Companhia Municipal de Transporte Coletivo) que inicia sua operação. Era uma sociedade anônima de economia mista. Contudo, até 1949, os
bondes transportavam mais passageiros que os ônibus da CMTC, quase cin-
quenta por cento a mais; situação que se inverterá em 1951. Assim como houve
relação entre as empresas de bondes e os loteamentos, o mesmo deu-se com as
companhias de ônibus e os loteadores. O transporte de ônibus não modificou
a estrutura radiocêntrica e acentuou o congestionamento do centro da cidade;
já que permitiu uma expansão maior da periferia e favoreceu à concentração
no centro, alterando as relações de acessibilidade estabelecidas pelo bonde.
Paralelamente, o automóvel deixa de ser de uso exclusivo da elite fazendeira e
industrial e passa a ser acessível à classe média alta. Mesmo os automóveis de
praça, passam oa uso quotidiano, perdendo a imponência dos primeiros tempos. (LEFÈVRE, 1985:58-66).

Ao contrário dos bondes, "*o automóvel, em sua rápida expansão como meio
de transporte, passou a constituir um motivo extremamente forte para a forma da
cidade*"; demandou o alargamento das ruas, com a remodelação da parte central
da cidade, culminando na aplicação do Plano de Avenidas, cujas intervenções:

> mudaram efetivamente a escala da cidade, à custa
> da destruição da cidade pré-existente." (…) "Com
> a guerra, principalmente de 1942 ao início de
> 1945, quando vigorou o racionamento, houve
> uma redução grande no número de automó-
> veis em circulação, e, apesar, das dificuldades, o
> número total de passageiros transportados por
> bondes e ônibus continuou crescendo até 1944,
> sofrendo uma queda de 1945 e 1947, devido à

> obsolescência do material rodante e à conturbada fase de reorganização pós-guerra e pós-Estado Novo. Nesse período, as extensas filas de passageiros nos pontos demonstram a carência existente no sistema. (Lefèvre,1985:50-64)

Sabe-se que na década de 1930 as indústrias ainda estavam localizadas no centro e próximas às linhas férreas, e o escoamento da produção era feita através dos trens. Com a implantação das rodovias e a política nacional de estímulo do transporte rodoviário, a localização das indústrias, na década de 1950, passa a ser ao longo delas. Adotamos 1950, portanto, como um dos outros pontos de inflexão, além de que, nesta década, o volume de utilização de ônibus suplantou o de bondes. A produção industrial ultrapassa os limites do município, e concomitantemente surge a formação de subúrbios-dormitórios e a formação da área metropolitana de São Paulo. Segundo Sampaio:

> Em 1950, (…) acompanhando a tendência iniciada na década de 40, diversifica-se a produção industrial e os ramos que produzem bens de consumo dão lugar aos que produzem bens de produção. Em 1949, a indústria têxtil é ainda o ramo mais importante do parque industrial da cidade, sendo responsável por mais de um quarto (26,7%) do valor do produto industrial. Em 1959,(…), embora o ramo têxtil ainda ocupe o segundo lugar, responde por menos de um sétimo (13,8%) daquele valor. Novos ramos, como a indústria de transportes, química, material elétrico, passam a se desenvolver em maior intensidade, evidenciando uma mudança qualitativa no processo de industrialização. A indústria ultrapassa os limites da município, estendendo-se para os municípios vizinhos, sem solução de continuidade. (…) Assiste-se à formação da área metropolitana, abrangendo uma série de municípios que abrigam não só novas indústrias mas que têm a função de subúrbios-dormitórios. Alguns

desses municípios tiveram aumentos de população entre 1940-50 calculados entre 35 e 60%. Muitos loteamentos seguem a implantação industrial, localizando-se nos novos eixos rodoviários iniciados a partir do final da década de 40, especialmente ao longo das vias Dutra e Anchieta. Enfatizamos, entretanto, que os loteadores não se restringiram em seguir a trajetória da indústria, pois, em inúmeras localidades onde não ocorreu implantação de indústrias, surgiram loteamentos que atraíam a população devido às condições de venda que ofereciam (…) Não foi portanto devido somente a influência da indústria que se deu a expansão da mancha urbana paulistana e que concretizou a Grande São Paulo, mas também devido à ação de loteadores.

As observações de Sampaio reforçam a teoria de Gottdiener, de que os estruturadores do espaço urbano são o Estado e setor imobiliário. O metrô apesar de ter sido implantado tardiamente na cidade de São Paulo, foi cogitado desde longa data. A Light, o prefeito Fábio Prado, o prefeito Prestes Maia, o prefeito Wladimir de Toledo Pisa demandaram estudos para viabilizar o metropolitano. Contudo, os estudos nunca saíram das planilhas e pranchetas.

Quem se preocupou com a habitação para o trabalhador?

Muitos se preocuparam com a questão habitacional. Variados são os agentes sociais envolvidos, e como era de se esperar, suas motivações foram diversas. Quem são estes agentes e quais as motivações? Outro aspecto que gostaríamos de colocar é: a partir de quando a habitação torna-se uma preocupação social? *Grosso modo*, podemos dividir os agentes sociais em dois grandes grupos: a iniciativa pública e a iniciativa privada. Dentro da iniciativa pública podemos enquadrar não apenas o poder executivo, mas também, os órgãos técnicos – urbanistas, arquitetos, legisladores, que prestavam serviços ao governo. Estes últimos poderiam estar mais isentos, mas não é o que ocorre na prática. Dentro do grupo da iniciativa privada, podemos dizer que há uma miríade de agentes sociais, desde grandes proprietários de terra e industriais aos pequenos comerciantes e loteadores. Estes últimos não devem ser desprezados, pois a grande quantidade incide nas mudanças sociais e espaciais. Por questões analíticas, a iniciativa pública e a privada, são vistas como grupos separados e por vezes antagônicos. Na prática, não é o que, de fato, ocorre. Um exemplo, é que os mesmos personagens da iniciativa privada, ocupam cargos políticos no setor público. Muitas vezes, não é conveniente separá-los para entender a dinâmica do processo que resulta na produção espacial da cidade.

A crise da habitação surgiu desde o começo do século XX, com o início da industrialização e urbanização. Não é um fato que ocorre apenas na cidade de São Paulo, mas em todo o país. Já mesmo antes dos anos 1940, vários profissionais estavam preocupados com a questão habitacional e pensavam em formas de como enfrentá-la. Assim O Instituto de Engenharia promoveu, em 1931, o I Congresso de Habitação, e o IDORT (Instituto de Organização Racional do Trabalho) promoveu, em 1941, as Jornadas de Habitação Econômica. Bonduki nota a ausência daqueles que já estavam produzindo a habitação social, como os arquitetos influenciados pelo movimento moderno, técnicos do Ministério do Trabalho e dos Institutos de Aposentadoria e Pensões, cujas obras já estavam sendo executadas desde 1937. A ausência destes profissionais talvez se explique pelo fato de a maior parte ser carioca. (BONDUKI, 1998:75)

Várias instituições procuraram estudar o problema da habitação, como a Escola Livre de Sociologia e Política. Podemos citar aqui também a SAGMACS[5] que elaborou, a pedido do prefeito Wladimir de Toledo Pisa, um relatório de análise da cidade de São Paulo publicado em 1958, intitulado: *Estrutura Urbana da Aglomeração Paulistana. Estruturas atuais e estuturas racionais*. Era um grupo de pesquisas interdisciplinar, pois havia engenheiros, economistas,

---

5   Sociedade de pesquisas 'Economia e Humanismo' no Brasil, sob a direção geral de Louis Joseph Lebret, director-geral de *'Economie et Humanisme'* e do *'Centre de Formation et de Recherche en vue du Développement Harmonisé'* – IRFED, diretor de Pesquisas no *'Centre National de la Recherche Scientifique'* (Paris), assistido por Benevuto de Santa Cruz, diretor técnico de SAGMACS e diretor de 'Economia e Humanismo' no Brasil.

arquitetos e assistentes sociais. Nota-se, além da preocupação de planejamento, uma profunda preocupação social. No Rio de Janeiro, a maior parte das construções modernas foi realizada pela iniciativa pública, enquanto em São Paulo há o predomínio da iniciativa privada, como a principal contratante dos serviços dos arquitetos. SOMEKH (1997:39) diz que São Paulo, portanto, teve um urbanismo modernizador, e não moderno, no sentido de colocar a questão social: "*Nenhum projeto de transformação social, nem mesmo a questão social, estava presente nos seus discursos, muito mais permeados por questões relativas à melhoria de lucratividade da terra urbana.*"

Os assuntos que preocuparam os engenheiros foram, sobretudo, as alternativas para reduzir o custo da moradia, formulando propostas técnicas para reduzir o custo da casa, do terreno e da urbanização, e a outra alternativa foi a localização urbana: sugerindo a ocupação na chamada "zona rural", que posteriormente passou a ser agregada e reconhecida como cidade, com o nome de periferia. (CAMPOS NETO, 2002: 89) Outra medida paliativa foi o "*abrandamento das exigências do Código de Obras e do Código Estadual Sanitário era uma reivindicação recorrente, considerada indispensável no barateamento da construção (…) Alexandre de Albuquerque, presidente do Congresso de Habitação, criticou severamente o Código Artur Saboia, decretado apenas dois anos antes.*" (Instituto de Engenharia, 1931:23)". Até meados de 1930, a intervenção estatal é apenas higienista, delegando à iniciativa privada prover as habitações de trabalhadores através de isenções fiscais na construção das vilas operárias, estas apenas para os trabalhadores mais qualificados, para os demais restam os cortiços. Contudo, uma política habitacional que partisse do Estado só começa a ser pensada no governo de Getúlio Vargas.

> A partir de 1930, o predomínio da concepção keynesiana e a ascensão favorável do fascismo e do socialismo criaram um clima ideológico amplamente favorável à intervenção do Estado na economia e no provimento aos trabalhadores das condições básicas de sobrevivência, inclusive habitação. A produção social por alguns países europeus, sobretudo os social-democratas nos anos 20, reforçou a tese.

No continente, no I Congresso Panamericano da Vivenda Popular, realizado em Buenos Aires em 1939, foi aprovada uma recomendação para que os países do continente criassem órgãos nacionais específicos para cuidar da habitação (…). Porém, no caso do Brasil, a influência internacional foi apenas o pano de fundo que facilitava a aceitação de uma tese que ia de encontro ao modelo de desenvolvimento então adotado. Foi nesse contexto que, em 1942, o governo interferiu no mercado de locação, congelando todos os aluguéis por meio da Lei de Inquilinato. A medida fora adotada em vários países europeus e latino-americanos desde a Primeira Guerra (na França, por exemplo, os aluguéis permaneceram congelados por décadas), e era um duro golpe contra os proprietários de casas de aluguel. A justificativa do governo (…) era que o país vivia uma situação de emergência devido à Segunda Guerra. (…) O congelamento parece ter surpreendido os especialistas: nas Jornadas de Habitação, realizadas um ano antes, mesmo os que defendiam com vigor a intervenção estatal não chegaram a mencionar o rígido controle dos aluguéis como alternativa. (Bonduki, 1998: 81)

A Lei do Inquilinato, de âmbito federal, apresentou, segundo o autor, diversas facetas: instrumento de defesa da economia popular, estratégia de destruição da classe improdutiva dos rentistas, medida para reduzir o custo de reprodução da força de trabalho, instrumento de política econômica para acelerar o crescimento do setor industrial e forma de legitimar o Estado populista que buscou nas classes populares urbanas o seu apoio. A Lei do Inquilinato, que deveria durar apenas o período de guerra, vigiu até 1964: "*respaldada inclusive nas conclusões da Comissão Mista Brasil-Estados Unidos, que recomendou medidas para restringir a especulação imobiliária.*" (BONDUKI, 1998) Outra forma de intervenção estatal foi a criação da Fundação da Casa Popular, embora esta também não tenha conseguido ser eficaz:

> Em dezoito anos, a Fundação da Casa Popular (FCP), primeiro órgão criado no âmbito federal com atribuição exclusiva de solucionar o problema habitacional, produziu 143 conjuntos com 16.964 unidades habitacionais. No mesmo período, os Institutos de Aposentadoria e Previdência, que não tinham como objetivo específico enfrentar a questão da moradia, viabilizaram a edificação de 124.025 unidades habitacionais, sem contar com milhares de apartamentos financiados para a classe média.". (BONDUKI, 1998: 115)

Ainda que, no período pós-guerra, tenha início uma produção de habitação social, tanto a Lei do Inquilinato, que teve consequências práticas desastrosas, como os resultados pífios da Fundação da Casa Popular, denotam a dificuldade do Estado formular e implementar uma política habitacional consistente.[6] Enquanto isto, na cidade de São Paulo, Prestes Maia, apesar de ter participado do I Congresso de Habitação Econômica, pouco fez para minorar a crise. Segundo alguns autores, o Plano de Avenidas de Prestes Maia acarretou inúmeras desapropriações o que agravou a crise de moradias. De aproximadamente 1920 a 1940, urbanistas e políticos viram crescer as periferias, implementadas por loteadores privados, muitos deles proprietários ou associados às empresas de ônibus, mas nenhum plano de expansão para a cidade foi elaborado

---

6   Bonduki (1998:127) defende a intervenção estatal da era Vargas na produção de habitação: "*É possível argumentar que a produção de cerca de 140 mil unidades habitacionais é irrisória frente às necessidades da população brasileira. No entanto, em termos relativos, é inegável que, em regiões e momentos específicos, a produção de habitações pelo Estado, a despeito de seus equívocos, foi significativa. Do ponto de vista qualitativo, a produção de conjuntos habitacionais pelos IAPs merece destaque tanto pelo nível dos projetos como pelo impacto que tiveram, definindo novas tipologias de ocupação do espaço e introduzindo tendências urbanísticas inovadoras.*"

para contê-la. Esta parte da cidade, considerada rural até que, a partir dos anos 1940, passa a ser a saída para a moradia da classe trabalhadora paulistana, foi por muito tempo simplesmente ignorada pelo poder público, mas em muitos quilômetros quadrados, era maior que a cidade oficial.[7] A expansão da cidade estava escapando ao controle urbanístico. Houve o surgimento de loteamentos clandestinos, onde além da falta de fiscalização, houve interpretações duvidosas onde as "brechas" da legislação permitiam. Segundo aponta Gronstein:

> A solução habitacional representada pelos loteamentos populares revela a estratégia encontrada pela sociedade nos anos 40/50 para acomodar na cidade enormes contingentes de população atraídos pelo mercado de trabalho em expansão. E evidenciam o comportamento ambíguo do poder público na aplicação das leis urbanísticas; por um lado estabelece normas que pretendem garantir a qualidade dos espaços produzidos na cidade e por outro não as aplicam quando inconveniente. Este procedimento recorrente perpetuou e consolidou uma prática, a desobediência consentida e a permanente anistia a situações produzidas fora das normas, um dos componentes da configuração de uma cidade precariamente expandida, ilegal e clandestina." (GRONSTEIN, 1987: 120)

---

7   "Além do Plano das Avenidas, que incentivava a descentralização através do transporte sobre pneus, a mentalidade rodoviarista de Washington Luiz, sintetizada na frase ´governar é abrir estradas´, influenciou a abertura, na década de trinta, das estradas rodoviárias em direção aos subúrbios que utilizavam trechos dos antigos caminhos de tropas facilitando a circulação do ônibus nessas direções. (…) O que o ônibus fez foi complementar itinerários, principalmente em alguns subúrbios-estação. Em 1935, já existiam as seguintes linhas de ônibus que partiam do centro ou de bairros periféricos em direção aos ´subúrbios´: Pirituba, Chora Menino, Tremembé, Parada Inglesa, Tucuruvi, Jaçanã, Guarulhos, Capuava (via São Caetano, Utinga e Santo André) " (SAMPAIO, 1998: 25).

As causas da crise da habitação nos anos 1940 já foram apontadas mas, além da Lei do Inquilinato, o período pós-guerra conheceu inflação e dificuldade no fornecimento de materiais de construção. Sendo insuficiente a produção estatal, o trabalhador teve dificuldades. Os investimentos em vilas operárias foram abandonados em prol da própria produção industrial. O número de construções diminui, afetando a empregabilidade do próprio trabalhador. Com o congelamento de aluguéis, o salário mínimo também foi congelado, pois o aluguel era sua base de cálculo. Não tendo como pagar o aluguel, o trabalhador tinha duas saídas: as favelas e a casa na periferia. São Paulo, ao contrário do Rio de Janeiro, conheceu as favelas somente em 1946. Nesta época, era prefeito da cidade, Abraão Ribeiro que interveio na questão, contudo seu interesse era apenas eleitoral. (Bonduki, 1994:157) Portanto, novamente a solução habitacional foi deixada nas mãos da iniciativa privada, aos loteadores e aos trabalhadores. Como atestam os dados, muitos trabalhadores preferiram o lote na periferia. Esta nova forma dos trabalhadores viverem na cidade baseou-se no trinômio: lote na periferia, casa própria e autoempreendida, paulatinamente "*o lote urbano dissociou-se da casa acabada*, até o momento da ruptura definitiva" com consequências nefastas para o próprio trabalhador e para a cidade. (Grostein, 1987:115)

> Ao se desqualificar a produção da moradia como mercadoria – transformando-a numa espécie de serviço social (Conjuntos Habitacionais dos IAPs); descaracterizando seu valor, com a dissociação do custo de produção do valor do aluguel (provocado pela Lei do Inquilinato); ou então produzindo-a como valor de uso, no caso de autoempreendimento -, configura-se uma situação na qual se deixa de contabilizar o valor da habitação. E essa redução ou anulação do custo de moradia acarreta uma diminuição do custo da força de trabalho, sem que esta deixe de ser alojada, contudo, ampliando-se assim a taxa de acumulação do capital. (Bonduki, 1998:192)

Passemos agora a clarificar o que propriamente chamamos iniciativa privada. Como iniciativa privada, compreendemos: os construtores, os loteadores, os incorporadores, bancos e imobiliárias. Também podemos incluir as companhias de ônibus, e até mesmo os próprios trabalhadores. Sobre a iniciativa privada atuante neste setor, menos informações possuímos – seja pela dificuldade de acesso à documentação (por ser privado), seja por ser o setor mais fracionado que existe, com diversos agentes sociais participando em vários segmentos. Por exemplo, veja-se o caso da loteadora do Parque Novo Mundo. Ainda estamos tateando uma metodologia para mapear tal complexo de interesses. A solução será ter uma ideia geral e, dentro do possível, investigar umas poucas empresas, para entender o mecanismo pelo qual atuam. Temos estudos de Sampaio, que estudou os loteadores e os edifícios relacionados à arquitetura moderna construídos no período:

> "Outro grupo é constituído de loteadores proprietários de empresas imobiliárias e construtoras. O início da atividade podia ser um ou outro ramo, pois tanto encontramos donos de empresas imobiliárias que depois passaram posteriormente a serem loteadoras. A venda de material de construção aliada a essas atividades também não era incomum." (...) "Era comum abrir-se uma firma para cada loteamento. Esse procedimento foi utilizado por exemplo por Matteo Bei, que fez inúmeros loteamentos, como a Cidade São Matheus, Chácara Belenzinho, Vila Paulina, estes dois últimos na Mooca."(...) Os loteamentos populares e a autoconstrução andaram sempre juntos. A maior parte dos lotes produzidos era destinada à venda para a população trabalhadora que imediatamente começava a construção de um abrigo inicial, que ia aumentando à medida que a família crescia e as condições econômicas melhoravam. Alguns loteadores também construíam casas populares para vender, porém essa atividade suplementar não constituiu a regra. Alguns, inclusive,

> construíam algumas casas para venda com intenção de dar início à ocupação do loteamento; essas casas tinham a finalidade de servir de modelo a ser imitado nos demais lotes postos à venda." (SAMPAIO, 1981:28-30)

Esta pesquisa abre-se para continuar nestas linhas de investigação.

Referências bibliográficas

BARROS JR, A.S. "A habitação e os transportes" In: *Revista do Arquivo Municipal*, n.82, 1942.

BONDUKI, N. *Origens da habitação social no Brasil*. São Paulo: Estação Liberdade/ Fapesp, 1998.

CAMPOS, Cândido Malta. *Os rumos da cidade. Urbanismo e Urbanização*. São Paulo: Ed. SENAC, 2002.

CARPINTÉRO, M. V. T. *A construção de um sonho: os engenheiros -arquitetos e a formulação política habitacional no Brasil (São Paulo: 1917/1940)*. Campinas, SP: 1997

CORREIA, Telma de Barros. *A Construção do Habitat Moderno – 1870-1950*. RiMa. São Carlos, 2004.

FAUSTO, B. *O Brasil Republicano: sociedade e política.(1930 -1964)*. Vol. 3, Difel – Difusão Editorial S.A. São Paulo, 1981.

FIGUEROA ROSALES, Mario Arturo. *Habitação coletiva em São Paulo 1928-1972*. São Paulo: Edusp, 1997. Tese de doutorado.

GITAHY, M. L.; PEREIRA, P. C. X. (orgs.) *O Complexo Industrial da Construção e a Habitação Econômica Moderna 1930-1964*. São Carlos: RiMa, 2002.

GOTTDIENER, Mark. *A produção social do espaço urbano*. São Paulo: Edusp, 1993.

GRONSTEIN, M. D. *A cidade clandestina, os ritos e os mitos: o papel da irregularidade na estruturação do espaço urbano no MSP 1900-1987*. Tese de doutorado FAU/USP, São Paulo, 1989.

GRONSTEIN, M. D. *Expansão Urbana e Habitação da classe trabalhadora; da vila operária ao lote popular*. (mimeo). 1993.

LAMPARELLI, Celso. "Louis-Joseph Lebret e a pesquisa urbano-regional no Brasil. Crônicas tardias ou história prematura." In: *Espaço&Debates*. Cidade Brasileira, século XX. Revista de Estudos Regionais e Urbanos. Ano XIV, 1994, No. 37. São Paulo, NERU, 1994.

LEFÉVRE, José Eduardo de Assis. *O transporte coletivo como agente transformador da estruturação do centro da cidade de São Paulo*. Dissertação de mestrado. FAU/USP. Orientador Prof. Dr. Júlio Roberto Katinsky, 1985

MARICATO, E. org. *A produção capitalista da casa (e da cidade) no Brasil industrial*. São Paulo: Alfa-Omega, 1979.

MARINS, P. C. G. "Habitação e vizinhança: limites da privacidade no surgimento das metrópoles brasileiras". in SEVCENKO, Nicolau (org.) *História da vida privada no Brasil*. São Paulo: Companhia das Letras, 1998.

ROSSETTO, Rosela. *Produção Imobiliária e Tipologias Residenciais Modernas em São Paulo 1945 – 1964*. Tese (doutorado) – FAU/USP, 2002.

SAMPAIO, Maria Ruth Amaral de. "O papel da iniciativa privada na formação da periferia paulistana" In: *Espaço&Debates*. Cidade Brasileira, século XX. No. 37: Revista de Estudos Regionais e Urbanos. São Paulo, Núcleo de Estudos Regionais e Urbanos, 1981.

Sampaio, Maria Ruth. *Habitação e Cidade*. São Paulo, Fapesp, 1998.

Sampaio, M. R. A. "A influência da Arquitetura Moderna em alguns Conjuntos Habitacionais construídos pelos IAPs em São Paulo." In: Sessão Temática: Modernização e Modernidade: Desafios da Cidade Contemporânea. *iv Seminário de História da Cidade e do Urbanismo*, 1994.

Sampaio, M. R. A. "A Promoção Privada da Habitação Econômica e a Arquitetura Moderna em São Paulo entre 1930 e 1964" in. v Seminário de História da Cidade e do Urbanismo". 1999.

Sampaio, M. R. A. (org.) *A Promoção Privada da Habitação Econômica e a Arquitetura Moderna em São Paulo entre 1930-1964*. São Carlos, RiMa/ Fapesp: 2002.

Segawa, H. *Arquiteturas no Brasil – 1900 -1990*. São Paulo: Edusp, 1997.

Silva S. S.; Szmrecssányi, T. (orgs.) *História econômica da Primeira República*. São Paulo: hucitec/Fapesp, 1996.

Singer, P. *Economia política da urbanização.* São Paulo: Brasiliense, 1973.

Singer, P. *Desenvolvimento econômico e evolução urbana: análise da evolução econômica de São Paulo, Blumenau, Porto Alegre*. São Paulo: Nacional, 1977.

Somekh, N. *A cidade vertical e o urbanismo modernizador*. São Paulo, 1920-1939. Tese (Doutorado) – FAU/USP, SãoPaulo, 1994.

Stiel, Waldemar Correa, in *História dos Transportes Coletivos em São Paulo*. São Paulo, Mc Graw Hill-Edusp, 1978.

Villaça, Flávio. *Espaço intra-urbano no Brasil*. São Paulo: Studio Nobel: Fapesp: Lincoln Institute, 2001.

Espaços de vida dos sambistas de São Paulo: um percurso. A urbanização a partir da cartografia de vivências.

Marcos Virgílio da Silva

Antes da partida

O presente trabalho traz o registro de uma pesquisa em andamento, e os resultados aqui apresentados são, fundamentalmente, aproximações provisórias e preliminares. Suas propostas, ainda em amadurecimento, e suas conclusões, provisórias e preliminares, visam aqui suscitar a discussão de algumas questões de cunho eminentemente metodológico. O objetivo deste trabalho, portanto, é essencialmente problematizar o caminho de investigação tomado, mais do que a realização do percurso.

O ponto de partida do trabalho – e da pesquisa geral – é o de contribuir para a construção de uma história da urbanização vista "a partir de baixo", na expressão consagrada pelo historiador inglês E. P. Thompson. Ou seja: trazer ao primeiro plano a vivência e experiência urbanas do que aqui serão denominadas, na falta de termo melhor, as "classes subalternas". Uma parcela específica foi destacada e tem merecido a atenção prioritária nesta pesquisa: os sambistas, quer sejam autores, quer sejam intérpretes ou praticantes em geral da expressão musical do samba. Como recorte espacial, adotou-se a cidade de São Paulo (indo, à primeira vista, na contramão dos estudos mais conhecidos sobre essa forma musical, mas de fato inserido no contexto de um conjunto significativo de estudos recentes sobre o samba e o carnaval paulistas[1]). Do ponto de vista cronológico, atenta-se para as décadas de 1950 e 1960.

Esses sambistas legaram um *corpus* documental rico e ainda não devidamente explorado: os registros de sua arte, especialmente em gravações fonográficas, e que vem merecendo, na pesquisa, um exame detido. Aqui, porém, é outra faceta deste legado que será examinado: os próprios registros de suas vivências. Assim, a matéria-prima do trabalho aqui apresentado é o conjunto de biografias de certo número de sambistas atuantes em São Paulo no período estabelecido. A discussão proposta se centra, portanto, numa questão metodológica: os limites e, sobretudo, as potencialidades do uso da biografia como fonte para o (re)conhecimento da urbanização enquanto *experiência*. E, por extensão, da adoção de tal perspectiva para os estudos de História da Urbanização.

Para situar o âmbito em que se desenvolveram essas questões, é conveniente expor também o contexto da pesquisa da qual este trabalho resulta. Intitulada "Debaixo do 'pogréssio'[2] – Urbanização, cultura e experiência popular em João Rubinato e outros sambistas paulistanos (1951-1969)", a pesquisa parte da história da urbanização em São Paulo nessas décadas de intenso crescimento – de um lado, a industrialização e a consolidação da cidade como

---

1 Alguns desses trabalhos são citados ao longo do texto. Para outras referências, vide Bibliografia.

2 A ideia de "progresso", encontrado com tanta frequência nos discursos oficiais sobre a cidade no período, particularmente nas comemorações do IV Centenário (em 1954), é tratada pelos sambistas (sobretudo por Adoniran Barbosa) com uma curiosa e instigante displicência, como se nota na pronúncia reproduzida neste título – extraída do samba *Conselho de mulher* (Adoniran Barbosa, Osvaldo Molles e João Belarmino dos Santos).

TERRITÓRIO E CIDADES   191

centro industrial;[3] de outro, o crescimento populacional impulsionado, principalmente, pelas migrações.[4]

Ainda que o nexo entre esses fenômenos seja amplamente notado na historiografia, os estudos têm privilegiado a compreensão de grandes processos e das respostas técnicas a essas questões por parte do poder público e de arquitetos e urbanistas,[5] enquanto pesquisas voltadas a temas como o cotidiano da população e seus modos de vida em meio a esses processos têm sido pouco frequentes no âmbito da História da Arquitetura e Urbanismo. Um enfoque que, sendo útil para a compreensão da urbanização em uma escala geral e mesmo comparativa, e até da compreensão da constituição do urbanismo como disciplina e saber técnico, por vezes perde de vista a concretude da urbanização no que diz respeito à *experiência*[6] humana envolvida, especialmente quando se trata dos indivíduos que compõem a "massa" de trabalhadores, vindos à cidade para trabalhar na indústria em plena expansão.

Em busca de uma compreensão dessa experiência humana concreta, o projeto voltou-se a um aspecto da urbanização paulistana que é a sua manifestação cultural (entendida não como um "reflexo", mas como um aspecto intrínseco àquela), da qual uma forma particular é enfocada: a música popular e, mais especificamente, o samba. Pretende-se compreender de que maneira um registro particular do cotidiano da população pobre

---

3   São Paulo consolida-se então como o principal parque industrial brasileiro e, conforme se anunciava orgulhosamente à época, da América Latina.

4   Berlink e Hogan (1972), por exemplo, afirmavam que cerca de 1 milhão de migrantes teriam ingressado na cidade de São Paulo somente na década de 1950, o que correspondeu a 60% do crescimento da população da cidade.

5   Vide, por exemplo, Leme (1982), Grostein (1987), Meyer (1991), ou ainda Somekh e Campos (2002).

6   A ênfase na "experiência" orientou os trabalhos de importantes pesquisadores, tais como os britânicos Edward Palmer Thompson (THOMPSON, 1981 e 1987) e Raymond Williams (WILLIAMS, 1979), os quais servem como fundamentos teóricos essenciais para a orientação da abordagem proposta no presente projeto.

da cidade, como é o samba, possibilita olhar a urbanização paulistana sob outra perspectiva – a partir "de baixo".[7]

Nesse sentido, há pelo menos um compositor cuja obra é referência fundamental para o estudo que se propõe, e que será tomado como ponto de partida e caso significativo: o sambista João Rubinato, mais conhecido pelo nome artístico de Adoniran Barbosa. Ao mesmo tempo, busca-se atentar para sua inserção em um contexto mais amplo, que é o da produção musical e da "cena paulistana" de samba.

Para tal intento, neste trabalho, serão examinados alguns aspectos relacionados à vida de alguns sambistas atuantes em São Paulo no período da pesquisa aqui empreendida. Esta abordagem se coloca em posição intermediária entre duas linhas dominantes de estudo sobre o samba, particularmente de São Paulo, mas em certo sentido na maior parte da produção sobre a música popular brasileira: aquela que enfatiza biografias de artistas tomados individualmente e a que se dedica a um exame panorâmico da trajetória da música popular – exceção feita aos estudos ligados a movimentos musicais consagrados, como a Bossa Nova e o Tropicalismo.[8] Nesta perspectiva, é possível observar comparativamente as trajetórias de sujeitos concretos e em número limitado, sem precisar recorrer a um "contexto" externo e superior, mas também se evitando abordar cada personagem como singularidade. Em outros termos, os sambistas não são tratados nem como "típicos", nem como "ímpares". Interessa, fundamentalmente, vê-los como "pares".[9]

Neste sentido, é importante contar com a disponibilidade de uma rica bibliografia dedicada ao sambista Adoniran Barbosa, mas deve-se, de todas as formas possíveis, extrapolar sua trajetória individual e investigar as interfaces de sua própria vida com a de outros sambistas. Mais recentemente, outros sambistas

---

7   Mais uma vez se retoma Thompson, lançando-se mão da noção de "history from below", consagrada pelo historiador inglês.

8   Merece citação também o estudo de Alcir Lenharo sobre os artistas da chamada "Era do Rádio" (Lenharo, 1995).

9   A questão é ricamente debatida por Carlo Ginzburg ao tratar da figura do moleiro Menocchio (Ginzburg, 2006).

paulistanos têm merecido atenção, o que não pode deixar de ser louvado. Graças a esses novos estudos, fontes que aqui serão intensamente utilizadas,[10] é possível construir uma visão perspectiva "a meia altura", como a que aqui se propõe.

De fato, a figura de Adoniran tem, desde cedo, despertado grande interesse de estudiosos da música popular (particularmente do samba) de São Paulo. Pelo menos desde que Antonio Cândido dedicou um texto ao compositor na contracapa de seu segundo LP (lançado em 1975),[11] pesquisadores (acadêmicos ou não) têm voltado os olhos para esta figura que parece, por vezes, ter-se tornado a metonímia do samba paulista. A disponibilidade de numerosos estudos monográficos ou biografias dedicadas a Adoniran, assim como um bom número de discos em catálogo, certamente facilita o acesso ao compositor – e o farto material parece já ter sido explorado à exaustão. Já com relação a outros sambistas, as referências são ainda esparsas e pouco numerosas, sem o grau de amadurecimento das pesquisas dedicadas ao autor de *Saudosa Maloca*. Não se dispõe, por exemplo, de material suficiente para possibilitar cruzamentos de informações e comparação de abordagens.

O exame dessas biografias mostra que subsistem indagações a serem feitas, especialmente para quem deseja compreender o contexto da produção musical e do samba paulistas e a posição de Adoniran e seus colegas nesse meio. Assim, por escassas que sejam, as informações disponíveis em outros documentos possibilitam certa ampliação de alcance do retrato, constituindo-se fontes de importância capital. Além disso, somente por meio dessas numerosas fontes suplementares é possível construir um quadro de diferentes formas de apropriação da cidade por parte dos sambistas, o que é possibilitado pelo reconhecimento de seus espaços vividos, e reconhecer sua participação – e não apenas sua "inserção" – no processo de urbanização de São Paulo.

Este trabalho se estrutura em três partes: na primeira, um breve "sobrevoo" inicial permitirá compreender, de forma panorâmica, o processo aqui

---

10   As referências desses estudos serão apresentadas ao longo do texto, sendo desnecessário citá-los todos neste momento.

11   O texto também se encontra na coletânea *Textos de intervenção* (Dantas e Cândido, 2002).

denominado a "urbanização do samba" em São Paulo; em seguida, o exame das biografias propriamente ditas do conjunto de sambistas estudados e a apropriação da cidade que suas trajetórias pessoais e profissionais permitem reconhecer; por fim, por meio do exame de alguns referenciais teóricos que orientaram este trabalho, serão levantadas e discutidas as questões metodológicas já indicadas.

O artigo se compõe de três partes fundamentais: primeiramente, são apresentados alguns dados reunidos sobre as vidas de alguns desses sambistas, buscando enfatizar a relação demonstrável entre suas trajetórias de vida e profissionais (no que diz respeito ao samba, nem sempre coincidentes) e a apropriação do espaço urbano decorrente dessa vivência. A esse registro se somam algumas considerações acerca de certas referências teóricas – além daquelas já citadas – que permitem problematizar as questões metodológicas que se deseja discutir ao final do trabalho. Essas três partes são precedidas de um preâmbulo em "sobrevoo", abordando um processo que merece atenção: aquilo a que se pode denominar "urbanização do samba" em São Paulo.

Uma aproximação pelo alto: a "urbanização do samba"

Para se falar em "urbanização" do samba, é preciso considerar processos que se somam à urbanização e que, coincidentes no tempo e no espaço, com este dialogam sem se confundir. A industrialização é um dos mais evidentes, daí a necessidade de tratar a questão da "indústria musical" (ou, em termos mais gerais, da "indústria cultural") à parte, o que extrapola os objetivos deste trabalho. Outro processo relevante que também não poderia ser confundido com a "urbanização", mas que com ela se relaciona, é o que se convencionou denominar "modernização".[12]

---

12 Segundo a "teoria da modernização", em voga no período aqui considerado, a urbanização é um aspecto e, de certa forma, um fator desencadeante da modernização das relações sociais (à qual se soma, justamente, a industrialização). Já a "modernização" consiste, essencialmente, na aproximação gradual (e progressiva) de um padrão social "moderno" (em oposição ao "tradicional"), caracterizado por elevado grau de "diferenciação" social e especialização, de divisão do trabalho,

TERRITÓRIO E CIDADES   195

É útil retomar rapidamente alguns parâmetros conceituais do que se entende aqui por "urbanização do samba". Fica claro, desde já, que não se trata de falar da urbanização em geral e abstratamente, nem mesmo da formação e construção de cidade. Ao associá-la ao samba, atribui-se à urbanização um sentido que diz respeito sobretudo ao seu caráter de processo e de transformação, como usual, mas um processo e uma transformação que implicam a modificação das qualidades ou das características do samba.

Entende-se por "urbanização", portanto, a mudança que corresponde, primeiro, à mudança de *lugar*: a prática do samba em ambiente urbano ao invés de rural. Se esta passagem significaria, como na acepção demográfica do termo, um aumento relativo do samba urbano em comparação com o rural, é uma questão a ser examinada. Um ponto de partida, aparentemente óbvio, é considerar que a prática do samba depende de seus praticantes, e assim seria possível assumir que tal aumento relativo teria de fato ocorrido, mas há outros aspectos envolvidos, evidentemente.

Os sambas praticados no interior de São Paulo estavam inscritos num conjunto de práticas coletivas nas quais a devoção exercia um papel decisivo – isto é, havia uma vinculação estreita entre as festividades religiosas e suas procissões com a prática do samba. Assim era, por exemplo, em Pirapora do Bom Jesus, um dos principais centros do samba rural paulista.[13] Essa vinculação não se extinguiu com a migração para as cidades, mas se redefine de forma decisiva. Assim, como mostra Olga von Simson (2007), os batuques encontram no carnaval uma efeméride privilegiada para sua expressão, em lugar dos festejos anteriormente ligados às festividades de meio de ano, como as festas juninas. Por outro lado, é difícil identificar diferenças essenciais no que diz respeito à relação entre o samba e a devoção na prática ligada aos terreiros (candom-

---

alfabetização e exposição aos meios de comunicação social, participação política das massas com base em valores seculares, além de ser culturalmente dinâmico e orientado para a mudança e a inovação.

13   Vide, por exemplo, Suzuki (2007).

blé e umbanda[14]): terreiros havia no interior como na capital, e talvez fossem igualmente estigmatizados.[15]

Em termos espaciais, o que se pode verificar é um *deslocamento* (que também ocorrera, como se observou, em relação ao *calendário* de sua prática), e a seguir uma *concentração*. De diversas localidades no interior do Estado (e mesmo de outros estados), os praticantes vêm à capital e se encontram em certos bairros de São Paulo – essencialmente, nos bairros pobres e nas localidades de população majoritariamente negra, como Barra Funda e Bexiga (SIMSON, 2007). Além disso, os praticantes dos batuques se viram, por força da repressão oficial, obrigados a se concentrar em recintos fechados na cidade – aqui, portanto, os terreiros assumem importância ainda maior, mas também se tornam importantes os encontros mais restritos, nas residências dos praticantes.[16]

A despeito da repressão, a prática do samba também se conserva, na medida do possível, em locais específicos que se tornam pontos de referência para os sambistas. O conjunto dessas referências – praças, ruas, largos[17] – faz com

---

14 Estudos ligados à Antropologia Urbana têm dedicado particular atenção a este aspecto. Vide, por exemplo, o estudo de Vagner Gonçalves da Silva (2004).

15 O tema é amplamente explorado por Ieda Marques Britto em seu estudo sobre o samba em São Paulo nas primeiras décadas do século XX e, não por acaso, a autora considera sua prática "um exercício de resistência cultural" (BRITTO, 1986).

16 Antonio Rago narra encontros deste tipo para a prática do choro, na época em que principiava na prática musical (RAGO, 1986). A repressão à prática popular de música em São Paulo é mencionada por Tinhorão, que, entretanto, não reconhece o deslocamento da prática para locais mais confinados, o que o conduz à conclusão de que a repressão teria sido plenamente bem-sucedida na cidade, a ponto de abafar a manifestação de uma forma "característica" de música popular urbana na cidade (TINHORÃO, 1992). Pode-se ainda questionar o esquema tinhorânico por não admitir possibilidade de essas manifestações virem a se verificar posteriormente, a partir do período em que o autor só é capaz de enxergar a "cultura de massas" – explicação insuficiente para expressões musicais como, por exemplo, o rap.

17 Pensando aqui nas praças da Sé, Clóvis e João Mendes, concentrações de engraxates que, ao final do expediente também praticavam samba com (e em) seus instrumentos de trabalho; na rua Direita, referência fundamental da sociabilidade

que a cidade seja incorporada pelo samba, que então constitui em sua própria memória e afetividade uma paisagem urbana própria. Sinal evidente deste aspecto da urbanização: as *saudades*, a *nostalgia*, se referem aos locais da cidade transformados e descaracterizados em relação a essas memória e afetividade, não apenas à "roça", ao "sertão" – que continuarão a ser invocados por outras formas musicais, como a música sertaneja.

Num momento posterior àquela concentração, o crescimento da cidade e a expulsão dos pobres dos bairros centrais em direção às periferias mais remotas levarão a um segundo momento de *dispersão*, ou de uma ocupação de novos locais, mais afastados daqueles apropriados pelas classes populares no princípio do século, mas ainda na cidade de São Paulo. Em pesquisa etnográfica realizada junto à escola de samba Vai-Vai, os geógrafos Dozena e Marcelino (2008) obtiveram testemunho de que "com a construção das avenidas, valorização dos terrenos e remoção dos cortiços, muitos de seus componentes [da escola de samba] foram para a cidade inteira" (Dozena e Marcelino, 2008).[18] As formas musicais resultantes desta "nova dispersão" tampouco são as mesmas daquelas praticadas no interior. O contato anterior com outras vertentes do

---

negra em São Paulo no período (principalmente na década de 1950) e na rua Lavapés, no Cambuci, berço da escola homônima, considerada a mais antiga em atividade na cidade; no largo da Banana (Barra Funda) ou no largo do Peixe (Vila Matilde), entre outras. Outros lugares, citados por Vagner da Silva e outros (Silva *et al.*, 2004: 132-3) incluem: largo do Piques (atual Praça da Bandeira), na "Prainha" (praça do Correio, na esquina do vale do Anhangabaú com a avenida São João), no Bar do Chico (rua Santo Antonio, no Bexiga) – o chamado "Cabaré dos Pobres" – e, na Barra Funda, no cruzamento das ruas Conselheiro Brotero e Vitorino Carmilo.

18 Os autores observaram que o mesmo ocorre em outras escolas, de formas diferenciadas, "pois em alguns bairros as pessoas podem ter se mudado menos e terem maiores vínculos com o lugar; em outras palavras, estarem mais territorializadas" e que, nesses casos, "a noção de pertencimento extrapola a noção de bairro", especialmente quando se constitui vínculo com a escola, que "nem sempre constitui vínculo de moradia com aquele bairro". Concluem que "as práticas sociais ligadas ao samba demonstram ter enorme fluidez e mobilidade" (Dozena e Marcelino, 2008).

samba rural (por exemplos, entre oriundos do samba de batuque campineiro com jongueiros do Vale do Paraíba) amplia mutuamente os repertórios.

Uma permanência da "concentração", e que é sincrônica a essa dispersão, também deve ser notada. O afluxo populacional para a cidade de São Paulo, notoriamente intenso nas décadas de 1950 e 1960, fez crescer novos bairros e aglutinou neles novos moradores das mais diversas procedências: tanto aqueles que se movimentavam pela própria cidade, dentre os quais tantos expulsos das áreas centrais em processo de verticalização, quanto migrantes (do interior de São Paulo, dos estados vizinhos, do Norte e do Nordeste). Da mesma maneira que no caso anterior, nessa concentração (nas periferias da cidade) há uma intensificação de contatos e um "intercâmbio", mesmo que involuntário, entre diversas formas musicais: os sambistas entram em contato direto com os cocos, baiões, emboladas e outras criações do Norte e do Nordeste; e vice-versa.[19]

A vida urbana possibilitou aos sambistas, por outro lado, novas formas de produção do samba. O que alguns autores (como Waldenyr Caldas) entendem como a passagem da "música folclórica" para a "música popular",[20] isto é, a inser-

---

19   Não se pretende aqui afirmar que esses contatos tenham sido inaugurados neste período ou em São Paulo, menosprezando ou omitindo, por exemplo, que o baião de Luiz Gonzaga era um dos maiores sucessos do rádio nas décadas de 1940 e 1950, ou que as "tias baianas" tenham tido um papel constituinte no samba carioca. Espera-se apenas evidenciar a importância dessa relação para o que aqui se trata como o processo de urbanização do samba paulista. Um exemplo interessante e altamente ilustrativo desse "intercâmbio" é a relação entre o sambista paulistano Germano Mathias e o compositor alagoano Jorge Costa: enquanto este encontrou em São Paulo a forma definitiva de sua produção musical, aliando ao samba de seu novo meio as síncopes das emboladas de sua terra natal, o primeiro incorporou ao seu próprio sincopado as artimanhas rítmicas dos ritmos aprendidos com seus colegas e amigos nordestinos (RAMOS, 2008).

20   Caldas, Waldenyr. *O que é música sertaneja*. São Paulo: Brasiliense, 1987 (Coleção Primeiros Passos 186), e *Acorde na aurora*: música sertaneja e indústria cultural (São Paulo: Cia. Editora Nacional, 1979). Sobre as transformações na música "caipira" e sua passagem para a "sertaneja", ver também Nepomuceno, Rosa. Música caipira: da roça ao rodeio. São Paulo: Editora 34, 1999; Andrade, Mário de. Samba Rural Paulista In: *Ensaio sobre a música brasileira*. São Paulo: Martins,

TERRITÓRIO E CIDADES 199

ção em outras práticas da produção musical leva de uma produção anônima (ou mesmo coletiva) a uma produção autoral (individualizada). É interessante notar que este processo seria paralelo a uma experiência aparentemente contraditória, que é a percepção de isolamento em meio à massa nas cidades. Aos instrumentos artesanais se seguiram outros: instrumentos manufaturados e depois industrializados em grande escala, bem como apetrechos deslocados de suas funções originais, como ferramentas e utensílios domésticos, entre outros.[21] Pelas praças do centro de São Paulo, engraxates usam latas, caixas e escovas para suas batucadas; nos botecos, sambas nascem de "um copo, uma garrafa e um pente".[22]

Em suma, é possível identificar traços de mudanças que, inscritas na transformação das vidas de diversos praticantes do samba radicados em São Paulo, possibilitam a interpretação de um processo de "urbanização" do samba. Seria arriscado afirmar que o processo foi "concluído", e que o samba se encontra inteiramente urbanizado, mesmo em São Paulo – ou mesmo que se trate de um fenômeno irreversível. É sem dúvida defensável, ao menos, a ideia de que essa mudança se verificou de forma marcante a ponto de não ser necessário

---

1937; Bonadio, Geraldo e Savioli, Ivone de Lourdes. Música sertaneja e classes subalternas. In: Melo, José Marques de (org). *Comunicação e classes subalternas.* São Paulo: Cortez, 1980; Martins, José de Souza. Música Sertaneja: a dissimulação na linguagem dos humilhados. In: *Capitalismo e tradicionalismo.* São Paulo: Pioneira, 1975. Sobre a passagem análoga do samba, de "rural" a "urbano", ver Marcelino, Marcio Michalczuk. Uma leitura do samba rural ao samba urbano na cidade de São Paulo. Dissertação (mestrado). São Paulo: FFLCH/USP, 2007.

21   Germano Mathias, que se notabilizou pela execução percussiva de uma lata de graxa e de frigideira (o que era comum nas baterias dos cordões e escolas de samba), foi contratado pelas Emissoras Associadas em 1955 como "cantor e executante de instrumentos exóticos". Antes dele, já se haviam popularizado outros "instrumentos exóticos" como a caixa de fósforos, por Ciro Monteiro; o chapéu palheta de Luiz Barbosa (a quem João Rubinato homenageou quando da escolha de seu pseudônimo artístico, Adoniran Barbosa). Por outro lado, panelas e pratos já eram amplamente utilizados nos "sambas de roda" e afins, espalhados por quase todo o país, desde princípios do século XX (Ramos, 2008: 315-322).

22   Título de uma composição gravada pelos Demônios da Garoa em 1961.

qualificá-lo como "urbano" – ao passo que para o "samba rural" a distinção se mostrou importante. Isso não significa que não seja praticado em outros lugares, de outras maneiras, com suas próprias referências – inclusive rurais.

Para examinar as implicações dessas transformações na vida dos sambistas, merece exame uma transformação em nada desprezível, já que relacionada exatamente a uma das dimensões mais profundamente alteradas com a passagem para o ambiente urbano (ao menos no contexto da industrialização em São Paulo): a entrada desses sambistas nas relações de trabalho urbano-industriais dominantes na estruturação da sociedade paulistana do período, com a possibilidade de que o samba, originalmente ligado a práticas religiosas ou festivas, passe a se mostrar um "meio de vida" factível por meio da profissionalização como "músico".

Geografando vivências, percorrendo espaços de vida

Para enfrentar essa questão, é possível observar o percurso desses sambistas em sua vida profissional e "carreira artística", destacando a interface (nem sempre sobreposição) estabelecida entre a busca do sustento e a prática do samba. Ao atentar para esse percurso, inevitavelmente adentram o campo de visão também a trajetória desses sambistas pela cidade e os locais em que se estabelecem. Aqui se tentará, portanto, observar esses dois trajetos simultaneamente.

Um número relativamente restrito mas significativo de sambistas atuantes na cidade será suficiente para reconhecer algumas das possibilidades de apropriação da cidade pela parcela da população que interessa à presente pesquisa. Para não desviar a atenção para questões específicas da representação cartográfica ou dos resultados até o momento obtidos – já que a proposta é desenvolver a reflexão em outra direção – optou-se por seguir a proposta de Jane Jacobs (2000) e permitir que o próprio leitor busque as imagens que o texto sugere em sua própria memória ou expectativa. O ponto de partida da jornada, evidentemente, será o sambista que tão frequentemente é tido como o principal da cidade.

No início do período aqui analisado, João Rubinato reside em pleno Centro Novo de São Paulo – mais propriamente num apartamento à rua

Aurora, 579, apto. 22.[23] É a época de sua composição emblemática *Saudosa Maloca* – por sinal, composta por influência de uma demolição na mesma rua, presenciada pelo artista em suas andanças pelas imediações de sua residência. Quando se mudou para esse endereço, ainda em meados dos anos 1940 (após a separação de sua primeira esposa, Olga Krum), Rubinato era um artista em ascensão no rádio, mas ainda comprometia 45% de seu salário no pagamento dos Cr\$ 360,00 do aluguel do apartamento (Campos Jr., 2004:127). Até chegar a este local, João passa por diversos endereços em São Paulo desde meados da década de 1930:[24] em 1936 vive no Bixiga[25] (rua 14 de Julho); durante o curto casamento com Olga, vive no Tatuapé (rua Henrique Sertório, 23); e após a separação passa os primeiros anos da década de 1940 em um quarto de pensão na Santa Cecília[26] (alameda Barão de Limeira, 957).

23 Local de sua residência até 1965, quando se muda para a Cidade Ademar. Nesse período, Toninho, integrante e fundador dos Demônios da Garoa, também mora perto do compositor, na Praça Júlio Mesquita, 69, 25º andar (Campos Jr, 2004: 391). Não se dispõe de maiores informações sobre as residências dos outros membros do grupo, exceto seus locais de origem (Cambuci e Mooca).

24 Em 1924, João Rubinato muda-se com a família para Santo André, então um distrito de São Bernardo do Campo, chegando do interior do Estado de São Paulo (Jundiaí e, antes ainda, Valinhos). No início dos anos 1930 é que ele se muda para São Paulo, para tentar a vida sozinho e trabalhar numa loja de tecidos na rua 25 de março, morando também nas imediações.

25 Embora esta tenha sido uma passagem curta, comprova-se a passagem do artista pelo bairro, contrariando afirmação recorrente de que Adoniran nunca viveu no bairro. O interessante é que, em sua passagem pelo Bixiga, morou próximo à padaria São Domingos, local que continuou visitando anos depois, tendo uma conhecida fotografia no local.

26 Na década seguinte, o sambista Noite Ilustrada conta, em entrevista ao website *Gafieiras*, que teria residência próxima a este local, na rua General Osório, quase esquina com a Barão de Limeira. ("Os termos do eterno sambista", por Ricardo Tacioli. *Gafieiras*. Disponível em: http://www.gafieiras.com.br/Display.php?Area =Entrevistas&SubArea=EntrevistasPartes&ID=2&IDArtista=2&css=3&ParteNo =8. Acesso em 24 de março de 2009).

Mesmo quando se casa com a ex-telefonista da Columbia Pictures, Mathilde de Lutiis, com quem vive até o fim da vida, permanecem nesse mesmo apartamento. Para ela, sem dúvida era uma melhoria: sua família vivia em uma pequena residência na Vila Economizadora, perto da rota de prostituição do Bom Retiro, entre as ruas Itaboca e Aimorés (Campos Jr., 2004:136-9).

O sucesso da gravação de *Saudosa Maloca* e *Samba do Arnesto* pelos Demônios da Garoa, em 1955, possibilitou a Rubinato a aquisição de sua casa – uma "chácara" no então longínquo bairro de Cidade Ademar. Demoraria ainda dez anos até que o casal se mudasse para o novo endereço. Novamente, graças ao sucesso que os Demônios da Garoa conquistariam com outra composição sua, *Trem das Onze*, foi possível ampliar e completar a "chácara" na Cidade Ademar. Assim, em 1965, João e Matilde se mudam, em definitivo, para a rua São Narciso, 378 (atual Cel. Francisco Júlio César Alfieri[27]). A maneira como os dois lidavam com o problema de deslocamento da e para a nova residência era bastante diversa: enquanto Rubinato só se locomovia de táxi, Mathilde usava ônibus (Campos Jr, 2004:400).

A indicação desses movimentos em função da residência e obtenção de moradia própria aponta para um processo que a literatura urbanística já reconheceu como parte do crescimento da cidade em direção à periferia, onde grande parte da população pôde adquirir casa própria (regular ou não) em condições mais acessíveis do que na região central.[28]

Por outro lado, o percurso desenvolvido por Rubinato até o estabelecimento na rua Aurora é também bastante interessante e representativo das estratégias de moradia da população pobre da cidade: em termos de acomodação, as alternativas incluíram pensão, aluguel de quarto, a periferia da cidade (como, supõe-se fosse o bairro do Tatuapé no período). Além disso, é importante a observação da mobilidade e rotatividade das moradias: Rubinato só pôde se "esta-

---

27 A "chácara" onde viveu Rubinato não existe mais. Em reconhecimento de campo realizado recentemente, observou-se que o antigo número 378 da rua Cel. Francisco Julio Cesar Alfieri foi incorporado a outros terrenos vizinhos para a construção – ironia? – de um prédio de apartamentos.

28 Vide a esse respeito, particularmente, as teses de doutorado de Bonduki (1998) e Grostein (1987).

belecer" quando seus rendimentos como artista de rádio começaram a aumentar, e foi graças a dois momentos de rendimento excepcional que o compositor logrou adquirir sua própria moradia com relativa facilidade.

Se o caso de João Rubinato é ilustrativo dessa mobilidade, Germano Mathias exemplifica essa realidade num grau ainda mais acentuado. Embora não se trate de um migrante como Rubinato, sua trajetória pela cidade de São Paulo pode ser caracterizada como um verdadeiro périplo entre o Centro e a Zona Leste.[29] Mathias nasceu no Pari, em 1934 (rua Santa Rita, 43), tendo-se mudado depois para o Tatuapé, na rua Santo Elias, onde passou a infância criado pelos avós. Quando passa a frequentar as "bocas" da malandragem em torno do Bom Retiro,[30] já no final da década de 1950, vive alguns anos sob custódia de uma prostituta, que residia no Carrão (Ramos, 2008:82). Um breve intervalo aos dezoito anos, enquanto serviu ao exército em Quitaúna, Osasco, e retorna à Zona Leste, residindo algum tempo na rua Toledo Barbosa, no Belém. Neste período, as moradias de Germano são, via de regra, relacionadas a pessoas que o sustentam, enquanto ele mesmo vive de pequenos expedientes e frequentando rodas de samba.

No período entre o final da década de 1950 e 1960, que marca a profissionalização de Germano como cantor e "executante de instrumentos exóticos" (Ramos, 2008:105) e sua maior popularidade, Germano consegue se instalar no "Centro Novo", morando no largo do Arouche e, depois, nas imediações do Viaduto Nove de Julho – ainda assim, não consegue deixar o aluguel por uma moradia própria. A relativa efemeridade do sucesso de Germano parece ter contribuído para que não estabelecesse condições de estabilidade no período de "vacas magras" a partir do final dos anos 1960, mesmo considerando o

---

29 As informações referentes a Germano Mathias têm como fonte básica a biografia do sambista escrita por Caio Silveira Ramos (Ramos, 2008).

30 Somente na década de 1950 a prostituição no Bom Retiro seria coibida em definitivo – o que, porém, serviu somente para que esta se transferisse para "o outro lado da linha do trem", isto é, a região da República, Arouche e Santa Cecília, no que ficou conhecido como a "Boca do Lixo". Vide, a respeito, Ciscati (2000).

período que passa no Rio de Janeiro, na virada para a década de 1970.[31] Como resultado, o período parece ter sido ainda mais dramático do que foi também para Rubinato.

A comparação entre os dois, neste momento, parece ilustrar o quadro descrito por Bonduki (1998): o sambista que logrou adquirir moradia própria, ainda que na periferia – a então remota Cidade Ademar – garantiu certa estabilidade em seu período final de vida, o que não ocorreu com Mathias antes da década de 1990. Além disso, o "Catedrático do Samba" testemunhou de perto as transformações sofridas pela região central da cidade, insistindo, quiçá com excessiva teimosia, naquela área em "decadência".[32] Não deixa de ser interessante contrastar, neste sentido, as condições em que Adoniran, na década de 1950, e Mathias, duas décadas mais tarde, residiram na mesma rua Aurora.

Nem todos os casos, contudo, são de tão intensa mobilidade: o caso de seu Nenê (Alberto Alves da Silva) é um bom exemplo. Nascido em Santos Dumont, MG (1924), suas moradas estiveram sempre localizadas na Zona Leste: inicialmente em Itaquera, onde o pai trabalhou na estrada de ferro, de onde Alberto se mudou ainda na década de 1930 para a Vila Esperança, sempre

---

31 Por conta da crise em sua carreira nesse período, Germano acaba indo viver num edifício à esquina da rua Aurora com a Santa Ifigênia, local então apelidado por ele de "Palacete dos Mendigos" (Ramos, 2008:212-215). Após o período de interesse desta pesquisa, Germano ainda morará algum tempo na Vila Mariana, no local onde reside então sua futura esposa Yvone Cherubim (rua Flávio de Melo, próximo ao que era, até então, a Favela do Vergueiro, atualmente a Chácara Klabin). Na década de 1980, período de maior dificuldade para o artista, Germano vive na região da "Boca do Lixo" mudando-se com frequência entre diversas moradias de aluguel e sofrendo constantes despejos (*idem*, p. 253-260), até se instalar em definitivo na região de Taipas, Zona Norte, em um conjunto habitacional.

32 Possivelmente, não se trata de mera teimosia. O fato de Rubinato permanecer se dirigindo ao Centro, tanto quanto sua saúde permitiu, até o final de sua vida, é mostra de que talvez este também não desejasse de fato sair da região, ou que ao menos ela não tivesse perdido de todo a atratividade que sempre lhe apresentara. Deve-se considerar, neste caso, a possibilidade de outros critérios terem então pesado: a vida estabelecida com sua esposa, o desejo de um espaço onde pudesse trabalhar em suas peças de artesanato, a relativa proximidade com a nova sede da Record, etc.

nas proximidades de sua escola (SILVA e BRAIA, 2000:21-24).[33] Este parece ser mais um de numerosos casos ligados às escolas de samba: assim, Madrinha Eunice (Deolinda Madre), até onde foi possível verificar, residiu a maior parte de sua vida no Cambuci, perto de sua escola, a Lavapés;[34] Inocêncio Tobias parece ter vivido a maior parte de sua vida junto aos seus companheiros da Camisa Verde e Branco, no distrito da Barra Funda (JT, 1980[35]). De fato, como afirmam Silva *et al.* (2004:131-2), os desfiles dos grupos carnavalescos "tinham como ponto de partida a sede da agremiação, geralmente a própria casa dos fundadores", sendo assim realizados principalmente nos bairros de moradia dos negros que integravam esses agrupamentos.

Geraldo Filme é um exemplo intermediário entre a grande mobilidade dos sambistas profissionais e a relativa estabilidade dos sambistas ligados às agremiações dos bairros negros da cidade. Embora grande parte de sua história esteja ligada aos Campos Elíseos e bairros vizinhos (particularmente o Largo da Banana, na Barra Funda).[36] Ali iniciou sua convivência com os grupos carnava-

---

33 Busca-se ainda localizar com maior precisão os locais de moradia do "seu Nenê", mas desde já é possível afirmar que o sambista jamais se afastou de maneira mais prolongada do bairro em que se estabeleceu na Zona Leste, e na qual ajudou a fundar a escola Nenê de Vila Matilde em 1949. Há indícios de que tenha residido também no Brás ("Nenê da Vila Matilde, o patriarca do samba paulista". *Folha de São Paulo, 21/02/1982*, Folhetim, p. 8. Acervo da Discoteca Oneyda Alvarenga, pasta 16(4)), mas como este também foi o local em que exerceu a profissão de metalúrgico ("O homem que ensina samba". *Folha de São Paulo,* 16/11/2003, caderno Cotidiano, p. C10), é possível cogitar que a informação a respeito de moradia no Brás seja imprecisa.

34 De acordo com o trabalho de Vagner Gonçalves da Silva *et al.* (2004:124-7), Deolinda Madre, nascida em Piracicaba em 18/12/1909, mudou-se com uma prima para São Paulo em 1913, indo viver na rua Tamandaré, posteriormente na rua Galvão Bueno, na região da Liberdade e Baixada do Glicério, onde passou toda sua vida.

35 "Eis que morreu um pedaço do samba paulista". *Jornal da Tarde*, [1980]. Acervo da Discoteca Oneyda Alvarenga, pasta 16 (5).

36 A mãe de Geraldo costumava levá-lo a festividades negras pela capital, como a festa da casa de Tia Olímpia, na Barra Funda, e também no terreiro de Zé

lescos da cidade, os cordões Campos Elíseos, Grupo Carnavalesco Barra Funda (posteriormente refundado como Camisa Verde e Branco) e Escola de Samba Primeira de São Paulo.[37]

Já conhecido como "Geraldão da Barra Funda", a partir do final da década de 1940 passa a se envolver com diversas agremiações que então se formam pela cidade: primeiramente, o Cordão Carnavalesco Paulistano,[38] localizado na rua da Glória (SILVA *et al.*, 2004:157), seguindo-se o Rosas Negras, sediado na rua Brigadeiro Luís Antonio (*idem*, p. 158). Estabelece-se por fim na recém-criada escola de samba Unidos do Peruche, tornando-se seu principal compositor no período de 1960 a 1972. Não se tem confirmação de que Geraldo Filme tenha vivido no Peruche e, dada a proximidade entre este bairro e a Barra Funda, é possível que ele tenha mantido residência ali mesmo com o vínculo que teve, nesse período, com a escola do outro lado do rio Tietê.

Ainda que o presente trabalho em nenhum momento pretenda ter abordado todos os sambistas atuantes em São Paulo no período, é impossível tratar do tema sem passar pela figura de Paulo Emílio Vanzolini. Um dos mais importantes zoólogos do País, Vanzolini guarda, como sambista, uma série de características peculiares, que merecem ser observadas à parte.[39]

Soldado, no Jabaquara (SILVA *et al.*, 2004:155), além da conhecida Festa de Bom Jesus de Pirapora.

37 Fundada por Elpídio Farias em 1935, era sediada na rua Conselheiro Brotero. Ao contrário da escola de Madrinha Eunice, a Primeira da Barra Funda teve vida curta, encerrando suas atividades já na década seguinte, o que inclusive contribuiu para o fortalecimento e continuidade da Lavapés.

38 Originário do Clube de Baile Paulistano e sediado inicialmente na alameda Santos, fundado com a participação de sua mãe, que ali trabalhava como empregada doméstica. Geraldo Filme permaneceu no cordão até o início dos anos 1960, quando este se extingue, retornando em 1973, quando a agremiação havia sido reativada, já como a Escola de Samba Paulistano da Glória.

39 As informaçõcs aqui apresentadas são a síntese de dados colhidos em verbetes dedicados ao sambista na *Enciclopédia da Música Brasileira* (2000), no *Dicionário Cravo Albin de Música Popular Brasileira* (*op. cit.*), além de páginas especializadas

TERRITÓRIO E CIDADES 207

Nascido em São Paulo, SP, em 25 de abril de 1924, Paulo Vanzolini era filho de um engenheiro, Alberto Vanzolini. Aos quatro anos de idade, mudou-se com a família para o Rio de Janeiro, RJ, onde seu pai iria construir, no bairro da Tijuca, o prédio do Instituto de Educação – a única experiência remotamente semelhante à da migração. Com a Revolução de 1930, a família voltou para São Paulo, e seu pai foi ser professor da Escola Politécnica. Vanzolini pode ser considerado, assim, um dos poucos sambistas em São Paulo originário de camadas "remediadas" (no mínimo) da sociedade.

Nos dois anos que passou no Rio, começou a tomar gosto pelos programas musicais que ouvia no rádio, mas a paixão pelo samba surgiu aos dez anos de idade. Tornou-se frequentador dos bailes na sede de um clube de futebol perto de sua casa (no Butantã), onde se sentava ao lado da orquestra, somente para ouvir música. Na adolescência começou a frequentar "rodas de malandros", combinando de forma peculiar a boemia e os estudos: as histórias mais comuns, entre os sambistas, narram o desinteresse pela escola como algo vinculado (como que necessariamente) à paixão pelo samba. Neste aspecto, Vanzolini representaria então uma "ponte" entre os sambistas iletrados mais convencionais e os artistas da "MPB" da geração a partir da Bossa Nova, oriundos de parcelas mais instruídas e/ou intelectualizadas da população.[40]

Cursou o primário no Colégio Rio Branco e fez o ginásio numa escola pública, terminando o curso em 1938. Quatro anos depois, o interesse por zoologia de vertebrados levou-o a cursar a Faculdade de Medicina, onde passou a frequentar as rodas boêmias de estudantes e a compor seus primeiros sambas, influenciado por sambistas de seu convívio.

A essa altura já havia deixado a casa dos pais (desde 1944), e começara a trabalhar com um primo, Henrique Lobo, locutor da Rádio América. Participava do programa "Consultório Sentimental", apresentado por Cacilda

---

em música brasileira na internet, como *CliqueMusic, Instituto Memória Musical Brasileira, Instituto Moreira Salles* e *Samba & Choro.*

40 Não é surpresa que Vanzolini fosse amigo do historiador Sérgio Buarque de Holanda, tendo frequentado a casa da família, onde teve oportunidade de acompanhar (e possivelmente até influenciar) o crescente envolvimento do jovem Francisco com a música popular.

Becker, como o Dr. Edson Gama, falando aos ouvintes sobre receitas para emagrecer. Da casa dos pais, foi morar no Edifício Martinelli, onde estreitou os laços com a boemia. No prédio, havia até uma casa noturna – um "taxi-dancing", como era chamado – que Vanzolini e os amigos frequentavam de graça, fazendo amizade com os músicos e com as dançarinas.

Logo depois, foi convocado para o Exército, sendo obrigado a interromper os estudos por dois anos (1944 e 1945) para servir no quartel do Ibirapuera, na Cavalaria. Retomando o curso de medicina, começou a dar aulas no Colégio Bandeirantes e a trabalhar no Museu de Zoologia, da Universidade de São Paulo. Diplomou-se em 1947 e casou-se no ano seguinte com Ilze, então secretária da Reitoria da USP, com quem teve cinco filhos. Foi para os Estados Unidos, onde se doutorou em zoologia na Universidade de Harvard. Nos Estados Unidos, conviveu com músicos de jazz em Nova Orleans.

De volta a São Paulo no início da década de 1950, trabalhou na produção de programas para a TV Record, a convite do diretor da emissora, Raul Duarte. Na ocasião, além de produzir programas musicais como o da cantora Aracy de Almeida, tornou-se amigo de Adoniran Barbosa, então também contratado daquela emissora. Data desta época a primeira gravação de sua composição *Ronda* (por Bola Sete, acompanhado de Garoto e Meneses, nas cordas, Mestre Chiquinho no acordeão e Abel na clarineta),[41] além da publicação de um livro de versos, *Lira*.[42]

---

41   Segundo outra versão do próprio compositor, a música, composta por volta de 1945, teria tido sua primeira gravação pela cantora Inezita Barroso, na RCA Victor. Consta que a gravação teria acontecido por acaso, já que ele e sua esposa haviam acompanhado a amiga Inezita ao estúdio da RCA, no Rio de Janeiro, que então realizava sua primeira gravação: *A Moda da Pinga*. Como a cantora não tivesse escolhido ainda outra canção para o lado B do 78 rpm, optou por gravar *Ronda* naquele instante. A gravação de maior sucesso desse samba seria mesmo a da cantora Márcia, na década de 1960.

42   Em 1981, lançou pela coleção "Meus caros amigos", da editora Palavra e Imagem, o livro *Tempos de Cabo de Paulo Vanzolini*, com ilustrações do pintor Aldemir Martins, no qual relata a época em que servia o Exército durante a Segunda Guerra Mundial.

TERRITÓRIO E CIDADES   209

Em 1963, teve seu samba *Volta por Cima* lançado pelo sambista paulista Noite Ilustrada, com grande sucesso.[43] Nesse ano, Vanzolini tornou-se diretor do Museu de Zoologia, cargo que exerceu por trinta anos. Tornou-se um dos zoólogos mais respeitados pela comunidade científica internacional e, mesmo depois da aposentadoria compulsória, continuou ainda a desenvolver suas pesquisas no Museu, trabalhando de segunda a sábado. Organizou uma das maiores coleções de répteis do mundo e, com o próprio dinheiro, montou uma biblioteca sobre o mesmo tema.[44]

Continuava acumulando composições inéditas, conhecidas apenas por restrito grupo de boêmios que, na década de 1960, frequentava com ele a Boate Jogral (na Galeria Metrópole, Centro de São Paulo, transferida em 1968 para a rua Avanhandava), cujo proprietário era o músico, parceiro e amigo Luís Carlos Paraná.[45] Antes de ser gravada, *Volta por cima* já era conhecida em boates paulis-

---

43   Vanzolini havia oferecido o samba primeiramente para Inezita Barroso, que não quis gravá-lo. Por influência de seu amigo José Henrique (violonista e dono da boate Zelão), mostrou o mesmo samba ao cantor Noite Ilustrada, que o lançou pela Philips em 1963.

44   Questionado sobre como juntar a zoologia e a música popular, Vanzolini respondeu certa vez: "Ninguém consegue fazer zoologia 24 horas por dia, nem música popular 24 horas por dia. Sempre uma deixa um tempinho para a outra". Quando o entrevistador quis saber a qual atividade dedica mais tempo, retrucou: "Como é que você acha que eu ganho a vida? Essa é a do zoólogo". Memória Roda Viva, 31/3/2003. Disponível em: http://www.rodaviva.fapesp.br/materia/80/entrevistados/paulo_vanzolini_2003.htm. Consultado em 07 de abril de 2009.

45   Consta do Dicionário Cravo Albin que teria nascido em Ribeirão Claro (PR) em 1932, onde trabalhou como lavrador até aos 19 anos de idade. Transferiu-se para o Rio de Janeiro nos anos 1950, onde trabalhava como comerciário e tocava em boates. Anos mais tarde mudou-se para São Paulo, tornando-se o responsável artístico do famoso Juão Sebastião Bar. Abriu um barzinho onde recebia amigos para noitadas de violão e que, mais tarde, transformado na Boate Jogral, ponto de encontro de intelectuais, músicos, poetas e compositores, entre os quais, Paulo Vanzolini, com quem fazia porfias (desafios de moda de viola) no palco do bar. Participou dos festivais de televisão como compositor – em 1966, com Elza Soares interpretando *De paz e amor* (parceria com Adauto Santos) e obtendo o segundo

tanas como "o samba do Vanzolini". Ali muitos artistas da música costumavam se reunir e Vanzolini promovia frequentes rodas de desafio e improviso.

Graças a suas atividades como zoólogo, conseguiu escapar relativamente ileso da "crise do samba" do final da década de 1960, que pôs em risco grande parte dos sambistas anteriormente estudados. Só teve, porém, novas músicas gravadas em 1974. Nesse ano, além do disco de Toquinho, Cristina lançou *Cara limpa*, nome também de seu primeiro LP, e Marcus Pereira, agora dono da gravadora de mesmo nome, editou um segundo LP em homenagem ao compositor, "A música de Paulo Vanzolini", com interpretações de Carmen Costa e Paulo Marques para sambas como *Mulher que não dá samba, Falta de mim, Teima quem quer*. Ainda no mesmo ano, *Capoeira do Arnaldo* foi regravado no LP "O cantadô", de Rolando Boldrin.[46]

---

lugar no II Festival da Música Popular Brasileira, da TV Record; no ano seguinte, com a interpretação de Roberto Carlos para *Maria, carnaval e cinzas* no III Festival de Música Popular Brasileira, classificada em 5º lugar – e como intérprete, com a composição de Vanzolini para a I Bienal do Samba (1968), o *Samba do suicídio*. Ainda em 1967, gravou em compacto simples as composições de Vanzolini *Capoeira do Arnaldo* e *Napoleão*. Em 1969, realizou no TBC (Teatro Brasileiro de Comédia), de São Paulo, a montagem do musical "Jogral 69 ou Os homens verdes da noite". No ano de 1970 participou e fez a produção do disco "Jogral 70", lançado pela RGE. Neste mesmo ano, gravou várias composições suas para lançar em seu primeiro LP solo, que não chegou a terminar; elas só seriam usadas cinco anos mais tarde por Marcus Pereira, no disco "A música, de Carlos Paraná". Faleceu no dia 3 de dezembro de 1970.

46   Seus sambas ainda seriam regravados por Jorge Goulart e Nora Ney, Eduardo Gudin, Clara Nunes, Isaura Garcia e Maria Bethânia, Ângela Maria, Paulinho Nogueira, Jair Rodrigues, Nelson Gonçalves, Emílio Santiago, Cauby Peixoto, entre outros cantores. Em 1981, lançou pelo selo Estúdio Eldorado o LP "Paulo Vanzolini por ele mesmo", no qual interpretou seus sambas *Bandeira de guerra, Tempo e espaço; Raiz; Samba erudito; Amor de trapo e farrapo; Alberto; Falta de mim; O rato roeu a roupa do rei de Roma; Cravo branco; Vida é a tua; Capoeira do Arnaldo; Samba do suicídio* e *Samba abstrato*. Em 1992, foi entrevistado no programa "Ensaio", por Fernando Faro e, em 2003, uma antologia de sua obra foi lançada: "Acerto de Contas", com gravações de diversos intérpretes selecionados pelo compositor para uma caixa de

TERRITÓRIO E CIDADES **211**

De forma semelhante a outros sambistas, Vanzolini jamais se profissionalizou como músico, deixando o sustento a cargo do trabalho como zoólogo: "Eu não queria levar dinheiro de música para casa, porque é um dinheiro muito incerto. No mês que vem a mulher pergunta: 'Cadê o dinheiro?'" (Memória Roda Viva, 2003). Mesmo não contando com o dinheiro das composições, Vanzolini declara que nunca recebeu muito dinheiro pelos direitos autorais, exceto com *Volta por cima*.

Apesar de geralmente compor melodias e letras sozinho,[47] sua produção musical esteve sempre vinculada ao círculo de amigos formado na noite paulistana. Além de Toquinho, um desses parceiros foi Mauricy Moura;[48] conta Vanzolini (*Memória Roda Viva*, 2003) que conheceu Moura ainda estudante, quando ambos participavam de um show universitário, a "Caravana Artística", da Faculdade de Direito. Quando foi trabalhar na TV Record, Vanzolini reencontrou Mauricy e o chamou para trabalharem juntos. Outros nomes fundamentais foram os de Adauto Santos (cantor, compositor e violonista, fale-

---

quatro CDs. O projeto foi coordenado por Ana Bernardo e pelo violonista e arranjador Ítalo Peron, e lançado pelo selo Biscoito Fino.

47 Sem saber tocar instrumentos, costumava cantar suas composições para músicos amigos que as transcreviam para partitura ou tocavam pela noite. Por isso, algumas dessas composições ficaram esquecidas, e mesmo as que ganharam registro têm comprometidas as condições de datar precisamente sua composição.

48 Nasceu em São Vicente (SP) a 03 de janeiro de 1926, e faleceu em São Paulo, a 23 de agosto de 1977. Formou com seu irmão Maurício, Gentil da Silva, Edésio e Jarina Resende (e posteriormente Avelino e Rachel Tomaz) o Conjunto Calunga, apresentando-se no Cassino Ilha Porchat, Rádio Piratininga, entre outros. Mais tarde, com a dissolução do conjunto, ingressou na Rádio Atlântica de Santos e daí, levado por Sílvio Caldas para São Paulo, em 1950, foi contratado da Rádio Excelsior e, logo após, da Rádio Record, onde lhe foi oferecido programação exclusiva, conquistando o famoso troféu "Roquette Pinto" como revelação do ano. Permaneceu em São Paulo durante quase 30 anos, vivendo somente da música, e era tido como um grande nome da noite. Informações disponíveis em: http://www.samba-choro. com.br/artistas/mauricymoura. Consultado em 07 de abril de 2009.

cido em 1999)[49] e Luís Carlos Paraná (vide nota de rodapé # 45), cuja morte abalou-o profundamente. Foram também parceiros importantes Paulinho Nogueira e Eduardo Gudin, entre outros.[50] Embora muito amigos, Vanzolini e Rubinato jamais chegaram a compor juntos. Conta-se que este teria proposto uma parceria ao zoólogo, e tinha toda a ideia concebida para o tema da música. Vanzolini teria dito a ele que a música estava composta, e bastava que Rubinato fizesse a letra que o amigo lhe acrescentaria a melodia. A letra jamais ficou pronta.

Oriundo das classes médias da cidade de São Paulo, letrado e com ocupação prestigiada e estável, Vanzolini rompe os estereótipos e as generalizações simplistas. Sua trajetória ilustra vivamente o quanto o samba chegou a "ascender socialmente", sendo aceita (e consumida) não apenas nos círculos mais notoriamente vinculados a essa manifestação musical, mas alcançando também as classes médias e as elites. Ao mesmo tempo, demonstra o papel que os meios de comunicação teriam desempenhado nesse processo de aceitação. A participação de Vanzolini, assim como a de Adoniran, numa das emissoras mais populares da cidade no período estudado, certamente contribuiu não apenas para o sucesso do samba, abrindo talvez oportunidades a outros artistas (Germano Mathias parece ter-se beneficiado dessa abertura de alguma forma, independentemente de seu talento), como também para fixar a imagem de ambos como os nomes fundamentais (por muito tempo, os únicos a conquistarem algum reconhecimento, mesmo que parcial, dos estudiosos) do samba de São Paulo.

As tentativas mais recentes de reparar essa distorção têm, no entanto, negligenciado, mesmo que involuntariamente, a importância desse compositor.

---

49   Segundo o *Dicionário Cravo Albin*, Adauto nasceu em São Bernardo do Campo em 1940, mas foi criado em Londrina. Teve suas primeiras composições gravadas em 1963 pelo grupo Os Amantes do Luar, e buscava, em seu trabalho, fazer uma ponte entre o gênero MPB e a música rural, tendo sido uma dos responsáveis nos anos 1960 por levar a viola para os bares paulistas. Durante muitos anos apresentou-se no Jogral, onde provavelmente travou contato com Vanzolini. Faleceu em São Paulo em 1999.

50   Em sua entrevista para o programa Roda Viva (*Memória Roda Viva*, 2003), Vanzolini lembra ainda o nome de Portinho, Zelão (José Henrique) e Cilhão Macelta.

TERRITÓRIO E CIDADES 213

Embora sua trajetória musical tenha sempre estado muito mais vinculada ao rádio e TV e a uma boemia específica (que claramente não coincide com aquela frequentada por Germano Mathias no início de carreira, por exemplo) do que ao universo dos cordões e escolas de samba (com os quais não se tem notícia de contato), Vanzolini ainda parece ser um importante elo para conhecer e compreender a inserção profissional dos músicos na noite paulistana e seus espaços,[51] e a chegada da nova geração de músicos que dominará a cena musical a partir da década de 1970 para além do período compreendido pela presente pesquisa.

Restaria ainda mapear outros locais como, por exemplo, os espaços de sociabilidade e diversão. Com relação a esse aspecto, pouco se sabe – ou se tem sistematizado – dos locais onde esses sambistas passavam as horas livres com seus colegas (de trabalho ou de samba), fora os conhecidos "polos" mais amplamente mencionados em seus depoimentos, como o Centro e alguns bairros nos arredores, especialmente aqueles relacionados ao próprio samba, como é o caso de Bexiga e Barra Funda. Isso não deixa de ser curioso, considerando-se que é lugar-comum descrever os sambistas como boêmios e notívagos.[52]

Os locais de trabalho seriam também de grande interesse. Um exemplo é, sem dúvida, a Record – rádio e TV – que, por muito tempo, é sediada no Centro da cidade (durante a década de 1950 e parte da seguinte, localiza-se na rua Quintino

---

51 O circuito percorrido por Vanzolini, que aparentemente se relaciona com o de outros artistas, intelectuais e "formadores de opinião", foi competentemente mapeado por Lúcia Helena Gama (1998), ao menos até a década de 1950.

52 Algumas indicações podem ser obtidas no trabalho de Lúcia Helena Gama (1998). Mas o foco de atenção dessa pesquisadora não nos permite observar o que eram tais espaços de sociabilidade para além dos artistas e intelectuais do período, o que reduz seu potencial para a presente pesquisa. Há indicação em Campos Jr. (2004:30) do Café Juca Pato, localizado na esquina da av. São João com a rua Líbero Badaró, que serviria como ponto de encontro de intérpretes, artistas circenses e músicos em geral nos anos 1930 e 1940. O livro dá indicações de que a região da República (inclusive a esquina tornada célebre em *Sampa* por Caetano Veloso) teria sido de fato, durante as décadas de 1950 e início da de 1960, local importante de concentração dos músicos da cidade.

Bocaiúva), e posteriormente se transfere para a região do aeroporto de Congonhas (avenida Miruna), ainda que mantenha, ainda por algum tempo na década de 1960, instalações ligadas à emissora de TV na região da Consolação, como o teatro em que se realizam seus famosos festivais (Mello, 2003). O movimento para além do Centro, e particularmente em direção ao alto do "espigão" da avenida Paulista até o Sumaré (onde se instala, por exemplo, a TV Tupi), tem sua justificativa também em razões de ordem técnica (localização de antenas em topos de morro para facilitar a difusão do sinal, ou a provável necessidade de ampliar espaços para a incorporação das atividades televisivas), mas não deixa de ser interessante notar como a localização dessas emissoras acaba acompanhando o próprio movimento de expansão da área urbana pela cidade.

Ao final desta viagem: biografias, mapas e percursos

A identificação e sistematização de espaços de residência dos sambistas (e também, na medida do possível, locais de trabalho e outras localidades mencionadas nos estudos consultados), teve como base a ideia de "espaços de vida", conforme discutido por Armand Frémont e Tonino Bettanini.

Armand Frémont, primeiramente, destaca o papel que pode ter, para a Geografia, a identificação desses espaços de vida, e as fontes disponíveis para tal:

> A biografia inventaria todos os lugares frequentados por um homem no decorrer da sua vida e restitui os valores que dá a cada um deles. Ordena em seguida uns e outros para descobrir as estruturas do território assim frequentado, "o espaço de vida", assim como as imagens, motivações, alienações, impulsos aferentes, o "espaço vivido". (...) A biografia fornece exemplos preciosos, indicações muito úteis sobre os mecanismos das relações do homem com o espaço (Frémont, 1980: 94-5).

Embora o autor considere que "muito rica de conteúdo, é de um emprego difícil e pesado, que torna quase infactíveis a multiplicação dos casos e a generalização", não podendo, assim, servir de base para uma investigação (id, p. 95), as possibilidades abertas por esse tipo de trabalho à pesquisa, isto é, a partir de fontes biográficas, são suficientemente fecundas para permitir que se arrisque aqui uma tentativa de aplicação, mesmo que incorrendo nas possíveis incompletudes apontadas por Frémont.

Opta-se aqui, portanto, por um uso modesto, ainda que já frutífero, da geografia de espaços proposta pela noção de "espaço de vida", e deliberadamente abre-se mão das explorações – ainda mais fecundas e desafiadoras, mas incompatíveis neste momento com os objetivos do trabalho – acerca dos "espaços vividos" em seus aspectos mais subjetivos e afetivos. A noção de espaço vivido, bastante desenvolvida na França em torno de pesquisas orientadas às modalidades de percepção espacial, privilegia a biografia como fonte fundamental, que possibilita também inserir a cultura individual no contexto social. A despeito das dificuldades operacionais desta abordagem, sua contribuição reside primariamente na problematização que propõe do papel do "observador" – seja o geógrafo, como discutido por Frémont, seja o urbanista – como imparcial, e da paisagem como "objeto". Trazendo a discussão para o planejamento urbano, a abordagem segundo espaços vividos relativiza a concepção de espaço totalizante do urbanismo, fragmentando-o talvez em uma multiplicidade de experiências qualitativamente distintas, mas possibilitando outra maneira de olhar o processo de urbanização que não a de um processo "sem sujeito", ou ainda de uma possível reificação (quando não uma personificação) do que se consagrou como o "processo de urbanização".

O mapeamento dos espaços de vida, que constituem o material examinado neste trabalho, é de fato a primeira etapa para a consecução de uma possível leitura da percepção de espaço – a qual se mostra na *expressão* artística (nos sambas) e nas *representações* de cidade nela contidas. Reconhecer a experiência urbana dos sambistas como o fundamento de sua atuação/produção leva necessariamente a reconhecê-los também como agentes na construção do espaço urbano. Assim, a pesquisa reconhece aos indivíduos comuns, partici-

216 Cristina de Campos * Eduardo Romero de Oliveira * Maria Lucia Caira Gitahy

pantes da urbanização, seu papel como *agentes* no processo, e suas obras como *expressão* e não apenas *reflexo*.[53]

Por outro lado, a noção de espaço vivido "deixa de lado a concepção geométrica de um só espaço uniforme para restabelecer as variedades de espacialidade" (BETTANINI, 1982:115). A ênfase nas variedades de experiência e na dimensão qualitativa do espaço remete, assim, a uma abordagem mais *fenomenológica* do que estrutural – que talvez se constitua no traço característico e comum às diversas formulações até aqui consideradas. Não por acaso, esses autores reconhecem a contribuição de Merleau-Ponty em sua crítica ao olhar de "sobrevoo" do observador-cientista (MERLEAU-PONTY, 2006) e propõem uma reintrodução da dimensão corporal/corpórea da experiência urbana, muitas vezes sacrificada em prol de uma intenção ordenadora e totalizante. Se há uma justificativa para tal abordagem sob o ponto de vista da ação do Estado – assunção que não poderia também deixar de ser problematizada –, certamente não é o caso em se tratando de estudo da urbanização como "processo social", já que as próprias categorias de leitura do espaço urbano merecem ser historicizadas e compreendidas como produto de valores e ideologias em disputa:

> Muitas diferenciações aparecem, de fato, entre aqueles que detêm ou conquistam o domínio do espaço, inventam e modelam o espaço com base em seus valores, entre aqueles que criam, ou antes, desejam criar um espaço à imagem dos valores da ideologia dominante, aqueles, ainda, que nunca serão criadores mas simples usufrutários de um espaço alienado (dado que o consumo do espaço planejado é programado para um usufrutário) e enfim aqueles que recusam os valores atribuídos (a alienação) para reivindicar outros valores e um diverso uso do espaço. (J. Chevalier, *apud* Bettanini, 1982:118)

---

53 É possível aqui também retomar a polêmica de Thompson contra o estruturalismo marxista (THOMPSON, 1981) e sua discussão da "agência" dos sujeitos históricos *versus* a concepção dos indivíduos como meros "portadores" (*Träger*) das estruturas que lhe são anteriores.

A experiência urbana dos sambistas em São Paulo só pode ser descrita nos termos da multiplicidade: de lugares, de vivências e de relações pessoais. Qualquer tentativa de unificá-las em um modelo explicativo corre o risco de perder essa qualidade fundamental. Há, porém, algumas asserções que podem orientar razoavelmente algumas qualificações um pouco mais genéricas acerca da vida desses personagens.

Pode-se notar uma série de coincidências entre os espaços de vida desses sambistas. Em relação aos espaços de moradia, por exemplo, é claro um padrão de distribuição entre duas porções do território da cidade de São Paulo: numa região mais central, um arco que vai de Santa Efigênia e Campos Elíseos ao Pari, passando por Bexiga, Cambuci, Brás e Mooca; em torno desta região, uma multiplicidade de bairros periféricos articulados entre si apenas em função daquelas áreas centrais. Têm-se aqui os casos de Vila Matilde e Vila Esperança, ao leste; Casa Verde, ao norte; Barra Funda, a oeste; Vila Mariana até o Jabaquara, ao sul. Com o passar dos anos, esta periferia se expande e alcança Pirituba, Cidade Ademar, Itaquera, Raposo Tavares – e é interessante notar como os locais de moradia acompanham essa expansão. Na trajetória de vários dos sambistas, a condição periférica de vida, mais do que o vínculo comunitário e de bairro, é o traço marcante. É interessante observar, a esse respeito, o contraste entre pelo menos três das figuras estudadas, e seus respectivos movimentos: Seu Nenê, que vive no subúrbio desde sua chegada à cidade, parece testemunhar a chegada da "mancha de óleo" (como se costuma caracterizar a expansão da área urbana); Adoniran, que faz o clássico movimento do Centro para a periferia, mantendo porém seus vínculos (afetivos inclusive) com a área central; e Germano Mathias, que persiste por todo o período aqui pesquisado em viver na área central, testemunhando e vivendo a assim vista "degradação" do Centro – que sua carreira acompanha de perto.

Os locais de nascimento representam outro ponto em comum importante de todas as trajetórias: com exceção de Vanzolini, não há entre os sambistas quem tenha nascido em São Paulo e seja também filho de paulistanos. A experiência migrante, se não faz parte de seu próprio repertório de vida, é fundadora em sua vivência familiar.

Vale também observar o significado do Centro para esses sambistas. Localidades próximas principalmente à praça da República parecem ter sido as prediletas para moradia dos artistas mais bem-sucedidos (e que puderam se profissionalizar), onde poderiam inclusive frequentar as numerosas casas noturnas, os bares, teatros e cinemas que ali se encontravam. A região ainda podia conciliar trabalho, lazer e moradia, três facetas da vida urbana que tenderam a se dissociar com o tempo.

A tentativa de sistematizar "denominadores comuns" entre sambistas não tem por objetivo "organizar" a pluralidade já mencionada. A riqueza das experiências observadas dá ao estudioso a possibilidade de, abdicando do olhar organizador e distante em favor de um mais atento às práticas do espaço urbano, investigar os pontos de vista possíveis e o repertório disponível de situações e dilemas com que os sambistas lidam e aos quais respondem em sua produção artística. Nas palavras de Michel de Certeau,

> A cidade-panorama é um simulacro "teórico" (ou seja, visual), em suma um quadro que tem como condição de possibilidade um esquecimento e um desconhecimento das práticas. O deus voyeur criado por essa ficção (…) deve excluir-se do obscuro entrelaçamento dos comportamentos do dia a dia e fazer-se estranho a eles. Mas "embaixo" (down), a partir dos limiares onde cessa a visibilidade, vivem os praticantes ordinários da cidade (CERTEAU, 1994: 171).

É por essas pistas que a pesquisa deverá seguir, para encontrar as formas de representação ou expressão que os sambas revelam, e as práticas do urbano que sugerem. É disto, portanto, que tratará a pesquisa em suas próximas etapas.

Referências bibliográficas

ANDRADE, Mário de. Samba Rural Paulista In: *Ensaio sobre a música brasileira.* São Paulo: Martins, 1937.

BERLINCK, Manoel T.; HOGAN, Daniel J. Migração Interna e Adaptação na Cidade de São Paulo: uma análise preliminar. São Paulo: EAESP/FGV. Mimeo. S/d (ou *Anais do I Simpósio de Desenvolvimento Econômico e Social: Migrações Internas e Desenvolvimento Regional.* Belo Horizonte: CEDEPLAR-UFMG, 1972).

BETTANINI, Tonino. *Espaço e ciências humanas.* Rio de Janeiro: Paz e Terra, 1982.

BONADIO, Geraldo e SAVIOLI, Ivone de Lourdes. Música sertaneja e classes subalternas. In: MELO, José Marques de (org). *Comunicação e classes subalternas.* São Paulo: Cortez, 1980

BONDUKI, Nabil Georges. *Origens da habitação social no Brasil.* Arquitetura moderna, Lei do Inquilinato e difusão da casa própria. São Paulo: Estação Liberdade/Fapesp, 1998.

BRAIA, Ana e SILVA, Alberto Alves da. *Memórias do Seu Nenê da Vila Matilde.* São Paulo: Lemos-Editorial, 2000.

BRITTO, Iêda Marques. *Samba na cidade de São Paulo (1900-1930)*: um exercício de resistência cultural. Dissertação (mestrado). São Paulo: FFLCH/USP, 1986.

CALDAS, Waldenyr. *Acorde na aurora:* música sertaneja e indústria cultural. São Paulo: Cia. Editora Nacional, 1979.

_____. *O que é música sertaneja.* São Paulo: Brasiliense, 1987 (Coleção Primeiros Passos 186).

_____. *Luz neon:* canção e cultura na cidade. São Paulo: SESC/Studio Nobel, 1995.

CAMPOS Jr., Celso de. *Adoniran*, uma biografia. São Paulo: Globo, 2004.

CERTEAU, Michel de. *A invenção do cotidiano* (v. 1: Artes de fazer). Petrópolis: Vozes, 1994.

CISCATI, Márcia Regina. *Malandros da terra do trabalho*: malandragem e boemia na cidade de São Paulo, 1930-1950. São Paulo: Annablume/Fapesp, 2000.

DANTAS, Vinicius e CANDIDO, Antonio. *Textos de intervenção e bibliografia de Antonio Candido*. São Paulo: Editora 34, 2002.

Dicionário Cravo Albin da Música Popular Brasileira. Disponível online: http://www.dicionariompb.com.br/. Acesso em abril/2009.

DOZENA, Alessandro e MARCELINO, Márcio Michalczuk. O samba na "quebrada" do Bexiga e do Parque Peruche. *Pontourbe (Revista do Núcleo de Antropologia Urbana da USP)*, Ano 2, Versão 2.0, fevereiro de 2008. Disponível em: http://n-a-u.org/pontourbe02/Dozena&Marcelino1.html. Acesso em 9 de fevereiro de 2009.

FRÉMONT, Armand. *A região, espaço vivido*. Coimbra (Portugal): Livraria Almedina, 1980.

GAMA, Lucia Helena. *Nos bares da vida*: Produção Cultural e Sociabilidade em São Paulo, 1940-1950. São Paulo: Ed. SENAC, 1998.

GINZBURG, Carlo. O *queijo e os vermes. São Paulo*: Companhia de Bolso, 2006.

GOMES, Bruno Ferreira. *Adoniran:* um sambista diferente. [São Paulo], Rio de Janeiro: Martins Fontes/FUNARTE, 1987 (Coleção MPB/textos; v. 21).

GROSTEIN, Marta Dora. *A cidade clandestina, os ritos e os mitos*: o papel da irregularidade na estruturação do espaço urbano no município de São Paulo 1900-1987. Tese (Doutorado). São Paulo: FAU/USP, 1989.

Jacobs, Jane. *Morte e vida de grandes cidades*. São Paulo: Martins Fontes, 2000.

Krausche, Valter. *Música Popular Brasileira*: da Cultura de Roda à Música de Massa. São Paulo: Brasiliense, 1983.

_____. *Adoniran Barbosa*: pelas ruas da cidade. São Paulo: Brasiliense, 1985.

Leme, Maria Cristina da Silva. *Planejamento em São Paulo: 1930-1969*. Dissertação (Mestrado). São Paulo: FAU/USP, 1982.

Lenharo, Alcir. *Cantores do rádio: a trajetória de Nora Ney e Jorge Goulart e o meio artístico de seu tempo*. Campinas: Ed. Unicamp, 1995.

Maciel, Paulo Viana. *Noite Ilustrada*: de Pirapetinga para o Brasil. São Paulo: Milesi, 1980.

Magnani, José Guilherme Cantor, *Festa no pedaço: cultura popular e lazer na cidade*. São Paulo: Brasiliense, 1984.

Marcelino, Marcio Michalczuk. *Uma leitura do samba rural ao samba urbano na cidade de São Paulo*. Dissertação (mestrado). São Paulo: FFLCH/USP, 2007.

Martins, José de Souza. Música Sertaneja: a dissimulação na linguagem dos humilhados. In: *Capitalismo e tradicionalismo*. São Paulo: Pioneira, 1975.

Matos, Maria Izilda Santos de. A cidade que mais cresce no mundo: São Paulo território de Adoniran Barbosa. *São Paulo em Perspectiva, 15(3):* 2001.

_____. *A cidade, a noite e o cronista*. São Paulo e Adoniran Barbosa. Bauru (SP): Edusc, 2007 (Col. Ciências Sociais).

MELLO, Zuza Homem de. *A era dos festivais:* uma parábola. São Paulo: Ed. 34, 2003.

MERLEAU-PONTY, Maurice. *Fenomenologia da percepção*. São Paulo: Martins Fontes, 2006.

MEYER, Regina Maria Prosperi. *Metrópole e urbanismo*: São Paulo anos 50. Tese (Doutorado). São Paulo: FAU/USP, 1991.

MORAES, José Geraldo Vinci de. *Metrópole em sinfonia*: história, cultura e música popular na São Paulo dos anos 30. São Paulo: Estação Liberdade, 2000.

MORAES, Wilson Rodrigues. Escolas de samba de São Paulo – síntese de uma pesquisa. *Cultura 7(26)*. Rio de Janeiro: 39-44, 1977.

MORENO, Júlio. *Memórias de Armandinho do Bixiga*. São Paulo: SENAC, 1996.

MOURA, Flávio e NIGRI, André. *Adoniran – se o senhor não tá lembrado*. São Paulo: Boitempo Editorial, 2002.

MUGNAINI Jr, Ayrton. *Adoniran*: dá licença de contar. São Paulo: Ed. 34, 2002 (Série: Todos os cantos).

NEPOMUCENO, Rosa. *Música caipira*: da roça ao rodeio. São Paulo: Editora 34, 1999.

RAGO, Antonio: *A Longa Caminhada de um violão*. São Paulo: Livraria Editora Iracema, 1986.

RAMOS, Caio Silveira. *Sambexplícito* – As vidas desvairadas de Germano Mathias. São Paulo: A Girafa, 2008.

RIBEIRO, Solano. *Prepare seu coração:* a história dos grandes festivais. São Paulo: Geração Editorial, 2003.

ROCHA, Francisco. *Adoniran Barbosa: o poeta da cidade*: trajetória e obra do radioator e cancionista: os anos 1950. Cotia (SP): Ateliê Editorial, 2002.

SILVA, Marcos Virgílio da. "São Paulo, 1946-1957: Representações da cidade na música popular" in: GITAHY, M. L. C., org. *Desenhando a cidade do século XX.* Rio Claro: RiMa/Fapesp, 2000.

SILVA, Vagner Gonçalves da et al. "Madrinha Eunice e Geraldo Filme: memórias do carnaval e do samba paulistas" in: SILVA, Vagner Gonçalves da, org. *Artes do Corpo.* São Paulo: Selo Negro, 2004. *Memória afro-brasileira, v. 2.*

SIMSON, Olga Rodrigues de Morais Von. *Carnaval em branco e negro*: Carnaval Popular Paulistano – 1914-1988. Campinas: Ed. Unicamp; São Paulo: Editora da Universidade de São Paulo, Imprensa Oficial de São Paulo, 2007.

SOMEKH Nadia e CAMPOS, Cândido Malta. *A cidade que não pode parar:* planos urbanísticos de São Paulo no século XX. São Paulo: Mackpesquisa, 2002.

SUZUKI, Natália. Samba e devoção em Pirapora. *Problemas Brasileiros* nº 384, nov/dez 2007.

THOMPSON, E. P. A *Miséria da teoria, ou um planetário de erros; uma crítica do pensamento de Althusser.* Rio de Janeiro: Zahar, 1981.

_____. *A formação da classe operária inglesa.* Rio de Janeiro: Paz e Terra, 1987.

_____.As peculiaridades dos ingleses. In: NEGRO, A. L. e SILVA, S. (orgs.) *E. P. Thompson – As peculiaridades dos ingleses e outros artigos.* Campinas: Editora da Unicamp, 2001.

TINHORÃO, José Ramos. *História Social da Música Brasileira.* São Paulo: Ed. 34, 1998.

URBANO, Maria Apparecida. *Carnaval & Samba em evolução na cidade de São Paulo.* São Paulo: Editora Plêiade, 2006.

WILLIAMS, Raymond. *Marxismo e literatura.* Rio de Janeiro: Zahar, 1979.

_____. "Cidades de trevas e de luz" in: *O campo e a cidade,* na história e na literatura. São Paulo: Companhia das Letras, 1989a (p. 291-313).

Referências Eletrônicas

Agenda do Samba e Choro: http://www.samba-choro.com.br/

Alta Fidelidade: http://www.geocities.com/altafidelidade/

Gafieiras: http://www.gafieiras.com.br/Home.php

Instituto Memória Musical Brasileira: http://139.82.56.108/

Memória Roda Viva: http://www.rodaviva.fapesp.br/

Portal Afro Instituto Cultural: http://www.portalafro.com.br/

Projetos modernos: educação e edifício-escola para a formação do trabalhador nas décadas de 1950 e 1960

Artemis Rodrigues Fontana

Educação e arquitetura: o espaço como o denominador comum entre ambas. Se a educação requer certos espaços para desempenhar sua função, a arquitetura envolve o planejar estes espaços – assim era o pensamento na década de 1950. Sabendo que os princípios da educação poderiam ser facilitados pelos projetos escolares, os planejadores do edifício-escola deveriam conhecer estes princípios para criar um novo tipo de espaço. Quais eram estes princípios traduzidos para a arquitetura? Como reconhecer se uma escola tinha o velho conceito da disciplina ou o novo conceito da motivação? Questões como esta rebatiam em uma arquitetura mais formal (disciplina) ou informal (motivação).

Ao perceber como certos aspectos do edifício-escola moderno tiveram o objetivo de serem estimuladores de uma forma de vida democrática por meio de características físicas, todas elas presentes em cada uma das escolas "S" – SENAI (Serviço Nacional da Aprendizagem Industrial), SESC (Serviço Social do Comércio) e SENAC (Serviço Nacional de Aprendizagem Comercial) – uma importante produção arquitetônica se destaca como parte de um sistema de formação do trabalhador. Analisá-las, investigando sua atualização quando se tem em mente as experiências similares nos Estados Unidos, é o objetivo desta pesquisa. Consciente da atuação de âmbito nacional dos três serviços "S", esta pesquisa atenta para as escolas projetadas no estado de São Paulo, a região mais industrializada do Brasil, responsável pela concepção e criação destas três grandes instituições. Além disto, o estado também foi palco da atuação dos industriais e engenheiros paulistas que defenderam e implantaram a organização racional e administração científica do trabalho, participando do debate internacional a respeito desde o início do século XX.

Além da pesquisa realizada no Brasil sobre o objeto de estudo, foi visitado o acervo bibliográfico e documental da *Columbia University*, Nova York, dado o vínculo de Anísio Teixeira com John Dewey. Tem-se em conta nesta análise, portanto, a experiência norte-americana nos métodos pedagógicos de renovação do ensino (industrial e comercial) e as inovações arquitetônicas e respectivos atributos físicos, psicológicos e sociais do edifício-escola americano. Tratava-se de verificar se e como a experiência norte-americana de modernização da arquitetura para a formação do trabalhador deu-se no mesmo período de construção das escolas modernas dos "S" no Brasil. Primeiramente, procurou-se responder se houve referências internacionais no processo de concepção destas escolas modernas "S". E, com as pesquisas realizadas nos Estados Unidos, novas questões apareceram na averiguação de uma atualização dos profissionais brasileiros quanto à experiência americana de construção de escolas similares. Quais as premissas norte-americanas podem ser comparadas àquelas características dos "S"? Qual o vínculo dos agentes envolvidos nos "S" modernos com o "americanismo"? Com a modernização pedagógica? Qual a relação da pedagogia com a arquitetura norte-americana das escolas técnicas e vocacionais?

Este artigo, como parte da pesquisa desenvolvida na tese de doutorado "Arquitetura moderna das Escolas "S" paulistas, 1952-1968: projetar para a formação do trabalhador", traz à tona o desafio de responder a estas questões. Sendo assim, brevemente abrange aspectos pertinentes à compreensão dos "S" para então enfatizar as referências norte-americanas da própria arquitetura produzida.

Aspectos pertinentes à compreensão dos "S": SENAI, SESC e SENAC

Ao pesquisar as origens e referências dos "S", é necessário entender que a criação dos "S" na década de 1940, do Estado Novo ao período pós-Segunda Guerra Mundial, foi uma resposta aos problemas da economia nacional, num momento histórico em que o Brasil vivia um período de industrialização. As estratégias dos personagens históricos envolvidos na construção de cada "S", fossem eles políticos, empresários industriais, comerciais ou outros profissionais, eram de comprometimento em promover uma verdadeira reforma social através da qualificação do trabalhador brasileiro para atender aos requisitos da economia do período.

Origens e referências brasileiras

Entre diferentes campos de indagações, os "S" são investigados enquanto agências voltadas para a formação do trabalhador da indústria e do comércio brasileiro que tiveram seu desenvolvimento vinculado aos desafios do século XX. Ao articular as complexas relações entre os diferentes períodos deste século, uma breve abordagem histórica é aqui construída para compreender como as premissas pedagógicas das escolas "S", expressas pela arquitetura moderna, foram concretizadas a partir da década de 1950.

A partir da década de 1920, as reformas educacionais buscam modernizar o ensino brasileiro preparando um novo modo de vida associado a um mundo em que a presença de um mercado de massas e de uma produção em massa encontra sua metáfora emblemática na linha de montagem do modelo americano automobilístico Ford "T". A década de 1930 é sublinhada pelo impulso centralizador da Segunda República – a Revolução de 1930, o corporativismo, a racionalização do trabalho, o avanço da produção industrial, o investimento em mão-de-obra especializada. Em outra direção, o *Manifesto dos Pioneiros da Educação Nova* (1932) aponta a educação como direito de todos (1934), e é criada a Universidade de São Paulo (1934).

Já o final da mesma década é marcado pela tentativa de conter a democracia e pela valorização do ensino profissionalizante durante o Estado Novo

(1937-1945). Neste momento são colocados os questionamentos relacionados à educação, existentes à época, como a discussão dos *slogans* "educação para todos" e, enfatizadas a Constituição de 1937 e sua política educacional voltada à preparação do trabalhador para as oportunidades do mercado, apoiando o ensino pré-vocacional e profissional. Este período culmina no início da década de 1940 com a criação do SENAI, apoiada por Getúlio Vargas.

Na sequência, a "redemocratização" pós-Segunda Guerra Mundial resgata um período de volta da "educação para todos" dentro dos preceitos proclamados na década de 1930 pelos Pioneiros da Educação Nova. Também, trata da renascente democracia da República Nova e a responsabilidade do Estado, quanto à educação, e enfatiza os momentos de criação do SESC e do SENAC dentro das discussões sobre as diretrizes para a educação nacional. Este é o período fértil da educação, que deu suporte ao crescimento e consolidação dos "S", dentro da ideia de escola-classe e escola-parque. Neste sentido, como referência para a arquitetura das escolas "S", o Convênio Escolar é destaque por sua atuação no campo da arquitetura escolar.

O período que se estende até o final da década de 1960 buscou estreitar a formação educacional geral, atribuindo a esta um cunho profissionalizante. Foi um momento em que um golpe dentro do golpe militar abortou as iniciativas de se renovar a educação brasileira, ampliando os horizontes da formação do trabalhador.

O edifício-escola: mudança arquitetônica a partir da década de 1950

No Brasil, a criação do SENAI na década de 1940 foi fortemente enraizada na organização racional do trabalho como base para a modernização do ensino voltado à qualificação do trabalhador industrial. Da mesma forma, o conceito de modernidade ligado ao desenvolvimento econômico do país afirmou os demais "S", SESC e SENAC. No que se refere à industrialização, comércio e assistência social, a arquitetura dos "S" cresceu continuamente, quer pela importância de sua arquitetura aplicada à pedagogia, quer pelo desenvolvimento de seus projetos. Para a criação do ensino profissional dos três sistemas "S" foram importantes as experiências brasileiras, como a do Liceu de Artes e Ofícios, no qual colaboraram Ramos de Azevedo e Roberto Mange, além da referência ao Convênio Escolar que passou a ser, em si mesmo, uma escola em face ao preparo que proporcionou aos arquitetos e engenheiros dos "S".

Primeiramente, as escolas "S" dos anos 1940, de linguagem tradicional, mostram as distintas fases na primeira década de sua evolução. Reconhecida como uma década de transição, a década de 1940 obviamente marca a implantação inicial de cada "S". Vai dos primeiros estabelecimentos com caráter de emergência, em prédios alugados, até o início da construção das primeiras escolas, projetadas no final desta década, com características monumentais. As escolas até então construídas passaram a não satisfazer às exigências pedagógicas do ensino industrial e comercial, e a ideia de construir novas escolas foi reconhecida. Sendo assim, como seria esta escola diferenciada, voltada para o aluno? Na década seguinte, uma mudança arquitetônica caminhou para responder a esta questão.

Foram pesquisados, documentados, apresentados e analisados de forma individualizada os projetos arquitetônicos de 23 escolas do SENAI e 10 do SESC e do SENAC, em ordem cronológica, concebidos de 1952 a 1968. Ao compreender estes dois momentos históricos, o primeiro da década de 1940, e o segundo, nas décadas de 1950 e 1960, é notável como os projetos deste segundo momento fizeram parte da nova pedagogia em sintonia com a arquitetura moderna. Complementar à "leitura" documental e bibliográfica, a "leitura" projetual das obras investigadas confirma a mudança pedagógica dos "S", na década de 1950, e revela os dados físicos e conceituais de cada escola, juntamente com seus idealizadores. Assim, pelo estudo destes 33 projetos é possível comparar os novos princípios pedagógicos aplicados à arquitetura escolar dos "S".

As escolas adotaram um novo programa construtivo: salas de aula, oficinas, administração, recreio, auditório, sala de reunião, biblioteca, teatro ao ar livre, sede da associação de ex-alunos, campo de esportes e piscina. E, atendendo a esta nova concepção, a opção pela arquitetura moderna visou despertar o aluno para os seus atributos, e para sua própria formação de trabalhador.

Ilustração 1 – Escola SENAI de Bauru, projetada em 1953 pelo arquiteto Roberto José Goulart Tibau.
Fonte: Arquivo SENAI Bauru.

Apresentadas pelo SENAI, as sete características pedagógicas – *crescimento, flexibilidade, atratividade, interligação, sociabilidade, rendimento* e *economia* – foram utilizadas na arquitetura de suas escolas, assim como foram rebatidos nos demais "S" voltados ao ensino comercial. Afora o papel da arquitetura e de seus idealizadores, a relação das escolas também revela a localização da rede dos três "S". Para o SENAI, são projetados cerca de 60% dos edifícios na cidade de São Paulo e na grande região metropolitana. Já, ao observar a relação das escolas SESC e SENAC nota-se que 70% dos edifícios foram projetados no interior e no litoral paulista. Desta maneira, tanto para o ensino da indústria, como para o ensino do comércio, em todo o estado de São Paulo é notável o papel do aperfeiçoamento técnico dos trabalhadores no período em foco.

Cabe discutir se a pedagogia norte-americana guiou a arquitetura dos seus edifícios-escola e como a experiência de modernização desta arquitetura voltada para a formação do trabalhador brasileiro se deu, no mesmo período, de construção das escolas modernas dos "S" no Brasil.

A experiência norte-americana: educação e arquitetura

A pesquisa atenta para a importância das referências internacionais que informavam as opções pedagógicas, industriais e arquitetônicas adotadas pelos "S". Neste sentido, no contexto do movimento social norte-americano denominado como "progressivismo", é importante compreender o aumento da

TERRITÓRIO E CIDADES 231

demanda por escolas técnicas e pelo ensino adulto. É no âmbito deste movimento que se dá a mudança pedagógica naquele país, as novas soluções projetuais utilizadas e a compreensão do edifício-escola como influência na atitude, hábito, comportamento e criatividade do indivíduo.

Também, no período em que o assim chamado "americanismo" (GRAMSCI, 2001) coloca-se como um modelo em expansão, no término da Segunda Guerra, procurou-se esclarecer até que ponto o debate sobre a experiência norte-americana foi referência para a arquitetura moderna das escolas dos sistemas "S" no período em tela. Assim, é preciso examinar o movimento social norte-americano conhecido como "progressivismo"; o apoio do governo às escolas técnicas norte-americanas para jovens e adultos; o sistema de educação em transição em meados do século XX; e por fim, a mudança da linguagem arquitetônica e as soluções e atributos projetuais utilizados no edifício-escola principalmente nas décadas de 1950 e 1960.

Sem dúvida, é importante compreender o momento em que ressalta uma mudança pedagógica profunda na história social, política e econômica dos Estados Unidos, principalmente voltada à educação vocacional, e como a mesma foi apropriada pelo programa e pela arquitetura do edifício-escola, no mesmo período em que observamos uma renovação pedagógica e arquitetônica nos "S". Cabe notar mudanças de ênfase, justificadas por uma filosofia educacional que abandonou a psicologia introspectiva, em favor da pragmática, e substituiu o indutivo por um processo de pensamento dedutivo. Se o objetivo da vida era eficiência, numa visão pragmática, qual seria na educação o motivo do sucesso? Quais eram os ideais sociais e econômicos das escolas vocacionais? Como isso sustentou, na prática, as formas institucionais adotadas?

Progressivismo Americano: "Learn by Doing"

Ao abordar o tema educação, a relação da prática com a teoria, do "aprender fazendo", e assim o título *"Learn by Doing"*, deve ser compreendida dentro da experiência do *"The Progressive Education Movement"*.[1] Este movimento situa-se no campo do "progressivismo americano" desenvolvido entre o final da década de 1890 até a Primeira Guerra Mundial. A força deste movimento visava uma vasta reforma política, filosófica, moral, educacional e profissional voltada para a democracia, a eficiência e o progresso, tendo galvanizado importantes figuras,[2] entre tantos outros, profissionais, empresários, donas de casa, enfim, obtendo um forte apoio das "classes médias".

A educação "progressiva" protestou contra a inércia dos métodos de ensino, a rotina da educação institucionalizada e, a supremacia do tradicionalismo nas escolas. Também, marcou o período de esforço dos Estados Unidos a para renovação da educação através da experiência. Sem dúvida, o avanço da ciência é uma das respeitáveis tendências deste momento. As consequências sociais revolucionárias vinculadas aos princípios científicos aplicados à indústria são observadas claramente por todos os setores sociais e encontram elaboração também no campo da educação. Segundo DEWEY (1916), a implicação desta mudança é que a ciência deve servir ao bem-estar social e aplicar-se à metodologia da educação, tendo como efeito prático a "progressiva" melhoria da sociedade.

---

1   O *Progressive Movement* procurou combater os problemas de uma sociedade em rápido processo de urbanização e industrialização. Na imprensa, os chamados *muckraking journalists* apontavam a corrupção nos governos municipais, o abuso do trabalho infantil, a criminalidade, as práticas de mercado desonestas. Um grande número de associações baseadas em trabalho voluntário buscou expandir a rede escolar, construir *playgrounds*, desbaratar as máquinas políticas corruptas. Conseguiram aprovar em lei salários mínimos para mulheres, compensações por acidentes de trabalho e regulamentação das condições de trabalho. Também obtiveram vitórias fiscalizando a qualidade do leite, da água, dos medicamentos. Aprovaram leis antitruste, especialmente no sistema bancário. É desta época o voto feminino, a eleição direta para senador e a proibição do comércio de bebidas alcoólicas (CHAMBERS, 2000).

2   Dentro de um amplo arco político incluía nomes como Thorstein Veblen (1857-1929), Upton Sinclair (1878-1968), Frederick Winslow Taylor (1856-1915), John Dewey (1859-1952), Frederick Law Olmsted Júnior (1870-1957) e Henry Ford (1863-1947).

A visão de outro envolvido com o "progressivismo", Henry Ford, reforça sua defesa de uma educação pragmática, funcional e útil. Ford valoriza os princípios de aprendizagem pela experiência, formação profissional e educação do ser humano, tendo o jovem com público alvo desta sua filosofia. Ao observar o papel social do *American Progressivism* é interessante notar sua expansão direta na educação e na escola do início do século XX. Enquanto os primeiros resultados de longo alcance tecnológico e industrial puderam ser percebidos em torno de 1900, a insatisfação com a rede pública de ensino era generalizada. A crítica era caracterizada por acusações de que a escola passava longe da "vida real" da sociedade e acabava por não abordar os próprios problemas da comunidade em que estava inserida. Os pontos desfavoráveis eram referentes não só ao currículo e à instrução, mas também aos edifícios escolares.

A escola passou a ser instigada a atender ao "culto da eficiência" e à "nova ciência da educação", dentro de uma aprendizagem escolar aplicável à vida do mundo moderno. Diversas inovações tornaram-se marcas do sistema escolar gerado nesta era progressista, tais como: escolas de férias, *playgrounds*, centros sociais, classes para deficientes (físicos e mentais) e extensivos programas de formação profissional. A escola, como uma instituição vital, procurou responder e integrar os interesses da sociedade.

Assim, neste momento do progressivismo, dois eventos devem ser observados no campo da educação secundária americana. Primeiramente, nota-se o aumento da demanda da educação secundária nitidamente expresso pelos dados estatísticos apresentados por WILLIE & MILLER (1988). Entre 1890 e 1910, a população da escola secundária aumentou de 203.000 para 900.000 em toda a nação. O segundo evento, de caráter pedagógico, foi o relatório final de 1918, *The Cardinal Principles of Secondary Education*, denominado pela sigla CRSE. Este relatório tratou as metas da educação na democracia, seus objetivos principais, bem como o papel do ensino secundário na consecução destes objetivos.

Nas décadas de 1950 e 1960, o significado do termo "educação progressiva" ainda estava presente. Ao mesmo tempo em que este termo vai desaparecendo dos livros sobre educação, seus pressupostos, significados e muitos dos princípios defendidos pelo movimento ainda são propagados por estes mesmos livros. É surpreendente a nítida percepção de como o espírito que estava no cerne do *The Progressive Education Movement* permaneceu na década de 1950, ainda que não exatamente da mesma maneira. Características que foram combatidas na década de 1950 (tanto quanto no passado "progressivo"), ainda faziam parte de muitas escolas, tais como a repressão, a rotina e o conservadorismo. O fato é que, o idealismo progressista, continuou a fazer parte das teorias e avanços na área da educação. Princípios como integração, orientação e unidade foram direcionados para a cura dos problemas diagnosticados no início do século XX.

No Brasil, vale destacar o esforço de Anísio Teixeira, na década de 1960, por uma educação baseada na experiência, dentro da linha da "educação progressiva". É interessante obvervar que, em 1934, o educador escreveu *Educação Progressiva: uma introdução à filosofia da educação* e, em 1967 republicou o mesmo livro com outro título – *Pequena Introdução à Filosofia da Educação: A Escola Progressiva ou A Transformação da Escola* – passando a "educação progressiva" para o subtítulo. É nítido como, na década de 1960, esta designação havia perdido seu uso e sua originalidade como termo, porém a teoria da experiência, adotada como base de sua filosofia, continuava a ser estudo e pesquisa nas formas de aplicação da educação.

Resgatada a influência do *American Progressivism*, no campo da educação ao longo do século XX, cabe, a seguir, compreender como repercutiu na educação dos jovens e adultos americanos e, posteriormente, na concepção de suas escolas. As contribuições deste debate aos pressupostos dos três "S" brasileiros começam assim a ser identificadas.

A demanda pela educação vocacional: "Adult Education in America"

Para melhor compreender os princípios de "educação permanente" aplicada à educação de jovens e adultos no ensino profissionalizante dos "S" no Brasil, é imprescindível compreender a experiência do ensino vocacional nos Estados Unidos. A educação americana dos adultos, nas escolas públicas, nasceu de uma série de experiências, tais como: cursos noturnos, formação profissional, cursos de instrução geral, cursos de alfabetização e programas de educação secundária. Os cursos públicos noturnos foram fundados na década de 1830, em Nova York, Louisville, Boston e Baltimore, para fornecer aos jovens,

TERRITÓRIO E CIDADES 235

principalmente àqueles que não haviam completado grau de escolaridade, cursos de aprendizagem vocacional capazes de gerar emprego. A partir de 1900, outras cidades americanas reconheceram a importância dos cursos noturnos e, segundo COPELAND[3] (1976) na virada do século os Estados Unidos abrigava mais de 165 escolas noturnas regulares. Já, o estudo de KORNBLUH[4] (1987) afirma que, em 1910, mais de 100 escolas públicas na cidade de Nova York ofereciam classes noturnas em diferentes cursos.

Na década de 1930, uma vertente de extrema importância na educação vocacional ao adulto foi o Programa de Serviço ao Trabalhador, estabelecido entre 1933 e 1942, dentro do *New Deal*.[5] Este programa, no governo do Presidente Franklin Delano Roosevelt, fez parte do esforço para reformar a economia norte-americana, após a crise de 1929. Neste contexto, foram criadas várias agências federais,[6] entre elas a *Work's Progress Administration*, conhecida pela sigla WPA. O livro *New Deal for Work's Education: The Worker's Service Program 1933-1942*, publicado em 1987, sob autoria de Joyce Kornbluch, apresenta um estudo sobre o *Worker's Education Project*, reorganizado e renomeado em 1939 como *Worker's Service Program*, o primeiro programa de educação nacional para o trabalhador nos Estados Unidos, patrocinado pelo próprio governo. Como

---

3   Harland Copeland é autor do capítulo *Educación permanente. Educación de adultos* presente no livro *La Escuela y la educación permanente*. Este livro foi primeiramente publicado em Paris, em 1972 e posteriormente, em 1976, traduzido para o espanhol e publicado no México.

4   Joyce Kornbluch é autora do *livro New Deal for Work's Education: The Worker's Service Program 1933-1942*, publicado em 1987.

5   O *New Deal* teve grande influência na política econômica e social adotada no Brasil pelo Presidente Getúlio Vargas, o mesmo que apoiou, em 1942, a criação do primeiro "S", SENAI.

6   Estas agências federais foram designadas em várias siglas: CCC (*Civilian Conservation Corps*), TVA (*Tennessee Valley Authority*), AAA (*Agricultural Adjustment Administration*), PWA (*Public Works Administration*), FDIC (*Federal Deposit Insurance Corporation*), SEC (*Securities and Exchange Commission*), CWA (*Civil Works Administration*), SSB (*Social Security Board*), WPA (*Works Progress Administration*) e NLRB (*National Labor Relations Board*).

dado estatístico, o livro revela a estimativa de que um milhão[7] de trabalhadores foram alcançados por este projeto, dentro do período de nove anos, entre 1933 e 1942, até o final dos projetos do *New Deal*.

O *New Deal*, com os programas de serviço e educação ao trabalhador, teve um considerável impacto no futuro dos trabalhadores americanos, funcionando como um elo entre as tentativas das três primeiras décadas do século XX e o dinâmico período de crescimento do movimento trabalhista e das instituições de educação aos jovens e adultos. A década de 1930 foi a primeira, de várias décadas seguintes, em que múltiplos grupos de investigação, comunidades de pesquisa e comissões de reforma trouxeram à luz simultâneos estudos da educação americana em geral, e, em particular, a educação secundária.

Neste sentido, se a década de 1930 abriu novos caminhos e importantes projetos, a década de 1950 merece atenção no cenário da educação adulta americana, já transformada. Segundo STUBBLEFIELD (1994), autor do livro *Adult Education in the American Experience: from de Colonial Period to the Present*,[8] é justamente na metade do século XX que os Estados Unidos incorporou a instrução à idade adulta, expressa por diferentes meios como as escolas públicas, universidades, museus, bibliotecas e até mesmo a televisão.

A grande questão levantada nos anos 1950 era de que a atenção ao treinamento técnico e específico não correspondia ao número cada vez mais elevado de trabalhadores técnicos profissionais.

Assim como no Brasil, nos Estados Unidos, o período posterior à Segunda Guerra Mundial modificou profundamente o desenvolvimento da escola e da educação. No que diz respeito ao ensino vocacional, o que essencialmente o caracteriza é a preocupação de democratizar o ensino, abrindo juntamente com a

---

7   Mais de duzentas mil pessoas foram empregadas por ano pelo EEP, sendo a média mensal o relevante número de quarenta mil pessoas empregadas. (KORNBLUH, 1987, p. 36).

8   O autor esclarece que os interesses dos cientistas sociais e dos educadores ao ensino adulto foram combinados em 1946, ao criarem uma nova prática social denominada como laboratório de treinamento. O *National Training Laboratory* (NTL) foi organizado e administrado como um programa de Educação Nacional associado à Divisão da Associação da Educação Adulta (STUBBLEFIELD, 1994, p. 281).

capacitação o acesso ao ensino superior. A educação adulta passou a ser tratada do ponto de vista econômico e político, porém conjuntamente com as necessidades do aluno, desenvolvendo mais do que conhecimento cultural, atuando na sua personalidade como um todo.

A década de 1960 deu continuidade ao ensino vocacional por meio dos "Atos" de ensino financeiramente apoiados pelo governo. A educação com o intuito de garantir qualificações técnicas profissionais, também ajudou na conquista da cidadania norte-americana a grande parte dos adultos. Sem dúvida, o fluxo crescente de imigrantes aos país, desde o início do século XX, colaborou nesta procura por um tipo de aprendizado capaz de gerar condições necessárias ao emprego. O *Adult Education Act* de 1966 veio a confirmar o então *Programa de Educação Básica aos Adultos*. A formação profissional americana alcançou uma grande extensão com estes programas de educação adulta.

Nesta direção, o ensino vocacional e técnico para adultos norte-americanos nos anos 1950 e 1960, teve a pedagogia da "educação permanente"[9] na concepção do edifício-escola. Esta "educação permanente" deve ser entendida em três etapas sucessivas de reflexão. Na primeira, o conceito tem origem na educação aos adultos. A segunda etapa compreende a escola como uma preparação para a vida e a educação ao adulto como um complemento a esta preparação. Assim, entre educação de jovens e educação de adultos não existe uma barreira, e sim certa continuidade. Por fim, na terceira etapa, a mais significativa ao conceito, propõe-se uma educação concebida para se estender durante toda a vida e, não apenas com o fim de uma escolaridade obrigatória (diploma). Estas etapas permitem chegar a uma concepção de "educação permanente" que proporcionava bases sólidas e novas à arquitetura de suas escolas.

A escola, como um elemento de continuidade educativa, deveria então propiciar e interpenetrar os diversos campos sociais e esferas da educação, tais como: nível de qualificação escolar, organização social e política, universo do

---

9   A denominada "educação permanente" segue na mesma direção da denominada "educação integral". Conforme abordado, os "S" também passaram a ser "Escolas Novas" fundamentadas neste princípio educacional. Na mesma direção, o ensino técnico brasileiro nos anos 1950 e 1960 seguiu pela busca de uma formação completa ao operário, procurando atender tanto a ordem educativa como a social.

trabalho, conhecimento científico e prático, relações privadas e de interesse social. E, dentro desta visão, a escola seria um centro de comunicação para a comunidade e poderia, desta maneira, elaborar programas que atendessem tantos os problemas dos jovens como dos adultos.

A demanda de escolas técnicas e programas vocacionais nos Estados Unidos foi registrada por meio de índices estatísticos e anúncios publicados em periódicos da época. A figura a seguir ilustra as linhas de ocupação seguidas após o término do colegial, na época, e enfatiza que a maioria dos alunos, um índice de 60%, acaba por ingressar no mercado de trabalho após a conclusão do ensino médio.

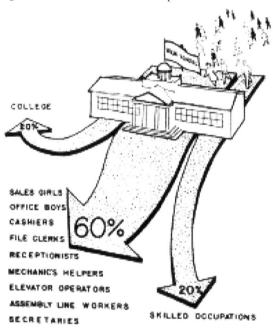

Ilustração 2 – Diagrama ilustrativo que mostra quais linhas de ocupação os estudantes americanos seguiam após o término do colegial. Observar a linguagem arquitetônica tradicional até então vigente no edifício-escola.
Fonte: CAUDILL (1954: 36)

De suma relevância, as décadas de 1950 e 1960 revelam a presença marcante de *Trade and Vocational Schools* nos Estados Unidos exatamente no mesmo período de florescimento das escolas modernas dos "S" brasileiros. Tanto o comércio como a indústria americana recorreram ao financiamento público e privado para preparar os adultos para o trabalho. A escola privada surge como uma instituição importante entre as que distribuem a formação profissional na comunidade. Como prova desta demanda, publicações da época revelam dados estatísticos como, por exemplo, o anuário *American Trade Shools Directory*, de 1957-1958, que publica: *Trade and Vocational Schools*, classificadas por seus cursos e listadas por Estados e cidades. A escola profissionalizante norte-americana teria então como tarefa essencial fazer da educação um instrumento agradável, em si, e produtivo para o futuro. Para ser eficaz, o edifício-escola passa a adotar novas características essenciais ao aprendizado e à educação: individualização da escola para adaptá-la aos alunos e à comunidade; individualização da administração, da instrução e de outros serviços para adaptá-los ao aluno. As transformações ao longo do século XX, do edifício-escola americano voltado ao ensino vocacional e técnico, são abordadas a seguir, ressaltando a mudança pedagógica norte-americana rebatida na arquitetura, no mesmo período de construção das escolas modernas dos "S" no Brasil.

Educação em transição: a perceptível mudança em meados do século XX

A modernização da educação americana no início do século XX carregou temas que se desenvolveram no âmbito da história da arquitetura escolar por todo século. Inicialmente, o edifício-escola, ainda que tratado mais como uma questão de higiene e de bem estar dos estudantes, mostrou o intento de tornar a experiência da educação mais aberta e adequada aos alunos. Assim, principalmente dentro do contexto das cidades americanas recém-industrializadas, estas definições educacionais alargaram a forma de compreender as diferentes possibilidades oferecidas pela escola.

Neste sentido, é preciso compreender como era a arquitetura das escolas norte-americanas destinadas ao ensino comercial e industrial na primeira metade do século XX. Duas grandes publicações da época ilustram e apresentam as necessidades das escolas vocacionais deste período: *School Architecture: Principles and Practices*, um livro publicado em 1921 pelo arquiteto John J.

240 Cristina de Campos * Eduardo Romero de Oliveira * Maria Lucia Caira Gitahy

Donovan e, *The American School and University*, um anuário publicado a partir de 1930 sobre o desenho, construção, equipamentos, utilização e manutenção dos edifícios educacionais.

O livro *School Architecture: Principles and Practices* (1921) apresenta os edifícios e os equipamentos para as escolas vocacionais das duas primeiras décadas do século XX. Observa-se a preocupação com a adaptabilidade além dos problemas construtivos de iluminação, ventilação, aquecimento e higiene. No caso da educação vocacional, o objetivo era formar um produtor inteligente, quer seja de mercadorias ou de serviços. As denominadas *Trade and Industrial Schools* foram estabelecidas neste livro com a preocupação de fazer uma escola de maior dimensão para propiciar espaço adequado ao ensino do trabalho. Desta forma, o ensino industrial e comercial é chamado de *new education* e requereu um novo tipo de edifício-escola para atender à demanda da indústria. Assim, os principais fatores considerados ao fazer o "novo" edifício-escola para a educação industrial ou comercial foram: a localização da escola em área suficientemente grande para possibilitar sua expansão futura; a elaboração de plantas e equipamentos visando o aumento da eficiência; a área da fábrica com grande quantidade de luz natural; as divisões internas temporárias ou móveis; o interior do edifício-escola dividido basicamente em ambientes para oficina, salas de aula, ciências e artesanato, salas administrativas, banheiros, recreação, refeitório e depósito.

Cabe destacar nestas escolas os princípios de "flexibilidade", com divisórias móveis como paredes internas, e de "rendimento", incluindo o ensinar por meio da experiência. Ao conectar a prática com a instrução teórica, o edifício deveria ser construído para replicar estreitamente as condições da indústria ou do comércio. Ao seu tempo, estes mesmos princípios foram posteriormente aplicados pelos "S" brasileiros na década de 1950.

Para exemplificar a afirmação anterior, de que o padrão de muitas escolas do início do século XX ainda foi utilizado nas décadas de 1930-1940, apresenta-se o anuário *The American School and University*. Este anuário, especificamente no volume de 1931-1932, publica o edifício-escola direcionado à educação comercial e industrial. Dentro da educação comercial, a linguagem convencional do edifício-escola não era radicalmente diferenciada de qualquer outro edifício-escola de grande porte. A "aparência" destes edifícios não era essencialmente diferente, assim como o *lay-out* muitas vezes não apresentava uma solução especial mais eficiente ao desenvolvimento da prática comercial.

Ilustração 3 – Escolas norte-americanas de ensino commercial, década de 1920, respectivamente: *Samuel J. Peters Boy's High School of Commerce* (New Orleans, LA) e *John Hay High School* (Cleveland, Ohio).
Fonte: *The American School and University 1931-1932* (1932:p. 372-373)

Dentro da educação industrial, o mesmo anuário apresenta os fatores que influenciaram no desenho das escolas vocacionais industriais da época. Algumas recomendações são feitas em relação à construção do edifício-escola – os pavimentos devem suportar o peso das máquinas – e às oficinas – que requerem luz de dois ou mais lados. O aspecto do "crescimento" também é nítido, ao pensar numa escola que poderia se expandir de acordo com a demanda da indústria. É nítido como a escola vocacional nas três primeiras décadas do século XX procurava responder às questões pedagógicas de seu tempo. Soluções espaciais, técnicas e construtivas procuravam atender aos princípios de "flexibilidade", "rendimento", "crescimento", entre outros. Buscando ser um moderno edifício-escola, não dispensava, no entanto, a linguagem arquitetônica tradicional, austera e imponente, bem como as soluções em planta, ainda estavam embasadas em velhos modelos, muitas vezes aplicados semelhantemente em edifícios com outras funções.

Foi no final da década de 1940 que esta feição tradicional passou a ser pensada de outra maneira, principalmente no período pós-Segunda Guerra. É justamente neste ponto que a experiência da arquitetura escolar norte-americana passa a ser levada em conta pelas escolas brasileiras "S", reafirmando o mesmo período de transformação e afirmação de uma nova arquitetura no ensino vocacional.

Como evidência deste momento de transição, o anuário *The American School and University* 1948-1949, por um lado publica propagandas da época que refletiam a imagem de um edifício-escola tradicional e, por outro, projetos e artigos que enfatizavam edifícios educacionais para as necessidades de amanhã, planejados para serem construídos na década seguinte, conforme projeto abaixo:

Ilustração 4 – *New Baltimore Grade and High School*. Projeto de uma escola para ensino elementar e secundário. Eberle M. Smith arquitetos e engenheiros associados.
Fonte: *The American School and University 1948-1949* (1949, p. 268)

TERRITÓRIO E CIDADES   243

Ao observar a linguagem das novas escolas, propostas no final da década de 1940, é notável como o vocabulário da arquitetura tradicional havia se tornado obsoleto. As soluções apresentadas trazem à tona projetos, técnicas e materiais utilizados para trazer maior eficiência funcional nas escolas, expressas tanto no interior do edifício como no exterior. O fato é que esta relação não atingiria seu resultado se aplicado a velhas estruturas e aos "estilos" históricos, tanto na educação quanto na arquitetura.

Ao rever o edifício-escola americano na primeira metade do século XX é possível acompanhar como as mudanças pedagógicas, sociais, econômicas e políticas se concretizaram na arquitetura. Em contrapartida, as concepções da educação são "apoiadas" e mesmo "avançadas" pelo caráter do edifício em si mesmo. Este percurso leva ao momento de mudanças inéditas na arquitetura escolar dos Estados Unidos em meados do século XX, no mesmo período de transição arquitetônica das escolas "S" brasileiras.

Por fim, cabe mostrar como a pedagogia norte-americana se "apoiou" na arquitetura de suas escolas nas décadas de 1950 e 1960. Fatos e dados relevantes provam como os princípios que guiaram estas obras foram semelhantes em ambos os países, ainda que adaptados às devidas realidades socioeconômicas e culturais.

Inovações arquitetônicas e soluções técnicas do edifício-escola dos anos 1950: atributos físicos, psicológicos e sociais

Como premissa, as escolas vocacionais da década de 1950 tinham que responder ao progresso educacional e aos esforços dos educadores por meio de espaços flexíveis planejados para duplos ou triplos usos e adaptáveis às mudanças técnicas e às expansões futuras. A "flexibilidade" acompanhando as naturais mudanças das teorias da educação é nítida na nova arquitetura escolar norte-americana deste momento. Aplicada à arquitetura, flexibilidade significa fluidez, versatilidade, convertibilidade e expansibilidade do espaço.

O momento de transição teve então sua resposta concretizada na arquitetura da década de 1950. Segundo CAUDILL (1954) princípios e métodos da educação foram traduzidos nesta década em termos de arquitetura. Por exemplo, para atender a uma educação que visasse considerar as necessidades da comunidade, a arquitetura planejaria uma escola com área de recreação, auditório e ginásio. A arquitetura buscava atender ao aspecto social da educação, interligando as necessidades da sociedade e da juventude. Neste momento, estas necessidades são claramente demandadas à arquitetura, apoiadas e direcionadas por diversas publicações sobre o planejamento do edifício-escola. De acordo com *American School and University 1959-1960* (1960:217-218), muitos departamentos de educação estadual distribuíram dentro de cada estado um pertinente material para orientar as plantas das escolas. Estes boletins, manuais ou informativos alcançaram outras áreas do país e ao todo foram cerca de 180 publicações com diferentes tópicos para orientar o projeto escolar, entre eles: educação adulta, educação de negócios, planejamento educacional, necessidades da construção, auditórios, centro comunitário, custos, escolas vocacionais. Entre estes manuais cabe destacar o material publicado dentro do Estado de Nova York, *Planning Guide for Vocational-Industrial and Vocational-Technical Building Facilities for Comprehensive High Schools*, em 1950, um guia de planejamento específico para a escola vocacional industrial e técnica.

Ilustração 5 – Boletins, manuais e informativos publicados na década de 1950 para guiar os projetos dos edifícios-escolas.
Fonte: *American School and University 1959-1960* (1960: 217)

A forte demanda do ensino vocacional pôde ser comprovada por meio de gráficos e tabelas, conforme *American School and University 1959-1960* (1960: 101-107). É surpreendente observar o custo e o número dos edifícios educacionais construídos. Em 1958 foram investidos nas escolas públicas 3.05 bilhões de dólares e nas universidades 718 milhões de dólares. Quanto ao número de edifícios construídos, a escola pública se destaca ao quase triplicar de 3316 escolas em 1949 para 9190 em 1958. De todos os edifícios construídos em 1958, 81% eram escolas públicas, 11% universidades, 6% escolas particulares e 2% *Junior Colleges*. A construção dos *Junior Colleges*, centros de treinamento vocacional, atingiu os mais altos picos durante os anos de 1956 (foram construídas 306 escolas com o custo de 60,60 milhões de dólares) e 1958 (247 escolas com o custo de 57 milhões de dólares) em todo os Estados Unidos.

Como se vê, a quantidade se tornou um fator aliado à qualidade que, obviamente, não poderia ser sacrificada ou esquecida. Educadores, arquitetos, engenheiros, consultores e cidadãos comuns também visavam à questão da qualidade, agindo em cooperação um com os outros: teorias educacionais foram revistas, mudadas e aperfeiçoadas; projetos do edifício-escola seguiram novas direções na criatividade, economia, aplicação de materiais e métodos construtivos; terrenos amplos foram explorados para um máximo aproveitamento da escola.

A composição do espaço estava intrinsecamente ligada à qualidade do edifício-escola. Além da divisão interna, é interessante observar as composições geométricas geradas pelos principais elementos de uma escola. Cada bloco, também denominado unidade da escola, era composto por salas de aula, administração, área de alimentação, educação física, assembleia e oficina. Estas unidades foram pensadas como edifícios modulares, marcados por eixos estruturais equidistantes e divididos de acordo a especificidade de cada bloco. A unidade de escola é outra importante característica das escolas norte-americanas da década de 1950, também presente nas novas escolas dos "S" brasileiros.

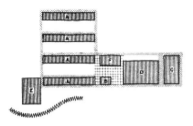

Ilustração 6 Uma das variações geométricas das unidades que compunham a implantação geral das escolas secundárias. Cada bloco, também denominado unidade da escola, era composto por: salas de aula (A), administração (B), área de alimentação (C), educação física (D), assembleia (E) e oficina (F).
Fonte: Caudill (1954, p. 155)

Qualidade e geometria também estavam relacionadas ao custo de construção da escola. Ao observar o croqui abaixo, é possível comparar as mudanças que ocorrem na forma da planta, elevação e sala de aula. Embora ambas as escolas tenham a mesma área construída, a planta da década de 1950 tem apenas 60% da área de parede externa em relação à escola tradicional. Já em relação à elevação, a silhueta moderna tem somente um degrau na linha de cobertura, facilitando a técnica construtiva. Também, a sala de aula moderna apresenta iluminação natural tri-lateral (economia da luz artificial) e um volume espacial menor (66%) do que a escola tradicional.

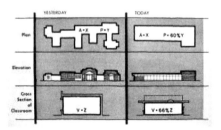

Ilustração 7 – Compare as mudanças que ocorreram no formato da planta, elevação e sala de aula do edifício-escola. Qualidade e geometria também estavam relacionadas ao menor custo da escola moderna.
Fonte: Caudill (1954, p. 95)

TERRITÓRIO E CIDADES   247

Buscando também a qualidade, a própria arquitetura do edifício-escola respondia às demandas imperativas dos jovens, tais como: desenvolver habilidades, saúde, cidadania e vida familiar; compreender o método científico; apreciar as artes; respeitar os outros e pensar racionalmente. Para mostrar estas demandas aplicadas à arquitetura, a *Norman High School* (Norman, Oklahoma) é aqui utilizada como referência (*Architectural Record*, 1956: 60-66 e CAUDILL, 1954: 38). Projetada como um centro comunitário para jovens, seis premissas foram estabelecidas para conceber a arquitetura desta escola: a população continua a crescer (crescimento), há mudanças nas técnicas de ensino e nos cursos (flexibilidade), o aluno passa o mesmo tempo nos corredores que em qualquer sala de aula (interligação), um programa educacional efetivo e equilibrado permite a cada aluno participar completamente das atividades de grupo em sala de aula (rendimento e economia), a escola é usada durante todo o ano para a educação, recreação e melhoramento da comunidade (sociabilidade), a planta da escola deve ser realmente um centro social para os jovens de segundo grau (atratividade).

Eis aqui o cerne da questão: as premissas desta escola norte-americana podem ser comparadas às principais características norteadoras, implantadas na década de 1950, nas novas escolas dos "S" brasileiros. É nítido como as características dos "S" se identificam com as premissas da *Norman High School*.

Ilustração 8 – *Norman High School*, Norman, Oklahoma. Projeto de *Caudill, Rowlett, Scott e associados* e, *Perkins e Will arquitetos e engenheiros associados*.
Fonte: *Architectural Record* (1956, p. 60)

Em relação à "economia", por exemplo, um fator preponderante tanto no sentido de melhor aproveitamento dos recursos naturais – ventilação e iluminação – como no sentido de percorrer menores fluxos dentro da própria escola. *"How far should we go?"* (*Architectural Record*, 1956: 244). Assim, ao tratar do aspecto inovador norte-americano da década de 1950, nota-se uma "americanização" tanto no plano das ideias, quanto nas práticas, neste caso específico aqui estudado.

Considerações Finais

No campo da pedagogia, a partir do diálogo de Anísio Teixeira com John Dewey, o movimento de renovação pedagógica acabou incidindo nos métodos de ensino industrial e comercial, ampliando o vínculo dos técnicos e profissionais envolvidos nos "S" modernos com o "americanismo". A modernização pedagógica brasileira e norte-americana, não se limitava a "adaptar" ou "formatar" a educação para o adulto, dando a esta uma direção ideológica. Esta educação abriu espaço à indagação individual no plano do trabalho e da sociabilidade. A intenção pedagógica de então reforçou a observação e o estudo dos fenômenos naturais, políticos, sociais e econômicos. A arquitetura, por sua vez, procurou responder a estas aspirações com seus atributos físicos expressos, pela arquitetura moderna escolar voltada ao ensino técnico e vocacional.

Sem dúvida, ao confirmar uma mudança na história pedagógica norte-americana, com ênfase à educação técnica e vocacional, é essencial notar sua repercussão na arquitetura do edifício-escola, tanto nos Estados Unidos como no Brasil. A renovação pedagógica e arquitetônica dos "S" brasileiros é incrivelmente atualizada, pois ocorre no mesmo período e com semelhantes soluções físicas e espaciais, com relações aos Estados Unidos. O conceito *"Learn by doing"*, especialmente após a Segunda Guerra Mundial, estava claramente presente nos escritos dos próprios líderes empresariais e técnicos dos "S", Roberto Simonsen e Roberto Mange. Também, o objetivo de educar para a "eficiência", típico do "progressivismo", pode ser aproximando no Brasil ao movimento social dos empresários e engenheiros que obtêm o apoio do governo às demandas de escolas técnicas para jovens e adultos. Por fim, na mudança arquitetônica do edifício-escola, a partir de meados do século XX, constatou-se que o diálogo entre Brasil e Estados Unidos deu-se na definição dos próprios princípios aplicados na concepção da arquitetura escolar dos "S". Esta confirmação aponta para a análise que tem sido feita nos diversos trabalhos do grupo de pesquisa "triangulação" Brasil, Estados Unidos e Europa e, não desconsidera que, juntamente com a experiência norte-americana, novos projetos de arquitetura escolar vocacional também estavam sendo desenvolvidos nos países europeus para atender à demanda educacional do pós-guerra. Este artigo mostra claramente como o diálogo entre Brasil e Estados Unidos envolveu sinuosos caminhos e rebateu nas diretrizes adotadas ao projetar o espaço escolar, no âmbito do pensamento da década de 1950.

Ao rever o edifício-escola norte-americano é possível acompanhar, identificar e até mesmo se surpreender com as semelhanças assim como com as características inéditas de sua arquitetura escolar, se comparadas às escolas "S" paulistas. Exemplo claro deste diálogo são as seis premissas pedagógicas – as próprias diretrizes aplicadas à arquitetura norte-americana da *Norma High School*, comparadas às sete características norteadoras das escolas modernas "S" paulistas. Utilizando diferentes soluções técnicas e espaciais, a arquitetura de ambas "buscou atender aos conceitos sinteticamente apresentados de *crescimento, flexibilidade, atratividade, interligação, sociabilidade, rendimento e economia*. Em resposta às indagações iniciais deste artigo foi instigante desvendar as referências internacionais da concepção das escolas modernas "S".

Referências bibliográficas

BANHARD. *Earl Wingert in The American School and University 1931-1932.* Nova York: American School Publishing Corporation, 1932.

BEM ESTAR. São Paulo: Gustavo Neves da Rocha Filho, n. 5/6, 1960.

BRAVERMAN, Harry. *Trabalho e Capital Monopolista. A Degradação do trabalho no século XX.* Rio de Janeiro: Zahar, 1977.

CAUDILL, William Wayne. *Toward Better School Design*. [S.l.]: F.W. Dodge Corp., 1954.

CHAMBERS, John Whiteclay. *The tyranny of change: America in the Progressive Era, 1890-1920*. 2ª ed. New Brunswick, N.J.: Rutgers University Press, 2000.

COLE, Bernice. *Trade schools – their historical developments and trends specifically illustrated in a study of 5 trade schools in New York City*. (Dissertação de Mestrado). Nova York: Columbia University, 1937.

DEWEY, John. *Democracy and education: an introduction to the philosophy of education*. Nova York: The Macmillan company, 1916.

DONOVAN, John Joseph. *School Architecture: principles and practices*. Nova York: The Macmillan Company, 1921.

DUARTE, Hélio de Queiroz. *Escola Classe – Escola Parque: uma experiência educacional*. São Paulo: FAUUSP, 1973.

ENGELHARDT, N. L. *The Evolution of the School Building in The American School and University 1931-1932*. Nova York: American School Publishing Corporation, 1932, p. 55-62.

FERRAZ, Artemis R. F. *Marcas do Moderno na Arquitetura de Bauru*. (Dissertação de Mestrado). São Carlos: Escola de Engenharia de São Carlos, Universidade de São Paulo, 2003.

USA, Federal Board for Vocational Education. *Vocational education for those engaged in the retail meat business: the program developed in cooperation with the National association of retail meat dealers*. Washington: Govt. print. Off, 1930. Boletim 149.

TERRITÓRIO E CIDADES   251

FONSECA, C. S. *História do ensino industrial no Brasil*. vol. 1. Rio de Janeiro: Escola Técnica Federal do Rio de Janeiro, 1961.

FORD, Henry. *My life and work*. Nova York: Arno Press,1922.

GITAHY, M. L. C. *Qualificação e Urbanização em São Paulo: A experiência do Liceu de Artes e Ofícios (1873-1934)*. In Ribeiro, Maria Alice Rosa (org). *Trabalhadores Urbanos e Ensino Profissional*. Campinas: Unicamp, 1986, p. 21-88.

GRAMSCI, Antonio. Americanismo e Fordismo. In: *Cadernos do Cárcere*. Rio de Janeiro: Civilização, 2001, v. 4.

HOBSBAWM, Eric J. *Era dos extremos: o breve século XX, 1914-1991*. Tradução de Marcos Santarrita e revisão de Maria Célia Paoli. São Paulo: Companhia das Letras, 1995.

KORNBLUH, Joyce L. *A new deal for workers' education: the workers' service program, 1933-1942*. Urbana: University of Illinois Press, c1987.

NOBLE, Stuart Grayson. *A history of American education*. Nova York: Holt, Rinehart & Winston, Inc., 1954.

RIBEIRO, M. A. R. *História da Educação Brasileira. A Organização Escolar*. Campinas: Autores Associados, 2003.

RICH, Lorimer. *College Architecture in transition in The American School and University 1931-1932*. Nova York: American School Publishing Corporation, 1932, p. 109-112.

SENAC. *Rede de Unidades senac-sp: Novos paradigmas arquitetônicos em educação*. São Paulo: SENAC, 1994.

SENAI (SP). *De homens e máquinas*. São Paulo: SENAI, 1991.

252 Cristina de Campos * Eduardo Romero de Oliveira * Maria Lucia Caira Gitahy

STILLMAN, Cecil George; CLEARY, R. Castle. *The modern school*. London: Architectural Press, 1949.

STUBBLEFIELD, Harold W; KEANE, Patrick. *Adult education in the American experience: from the colonial period to the present*. San Francisco: Jossey-Bass Publishers, 1994.

TEIXEIRA, Anísio Spínola. *Aspectos americanos da educação: relatório apresentado ao Governo do Estado da Bahia pelo diretor geral de instrução, comissionado em estudo na América do Norte*. Typ. de São Francisco, 1928.

____. *Educação progressiva: uma introdução à filosofia da educação*. São Paulo: Nacional, 1933.

____. Um presságio de progresso. *Habitat*. São Paulo: v. 4, n. 2, p. 175-177, 1951.

____. *Pequena introdução à filosofia da educação: a escola progressiva ou a transformação da escola*. 8. ed. São Paulo: Nacional, 1967.

THE State Education Department, Division of School Building and Grounds. *Planning Guide for Vocational-Industrial and Vocational-Technical Building Facilities for Comprehensive High Schools, no. 18*. Albany: The University of the State of New York, September, 1950.

WEINSTEIN, Barbara. *(Re) Formação da classe trabalhadora no Brasil (1920-1964)*. São Paulo: Cortez CDAPH-IFAN – Universidade São Francisco, 2000.

WILLIE, Charles V. & MILLER, Inabeth. *Social goals and educational reform: American schools in the twentieth century*. (Series Contributions to the study of education, n° 27). Nova York: Greenwood Press, 1988.

YOUNG, Lloyd P. In *The American School and University 1931-1932*. Nova York: American School Publishing Corporation, 1932.

Sobre os autores

ARTEMIS RODRIGUES FONTANA. Arquiteta e urbanista, mestre em Teoria e História da Arquitetura e do Urbanismo e doutora em História e Fundamentos Sociais da Arquitetura e do Urbanismo pela Universidade de São Paulo. É coordenadora e docente do curso Arquitetura e Urbanismo da Universidade Paulista, campus de Bauru. Pesquisadora do HSTTFAU/FAU/USP.

CRISTINA DE CAMPOS é Professora Colaboradora junto ao Departamento de Política Científica e Tecnológica do Instituto de Geociências da Universidade Estadual de Campinas (DPCT/IG/Unicamp).

EDUARDO ROMERO DE OLIVEIRA é Professor Assistente Doutor da Universidade Estadual Paulista Júlio de Mesquita Filho (Unesp) e pesquisador em temas relativos a história cultural, patrimônio industrial e memória.

FERNANDO ATIQUE. Arquiteto e urbanista, mestre e doutor em História e Fundamentos Sociais da Arquitetura e do Urbanismo pela Universidade de São Paulo. É docente e pesquisador do Curso de História da Universidade Federal de São Paulo, campus de Guarulhos. É pesquisador do HSTTFAU/FAU/USP.

FERNANDA HENRIQUE APARECIDA DA SILVA. Historiadora, mestranda do Programa de História (Unesp/Assis).

LUCIANA MASSAMI INOUE. Arquiteta e urbanista, Bolsista de Mestrado/CAPES no Programa de Pós-Graduação da FAU/USP na área de História e Fundamentos Sociais da Arquitetura e do Urbanismo. É pesquisadora do HSTTFAU/FAU/USP.

MARIA BEATRIZ PORTUGAL ALBUQUERQUE. Jornalista, mestre em História e Fundamentos Sociais da Arquitetura e do Urbanismo pela Universidade de São Paulo. É pesquisadora do HSTTFAU/FAU/USP.

MARIA LUCIA CAIRA GITAHY. Cientista Social, Mestre e Doutora em História e Professora Associada da AUH/FAU/USP e coordenadora do grupo de pesquisas HSTTFAU (História Social do Trabalho e da Tecnologia como Fundamentos da Arquitetura e do Urbanismo) no LabFAU (Laboratório de Fundamentos Sociais da Arquitetura e do Urbanismo) da Faculdade de Arquitetura e Urbanismo da Universidade de São Paulo.

MARCOS VIRGÍLIO DA SILVA. Arquiteto e urbanista, mestre e doutorando em História e Fundamentos Sociais da Arquitetura e do Urbanismo pela Universidade de São Paulo. É pesquisador do HSTTFAU/FAU/USP.

NILSON GHIRARDELLO. Mestre e doutor em Arquitetura e Urbanismo. É Professor Assistente Doutor lotado no Departamento de Arquitetura, Urbanismo e Paisagismo da Faculdade de Arquitetura, Artes e Comunicação da Unesp-Campus de Bauru.

SIDNEY PIOCHI BERNARDINI. Arquiteto e urbanista, mestre e doutor em História e Fundamentos Sociais da Arquitetura e do Urbanismo pela Universidade de São Paulo. É pesquisador do HSTTFAU/FAU/USP.

Esta obra foi impressa em São Paulo no inverno de 2011
pela Prol Gráfica. No texto foi utilizada a fonte Adobe Garamond
em corpo 10 e entrelinha de 14 pontos.